金融行业安全

THE SECURITY OF FINANCIAL INDUSTRY

主　编　张炳辉
副主编　吕鹰飞

中国金融出版社

责任编辑：张菊香
责任校对：刘　明
责任印制：赵燕红

图书在版编目（CIP）数据

金融行业安全（Jinrong Hangye Anquan）/张炳辉主编. —北京：中国金融出版社，
2018. 10
金融安全系列教材
ISBN 978 - 7 - 5049 - 9793 - 7

Ⅰ. ①金…　Ⅱ. ①张…　Ⅲ. ①金融风险—风险管理—教材　Ⅳ. ①F830. 9

中国版本图书馆 CIP 数据核字（2018）第 231857 号

出版
发行　**中国金融出版社**

社址　　北京市丰台区益泽路 2 号
市场开发部　　（010）63266347，63805472，63439533（传真）
网 上 书 店　http：//www. chinafph. com
　　　　　　（010）63286832，63365686（传真）
读者服务部　　（010）66070833，62568380
邮编　100071
经销　新华书店
印刷　北京市松源印刷有限公司
尺寸　185 毫米×260 毫米
印张　18. 25
字数　394 千
版次　2018 年 10 月第 1 版
印次　2018 年 10 月第 1 次印刷
定价　50. 00 元
ISBN 978 - 7 - 5049 - 9793 - 7
如出现印装错误本社负责调换　联系电话（010）63263947

"金融安全系列教材"编委会

主　　任：张炳辉

副主任：高同彪　耿传辉　吕鹰飞　韩国薇　徐　丽
　　　　邢　敏　任春玲　张辛雨

编　　委：（按姓氏笔画为序）
　　　　王　帅　王文昭　王文颖　冯相龙　关思齐　闫　洁
　　　　刘　静　刘　瑾　刘杰颖　邢　翀　宋　贺　李　特
　　　　李　婧　李　楠　李玉英　李牧航　李亚鹏　李斐斐
　　　　李琳娜　陈　曦　陈廷勇　陈佳音　张文娟　张亚辉
　　　　张亦潍　张秀云　张传娜　郑　屹　宗　楠　罗术通
　　　　赵　旭　赵　娜　赵科乐　赵燕梅　施晓春　徐　杨
　　　　徐伟川　黄星月　戚　爽　蒋晓云　蒋泽艳　韩胜男
　　　　廖银屏

总序言

　　金融是现代经济的核心，金融安全事关国家经济安全和社会稳定大局。进入经济新常态以来，我国面临着增长速度换挡期、结构调整阵痛期、前期刺激政策消化期"三期叠加"的严峻挑战，金融安全威胁和风险与日俱增，金融风险已成为当前最突出、最显著的重大风险。习近平总书记强调，金融安全是国家安全的重要组成部分，是经济平稳健康发展的重要基础。维护金融安全，是关系我国经济社会发展全局的一件带有战略性、根本性的大事。可见，维护金融安全已被提升到国家战略高度。

　　党的十九大报告进一步明确提出"要坚决打好防范化解重大风险、精准脱贫、污染防治的攻坚战"，2017 年中央经济工作会议要求打好防范化解重大风险攻坚战，重点是防控金融风险，体现了党中央维护金融安全的坚强决心。

　　如何全方位防范金融风险，守住金融安全底线引起了学术界和金融业界的广泛关注。长春金融高等专科学校作为一所具有 40 年建校历史和 22 年中国人民银行部属办学底蕴的金融高等院校，历来高度重视金融理论与实践问题的研究。2016 年 11 月，学校成立了吉林省社会科学重点领域研究基地——吉林省金融安全研究基地，2017 年 4 月，依托基地成立吉林省金融安全研究中心，张炳辉校长亲自担任研究中心主任，全面启动金融安全研究。

　　2017 年 10 月，吉林省金融安全研究中心组织学校科研处、高教研究所、金融学院、会计学院、经济管理学院及信息技术学院的教学科研团队，着手"金融安全系列教材"编写。

　　该丛书是国内第一套关于金融安全的系列教材，具有鲜明的独创性，体现了我们对于金融安全问题全面系统的理性思考，也是我校金融安全研究中心的重要研究成果。本丛书的内容植根于传统的金融安全理论，科学地吸收了金融脆弱性理论、系统性风险理论的精华，也加入了对于近年来金融业实践的反思，融合了当前经济金融态势对金融安全的新要求。在此基础上，丛书充分体现出教材的规范性，科学界定金融安全的内涵，对相关领域金融安全的重点问题、各类金融风险的本质和表现形式进行系统梳理，使读者了解金融安全的基本理论和防范金融风险的业务规范。丛书既可以作为高等职业院校金融安全教学的专业教材，也可以作为金融从业人员的岗位培训教材。

"金融安全系列教材"包括《金融安全概论》《金融行业安全》《金融市场安全》《金融信息安全》《互联网金融安全》《国际金融安全》《金融安全审计》和《金融法律法规》。张炳辉教授担任编委会主任，全面负责丛书的整体结构设计和各本教材的统稿工作。编委会副主任高同彪教授协助完成教材统稿及审稿工作。耿传辉教授、吕鹰飞教授、韩国薇教授、徐丽教授、邢敏教授、任春玲教授、张辛雨博士分别协助组织8本教材编写。丛书编写团队阵容强大，包括11位教授、13位博士和40余位优秀中青年骨干教师。"金融安全系列教材"作为金融安全研究领域的一项重大成果，在改革开放40周年和长春金融高等专科学校恢复建校40周年之际，献礼学界，以飨读者。

丛书编写过程中，我们参阅了大量国内外相关教材、著作和学术论文，参考了很多专家学者的观点，在此，对相关学者的研究成果深表敬意并由衷感谢！中国金融出版社的相关编审人员对本丛书提出了宝贵的修改完善意见，在此也对编审团队的辛勤工作表示衷心的感谢！

由于编者水平的限制，加之时间紧迫、相关参考资料难求，书中难免存在缺陷，恳请同行专家和读者不吝指正，以便再版时修改完善。

编　者
2018 年 10 月

前言

　　金融是经济的核心和血液，随着我国经济发展格局的深刻变化，金融业呈现出快速发展的态势，金融改革不断深化，金融业态创新速度不断加快。同时，金融安全威胁与风险与日俱增，金融风险已成为当前最突出、最显著的重大风险。与此相对的是，我国金融行业安全建设滞后，攻防发展不对称，信息基础设施安全防护能力薄弱，核心技术缺失，且金融行业安全管理不到位。网络安全威胁、数据安全威胁、业务安全威胁正在严重影响金融行业的正常运行，金融安全态势越来越严峻。

　　2017年10月18日，习近平总书记在党的十九大报告中提出：要坚决打好防范化解重大风险、精准脱贫、污染防治的攻坚战，使全面建成小康社会得到人民认可、经得起历史检验。2017年12月，中央经济工作会议指出，打好防范化解重大风险攻坚战，重点是防控金融风险，要服务于供给侧结构性改革这条主线，促进形成金融和实体经济、金融和房地产、金融体系内部的良性循环，做好重点领域风险防范和处置，坚决打击违法违规金融活动，加强薄弱环节监管制度建设。

　　防范化解金融风险事关国家安全和经济发展安全，促进金融行业安全发展是保障金融安全的关键。本教材根据金融行业划分为五篇，包括银行业安全、证券业安全、保险业安全、融资租赁业安全和信托业安全，各篇按照行业的主要业务阐述风险类型、风险防范的措施以及行业监管等。同时，为了适应当前的国际国内金融形势，按照我国职业教育课程改革的需要，体例设计力争体现职业教育的教学特点，注重权威性、前瞻性、国际化，是一本理实一体化的教材。教材注重学生校内学习与实际工作的一致性，实现教、学、做一体化，突出对学生职业素质和能力的培养。为了便于学生的学习，教材开辟了"案例分析""知识链接""本章小节""复习思考题"等专栏，对相关新知识、新观点、新动态予以适当拓展，帮助学生理解和把握知识要点，开阔学生的视野，激发学习兴趣，增强理论与实践结合的能力。国内尚没有金融行业安全的教材，本教材注重实践性、生动性、趣味性和实用性，既可以作为高等职业院校金融安全教学的专业教材，也可以作为金融从业人员的岗位培训教材。

本教材由张炳辉教授担任主编，负责全书的整体结构设计、统稿。吕鹰飞教授担任副主编，协助主编完成统稿和审稿。具体分工：第一篇银行业安全分为五章，宋贺编写第一章、第三章、第四章，廖银屏编写第二章、第五章，李特编写第四章第二节；第二篇证券业安全分为六章，由徐伟川编写第六章、第七章、第十一章，关思齐编写第八章、第九章、第十章；第三篇保险业安全分为四章，刘静编写第十二章，韩胜男编写第十三章、第十四章、第十五章；第四篇信托业安全分为四章，李牧航编写第十六章、第十七章、第十八章；第五篇融资租赁业安全分为三章，张文娟编写第十九章、第二十章、第二十一章、第二十二章。

在写作过程中我们参阅了大量的国内外文献，在此对所有文献的作者表示衷心的感谢。限于编者的水平，书中难免存在疏漏和不足之处，恳请高等教育和金融行业专家、广大同仁和读者批评指正。

编　者
2018 年 10 月

目录

第一篇
银行业安全

第一章

银行业安全概述

【教学目的和要求】

通过本章的学习，使学生掌握商业银行的性质、职能以及经营原则，了解商业银行的负债、资产以及中间业务。使学生掌握银行业风险的来源、银行业风险的特征，了解商业银行的资本、巴塞尔协议Ⅲ、我国商业银行资本监管以及安全管理体系，掌握商业银行安全管理流程。

第一节　商业银行概述

一、商业银行的性质

商业银行是以经营金融资产和负债为对象，以企业价值最大化为目标的特殊企业。

（一）商业银行是一种企业

与一般的工商企业一样，商业银行也具有业务经营所需的自有资金，也需独立核算、自负盈亏，也要把追求最大限度的利润作为自己的经营目标。获取最大限度的利润是商业银行产生和发展的基本前提，也是商业银行经营的内在动力，就此而言，商业银行与工商企业没有区别。

（二）商业银行是特殊的企业

1. 商业银行的经营对象和内容具有特殊性。一般工商企业经营的是物质产品和劳务，从事商品生产和流通；而商业银行是以金融资产和负债为经营对象，经营的是特殊的商品——货币和货币资本，经营内容包括货币收付、借贷以及各种与货币运动有关的或者与之联系的金融服务。

2. 商业银行对整个社会经济的影响和受社会经济的影响特殊。商业银行对整个社会经济的影响远大于大部分工商企业，同时，商业银行受整个社会经济的影响也较大部分工商企业更为明显。

3. 商业银行责任特殊。一般工商企业只以盈利为目标，只对股东和使用自己产品的客户负责；商业银行除了对股东和客户负责之外，还必须对整个社会负责。

（三）商业银行是一种特殊的金融企业

在金融部门中，商业银行既有别于国家的中央银行，又有别于专业银行和非银行业金融机构。中央银行是国家的金融管理当局和金融体系的核心，具有较高的独立性，它不对客户办理具体的业务，不以盈利为目的。专业银行和各种银行业金融机构只限于办理某一方面和几种特定的金融业务，业务经营具有明显的专门性。而商业银行的业务经营则具有很强的广泛性和综合性，它既经营"零售"业务，又经营"批发"业务，已成为业务触角延伸至社会经济生活各个角落的"金融百货公司"和"万能银行"。

二、商业银行的经营原则

商业银行的经营具有高负债率、高风险性以及受到严格管制等特点，决定了其在经营活动中，要在保证资金安全、保持资产流动性的前提下争取最大的利润。因此，商业银行的经营有三大基本原则，即安全性、流动性和盈利性。

（一）安全性原则

安全性是指商业银行的资产、收益、信誉以及其生存和发展的条件免遭损失的可靠程度。安全性原则主要体现为商业银行资金的安全性和经营的安全性。

商业银行资金的安全性包含两层意义：一方面，商业银行投入的信用资金在不受损失的情况下如期收回；另一方面，银行不会出现因贷款本息不能按期收回而影响客户提取存款的情况。

商业银行经营的安全性主要表现在：将资产分散化，降低资金运营中的风险；加强对客户的资信调查和经营预测，保证信贷资金的及时回笼；资产负债清偿期限合理匹配，时刻保持银行的清偿能力；保持一定比例的流动性较高的资产。

（二）流动性原则

流动性是指商业银行能够随时满足客户提现和必要的贷款需求的支付能力。

商业银行是典型的负债经营企业，资金来源的主体部分——客户的存款和借入款，存在着一定的不确定性，资金来源的不确定性决定了资金运用方即资产必须保持相应的流动性。同时，资金运用的不确定性也需要资产保持流动性。商业银行所发生的贷款和投资，会形成一定的占用余额，这个余额在不同的时点上是不同的，贷款和投资所形成的资金的收和付，在数量上不一定相等，在时间上也不一定相互对应。这就决定了商业银行在经营管理中必须保持一定的流动性，以应付商业银行业务经营的需要。

（三）盈利性原则

盈利性原则要求商业银行经营管理者尽可能地追求银行利润最大化。

商业银行资金的优化配置是通过自身追求利润的过程完成的。商业银行经营盈利水平高，就能积聚更多的资本，提高客户对银行的信任度，改善和提高银行职员的物质生活待遇，从而有利于扩大业务规模和增强竞争的实力。商业银行的利润最终来源于物质生产，银行在追求利润的过程中，一般应选取产品有前途、经济效益好的客户和项目发放贷款，从而实现信贷资金的优化配置。

商业银行的安全性、流动性和盈利性既是相互统一，又是相互联系的。商业银行的经营管理是建立在社会公共利益基础上的，所以商业银行应以安全性为首要原则，如果没有安全性，流动性和盈利性也就不可能实现。流动性是商业银行安全性和盈利性之间的平衡杠杆。流动性过高，意味着商业银行丧失盈利性机会；流动性过低，又可能使商业银行面临信用危机。所以，商业银行为保证长期平稳运营，必须处理好安全性、流动性和盈利性三者之间的关系。

三、商业银行的主要业务

（一）负债业务

商业银行的负债是银行在经营活动中尚未偿还的经济义务。负债业务是银行通过信用手段吸收社会游资，扩大银行资金来源及自有资金管理的业务，主要包括向企事业单位、社会团体和个人吸收的定期或活期存款的存款业务，向中央银行、同业及国际金融机构借入款项的借款业务，发行金融债券及其他负债业务。

负债是商业银行筹措资金、获得资金来源的最主要方式，是商业银行经营活动的起点，其具体构成如图1-1所示。

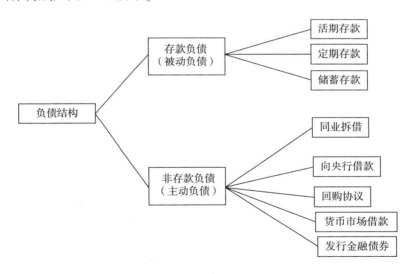

图1-1　商业银行负债结构图

（二）资产业务

资产业务是商业银行的主营业务，也是商业银行的主要利润来源。按照不同的标准，商业银行的资产业务可以进行多种分类。以现行商业银行资产负债表的主要资产项目为依据，分为表内资产业务与表外资产业务。表内资产业务主要包括现金与存放同业资产、交易类资产、衍生金融资产、发放贷款及垫款、可供出售投资、持有至到期投资、应收款项类资产、长期股权投资以及一部分占比很小的固定资产等。表外资产业务主要指按照各种规定不能直接计入表内资产，需要在表外登记反映的各项资产。

银行表内资产又可以分为四大类：现金资产和同业存款、贷款、证券投资以及其他资产。

1. 现金资产和同业存款。现金资产和同业存款包括：库存现金、存放中央银行的存款、存放其他金融机构的存款以及在途应收现金项目。持有这类资产是为了满足客户提款需求和法定准备金要求，协助票据清算和电汇，以及实现国债的买卖。

2. 贷款。贷款是大部分银行资产组合中的主要资产，产生最大的息税前利润，同时也具有最大的违约风险。按照贷款对象及服务内容不同，贷款主要包括公司客户贷款、个人客户贷款、信用卡透支以及贸易融资等业务品种。

3. 证券投资。银行证券投资是为了获得利息收益，满足流动性需求，投机与利率波动，满足抵押要求。银行证券投资的对象包括：短期政府债券、货币市场工具、交易账户证券、同业拆出以及回购协议下购入的证券等。银行进行证券投资不仅可以获得一定的收益，而且还能够通过持有各种证券来优化银行的资产组合，抵御风险，寻求安全性、流动性和盈利性的均衡。

4. 其他资产。其他资产是银行的剩余资产，数额较小，如银行承兑、房产和设备、其他不动产以及其他更小额资产。

（三）中间业务

商业银行的中间业务是指，商业银行在资产业务和负债业务的基础上，利用技术、信息、机构网络、资金和信誉等方面的优势，不运用或较少运用银行的资财，以中间人和代理人的身份替客户办理收付、咨询、代理、担保、租赁及其他委托事项，提供各类金融服务并收取一定费用的经营活动。

商业银行的中间业务主要有本外币结算、银行卡、信用证、备用信用证、票据担保、贷款承诺、衍生金融工具、代理业务、咨询顾问业务等。在国外，商业银行的中间业务发展得相当成熟。美国、日本、英国的商业银行中间业务收入占全部收益比重均在40%左右，而我国现阶段商业银行中间业务的收入占比为15%~20%。

第二节　银行业风险概述

自现代商业银行制度建立以来，风险就一直伴随着商业银行的发展，尤其是近几十年，随着世界经济体量的不断膨胀，银行业务愈发复杂敏感，银行业风险也愈发引起重视。

商业银行风险是指商业银行在经营活动中，由于受事先无法预料的不确定性因素的影响或未来的实际情况变化与预期不相符，致使其实际获得的收益与预期收益发生背离，从而导致商业银行蒙受经济损失或不获利，丧失获取额外收益机会的可能性。

一、银行业风险的来源

为保障银行业的安全，就必须首先了解银行业风险的来源，从而探求银行业风险的防控。

（一）商业银行风险的内在根源

1. 存贷款期限错配。存贷款期限错配是指银行的负债和资产的期限不同所产生的资金紧张问题，具体就是指"银行资金来源短期化、资金运用长期化"问题。商业银行这种"短存长贷"现象容易引发商业银行的流动性风险。大量短期负债被用作长期资产的来源，那么，资产的流动性水平就会降低，容易引发流动性风险，严重的话还有可能发生挤兑。

2. 信息不对称和不完全。银行是一个信息较为不对称的市场，不论是资产业务还是负债业务，借贷双方在相关信息的拥有上是不对称的，借款人对其借款的用途、项目的风险和收益拥有更多的信息，而贷款人却对此缺乏了解。

信息不对称和不完全在银行资产业务上体现得更明显，银行对授信业务的了解，一般不如授信对象自我了解得更充分。风险存在于信贷交易发生的前后每一阶段。信贷交易发生前，最想取得商业银行贷款的企业往往是最有可能导致商业银行信贷损失的企业，但商业银行却对此不完全了解，这就使商业银行在信贷交易发生前面临"逆向选择"风险。在信贷交易发生后，由于信息不对称，商业银行对企业的经营活动缺乏强有力的控制手段，难以督促企业按交易约定的内容行事，企业有可能从事有损商业银行利益的活动，如企业用信贷资金投资股票市场、进行高风险的房地产投资、借改革之机悬空银行债权等，这就使商业银行在信贷市场面临"道德风险"。

3. 负外部性。负外部性是指某个经济行为个体的活动使他人或社会受损，而造成负外部性的人却没有为此承担成本。负外部性有两种形式。第一种形式的负外部性是由金融机构间的债权债务关系引起的。由于金融机构间的债权债务关系非常复杂，一家金融机构即使经营非常正常，也会因与之有较强债权债务关系的金融机构的倒闭而蒙受损失，严重时甚至可能发生连锁倒闭。第二种形式的负外部性是由于行业同质性和信息不充分引起的。由于金融业具有传染性，当某家金融机构（如银行）因经营不善导致公众失去信心而发生挤兑时，由于大部分公众对该家金融机构的了解不可能很充分，这种情形有可能会波及其他金融机构，从而使个别金融机构出现的问题波及整个金融业，酿成金融危机。在全球一体化的形势下，这种负外部性的作用可以跨越国界，造成金融风险和金融危机在国际上蔓延。

4. 高负债性。高负债率是商业银行最明显的经营特征。跟一般企业相比，商业银行具有更高的负债比率，而且，商业银行的资产和负债收益不对称，负债成本相对稳定，但资产收益是相对不确定的。高负债和资产负债收益不对称使商业银行承担特别的风险，即使资产运用成功，金融机构的获利也只是资产派生的利息，而一旦失败则会损失本金。而同时，不管资产运用是否成功，除非倒闭，商业银行负债的本金和利息是不能豁免的。因此，如大笔资金运用不当而遭受巨大损失，其将严重侵蚀比例较低的资本金并危及金融机构的安全。尤其近些年，随着金融创新的推进，各种新型的金融资产、负债以及衍生工具层出不穷，使得商业银行面临的经营不确定性越来越大。

（二）商业银行风险的外部原因

1. 宏观经济形势的变化。国际、国内的宏观经济形势出现波动，如通货膨胀、经济周期波动等都是银行风险的重要来源，严重的金融危机、经济危机往往会使商业银行经受不住冲击而可能面临破产、倒闭。

2. 国家经济政策。一国的经济政策调整必将影响其国内社会经济活动，如国家投资总量、投资结构、行业分布、外汇流动等政策的调整，都会直接或间接地影响银行的经营安全。此外，国家金融政策的调整也会对商业银行产生较大影响。中央银行货币政策的变动，将会导致货币供应量、基础利率、汇率等的变动，从而影响整个社会的金融秩序，给商业银行的成本和收益带来很大的影响。

3. 市场竞争。近年来，我国新设金融机构数量增长较快，尤其是城市商业银行和农村金融机构日渐增多，以及民营银行的设立和外资银行的引入不断加快，金融活动日益多样化、国际化，金融机构之间的竞争愈演愈烈。竞争就是优胜劣汰，市场的竞争对商业银行的经营构成了持续压力。

（三）商业银行风险的主观原因

商业银行内部控制存在的一些问题，也是导致商业银行风险的重要原因：

1. 高杠杆运营决定了商业银行的高风险性。商业银行的高杠杆运营决定了它的高风险性，与一般企业不同，商业银行的资产构成中绝大部分为存款，对于商业银行来说即是负债，而仅有小部分为自有资产或股权资产。由于高杠杆运营，商业银行对市场的反应更为灵敏，一旦市场进入下行区间，商业银行要比低杠杆企业高出几倍甚至几十倍的风险。

2. 内控意识与内控文化仍待培育。商业银行的安全运营很大程度上依赖于商业银行的内部控制。内部控制是商业银行董事会、监事会、高级管理层和全体员工参与的，通过制定和实施系统化的制度、流程和方法，实现控制目标的动态过程和机制。经过几十年的市场化运营，尤其是改制上市以来，商业银行内控建设从无到有，取得了较大进步。但是由于起步较晚，以及我国宏观经济形势变化较快，导致我国商业银行内控制度仍然存在一些问题，我国很多商业银行缺乏相对完善的内控文化，各层人员自身的内控意识不高，容易受到短期利益的影响，而出现重业务轻管理的问题，缺乏较高的风险防范意识。

3. 内控制度执行不够到位。一些商业银行内控制度执行不到位，其具体体现在：首先，岗位设置难以满足商业银行内部控制要求，在实际的制度执行过程中，银行通常更注重于减员增效，导致岗位分离制度难以得到严格的执行，在许多的分支机构中，还普遍存在着一人多岗、混岗的问题，这就很容易导致经济案件的出现；其次，缺乏高素质的管理岗人员，导致监督制度不能充分发挥监督作用，各商业银行原本都有授权管理监督制度，在实际的执行过程中，由于管理人员自身风险意识的淡薄，或者人员数量的不足等原因，容易出现虚假授权与逃避授权等问题，并因此而使得授权制度最终流于形式；最后，业务主管部门过于重视制度建设，并没有做到严格地贯彻检查。

二、银行业风险的特征

（一）客观性

商业银行风险的客观性是指，商业银行的经营活动总是伴随着各种风险，绝对零风险的业务在银行活动中几乎是不可能的。这主要是因为：

1. 信息不对称的客观存在。由于信息的不完全性和不透明性，商业银行进行放贷和投资决策时，获得的信息并不能做到及时、准确、全面和可靠，这就导致金融主体对金融客体必然缺乏理性的认知，所以做出的某些决策可能是错误的，至少是有误差的，这就有可能导致金融风险的产生。

2. 投机偏好的存在。按古典经济理论，"经济人"的本性就是追求收益最大化以及风险最小化，过分的投机、冒险和各种短期金融行为的长时间存在势必引起商业银行的风险。

3. 交易关联性的存在。金融自由化、全球化趋势使得各种各样的金融中介与经纪业务相继出现，而交易对象也日趋多样化，这些都让金融交易变得更加繁杂，并引发了银行之间、业务之间相互交织联动的复杂关系。交易中环节越多，出现问题的可能性就越大，这个复杂关系中的任何一部分脱节都会造成巨大的风险，而这种金融发展趋势引起的复杂关系将会长期存在。

（二）可控性

银行风险的可控性是指，商业银行风险虽然不可避免，但是市场经济主体可以依据一定的方法理论对其进行事前识别、预测，事中监督防范，在一定程度上加以规避。

1. 银行风险是可以进行识别、预测的。经济活动主体能够根据银行风险的历史、本质、产生条件，识别、预测在商业银行业务经营管理过程中存在的各种有可能引发投资损失的情况，完成进行风险控制的第一步。

2. 市场经济主体具有控制风险的技术手段和方法。市场经济主体可以利用先进的现代化分析方法，计算出各项与商业银行风险相关的技术性参数，然后根据以往银行风险事件发生的概率，来预测在何种水平参数下发生风险的可能性较大，从而为风险可控性提供技术支持。

3. 现代的金融监管制度是银行风险控制的有效保障和可控性的有力证明。金融监管制度尤其是银行风险监管是对经济主体行为的适当约束，监管的存在、健全和创新，可以尽可能降低银行风险发生造成损失的可能性。

（三）隐藏性

银行风险的隐藏性是指，在不爆发金融危机或银行支付"挤兑"的情况下，银行风险可能被掩盖。其原因如下：

1. 由银行的信用保障而发生的"有借有还、此还彼借"的信用借贷行为被循环往复地执行，使得许多导致损失或者不利的因素由该信用借贷循环掩藏起来。

2. 银行所具有的信用创造的功能使得本属于即期应该发生的风险损失，可能由于通货膨胀、借新还旧、贷新还息等手段得以延迟或暂时被掩盖。

3. 银行由于金融垄断或政府干预或政府特权的保护，使其将一些本已经显现甚至正在造成损失的银行风险通过行政行为的压制而暂时消除。

（四）集中性

银行风险的集中性是指，银行由于经营的特殊性把社会经济生活中的各种风险都集于一身，银行成为风险的集中地。其特殊性包括：

1. 银行经营的商品特殊。银行经营的货币资金是连接社会经济各主体的纽带，社会经济各主体的行为（对货币的需求和供给）及宏观经济环境的变化，都会引起货币资金自身价值的变化，从而引起银行资产价值的变动，给银行带来损失的可能。

2. 银行的业务活动特殊。市场经济是风险经济，各经济主体置身于充满风险的环境中自求发展。按照市场经济的运行秩序和法律规范，风险各有其承担主体，似乎是井水不犯河水，可事实上，各种风险避免不了要相互影响。银行的各种业务经营直接面对的是各种经济主体，各经济主体经营活动的成败直接决定了银行经营的成败，银行不但要承担其他企业所应承担的社会和经济义务，更要承担经济发展过程中各种决策偏差的后果。可见，正是由于银行特殊的业务活动，使社会上各种经济风险集中于商业银行。

（五）加速性和传染性

商业银行风险的加速性和传染性是指，商业银行的风险一旦爆发，就会产生多米诺骨牌效应，加速对金融体系的震荡和冲击，并迅速传染到其他社会经济主体，引发更大范围的社会经济震荡。之所以如此，是因为各金融机构之间组成非常紧密的信用网络，各经济体也通过金融机构和金融交易直接或间接地相互依存，一旦某一金融机构出现问题，其相互间的支付链条就会断裂，从而产生债务连锁反应，正常的社会支付机制就会堵塞，甚至中断。

第三节　银行业安全管理概述

一、银行业安全监管

（一）商业银行的资本

商业银行资本是银行从事经营活动必须注入的资金，可以用来吸收银行的经营亏损，缓冲意外损失，保护银行的正常经营，为银行的注册、组织营业以及存款进入前的经营提供启动资金等。从保护存款人利益和增强银行体系安全性的角度出发，银行资本的核心功能是吸收损失，一是在银行清算情况下吸收损失，其功能是为高级债权人和存款人提供保护；二是在持续经营情况下吸收损失，体现为随时用来弥补银行经营过程中发生的损失。

商业银行以负债经营为特色，其资本占比较低，因此承担着巨大风险。相对而言，商业银行资本发挥的作用比一般企业更为重要。

（二）国际商业银行资本监管的一般性要求

国际上对于商业银行的资本监管主要体现为巴塞尔协议Ⅲ。

巴塞尔协议是国际清算银行（BIS）的巴塞尔银行业条例和监督委员会的常设委员会——巴塞尔委员会于 1988 年 7 月在瑞士的巴塞尔通过的《关于统一国际银行的资本衡量和资本标准的协议》的简称，其目的是通过规定银行资本充足率，减少各国规定的资本数量差异，加强对银行资本及风险资产的监管，消除银行间的不公平竞争。该协议第一次建立了一套完整的国际通用的、以加权方式衡量表内与表外风险的资本充足率标准，有效地遏制了与债务危机有关的国际风险。

1999 年的巴塞尔资本协议 II 针对 1988 年的旧巴塞尔资本协定做了大幅修改，以规范国际上的风险控管制度，提升国际金融服务的风险控管能力。新协议将风险扩大到信用风险、市场风险、操作风险和利率风险，并提出"三个支柱"，要求资本监管更为准确地反映银行经营的风险状况，进一步提高金融体系的安全性和稳健性。

2008 年国际金融危机直接催生了巴塞尔协议 III，该协议的草案于 2010 年提出，于 2013 年 1 月 6 日发布其最新规定。巴塞尔协议 III 修改了监管资本的定义，提出了更加严格的资本标准。巴塞尔协议 III 的主要内容有：

1. 提高资本充足率要求。巴塞尔协议 III 对于核心一级资本充足率、一级资本充足率的最低要求有所提高，引入了留存资本，提升银行吸收经济衰退时期损失的能力，建立与信贷过快增长挂钩的反周期超额资本区间，对大型银行提出附加资本要求，降低"大而不能倒"带来的道德风险。

2. 严格资本扣除限制。对于少数股权、商誉、递延税资产、对金融机构普通股的非并表投资、债务工具和其他投资性资产的未实现收益、拨备额与预期亏损之差、固定收益养老基金资产和负债等计入资本的要求有所改变。

3. 扩大风险资产覆盖范围。提高"资产证券化风险暴露"的资本要求、增加压力状态下的风险价值、提高交易业务的资本要求、提高场外衍生品交易（OTC derivatives trading）和证券融资业务（SFTs）的交易对手信用风险（CCR）的资本要求等。

4. 引入杠杆率。为弥补资本充足率要求下无法反映表内外总资产的扩张情况的不足，减少对资产通过加权系数转换后计算资本要求所带来的漏洞，推出了杠杆率，并逐步将其纳入第一支柱。

5. 加强流动性管理，降低银行体系的流动性风险，引入了流动性监管指标，包括流动性覆盖率和净稳定资产比率。同时，巴塞尔委员会提出了其他辅助监测工具，包括合同期限错配、融资集中度、可用的无变现障碍资产与市场有关的监测工具等。

（三）我国商业银行资本监管

以监管资本为基础计算的资本充足率，是监管部门限制银行过度承担风险、保证金融市场稳定运行的重要工具。资本充足率是指商业银行持有的符合固定的资本（监管资本）与风险加权资产之间的比率。中国银监会 2012 年颁布的《商业银行资本管理办法（试行）》明确提出了四个层次的监管资本要求：一是最低资本要求，核心一级资本充足率、一级资本充足率和资本充足率分别为 5%、6% 和 8%；二是储备资本要求和逆周期资本要求。包括 2.5% 的储备资本要求和 0~2.5% 的逆周期资本要求；三是系统重要性银行附加资本要求为 1%；四是针对特殊资产组合的特别资本要求和针对单家银行的特定资本要求，即第二支柱资本要求。

2013 年 1 月 1 日《商业银行资本管理办法（试行）》正式施行后，我国系统重要性商业银行和非系统性银行的资本充足率分别不低于 11.5% 和 10.5%。

（四）我国商业银行监管机构

中国的银行监管机构主要包括中国银行保险监督管理委员会、人民银行和财政部。2003 年 4 月之前，人民银行是银行业的主要监管机构。2003 年 4 月，中国银监会成立，成为银行业的主要监管机构，并履行原由人民银行履行的大部分银行业监管职能；人民银行则保留了中央银行的职能。财政部是金融机构国有资产的主管部门。根据第十三届全国人民代表大会第一次会议批准的国务院机构改革方案，设立中国银行保险监督管理委员会，作为国务院直属事业单位。中国银行保险监督管理委员会依照法律法规统一监督管理银行业和保险业，维护银行业和保险业合法、稳健运行，防范和化解金融风险，保护金融消费者合法权益，维护金融稳定。

二、商业银行安全管理

为保障商业银行的安全运营，商业银行应不断建立并完善安全管理体系，对各类风险进行有效识别、计量、监测和控制，完善的安全管理体系包括良好的风险治理结构、明确的风险偏好、稳健的风险文化、严格的风险限额、清晰的风险政策和流程、高效的风险数据与 IT 系统、有效的内部控制和内部审计。

（一）商业银行安全管理体系

商业银行的安全管理体系具体由董事会及其风险管理委员会、监事会、高级管理层、风险管理部门组成，体现为上述主体之间在安全管理职责方面的监督和制衡机制。

1. 董事会及其风险管理委员会。在现代公司治理机制下，企业所有权与经营权分离，董事会受托于公司股东，成为银行公司治理结构的重要组成部分。董事会向股东大会负责，是商业银行的决策机构。

中国银监会于 2013 年发布实施《商业银行公司治理指引》，强调商业银行董事会对银行风险管理承担最终责任。规定商业银行董事会应该根据银行风险状况、发展规模和速度，制定商业银行经营发展战略并监督战略实施，制定商业银行风险容忍度、风险管理和内部控制政策，制定资本规划，承担资本管理最终责任。

2. 监事会。中国银监会《商业银行公司治理指引》规定，监事会是商业银行的内部监督机构，对股东大会负责。除依据《公司法》等法律法规和商业银行章程履行职责外，在风险管理方面，对本行经营决策、风险管理和内部控制等进行监督检查并督促整改。监事会对董事会、高级管理层履职情况进行监督并向股东大会报告。

3. 高级管理层。高级管理层对董事会负责，同时接受监事会监督，是商业银行的执行机构。商业银行高级管理层负责根据业务战略和风险偏好组织实施资本管理工作，确保资本与业务发展、风险水平相适应，落实各项监控措施，定期评估资本计量高级方法和工具的合理性、有效性。高级管理人员应当按照董事会要求，及时、准确、完整地向董事会报告有关本行经营业绩、重要合同、财务状况、风险状况和经营前景等情况。

4. 风险管理部门。风险管理部门在高级管理层（首席风险官）的领导下，负责建设完善包括风险管理政策制度、工具方法、信息系统等在内的风险管理体系，组织开展各项风险管理工作,对银行承担的风险进行识别、计量、监测、控制、缓释以及提供风险敞口的报告,促进银行稳健经营、持续发展。

(二) 商业银行安全管理流程

商业银行的安全管理流程可以概括为风险识别、风险计量、风险监测和风险控制四个步骤。

1. 风险识别。风险识别是指在风险事故发生之前,人们运用各种方法系统地、连续地认识所面临的各种风险以及分析风险事故发生的潜在原因。风险识别过程包含感知风险和分析风险两个环节。感知风险是通过系统化的方法发现商业银行所面临的风险种类和性质;分析风险是深入理解各种风险的成因及变化规律。

2. 风险计量。风险计量是在风险识别的基础上,对风险发生的可能性、风险将导致的后果及严重程度进行充分的分析和评估,从而确定风险水平的过程。

风险计量可以基于历史记录以及专家经验,并根据风险类型、风险分析的目的以及信息数据的可获得性,采取定性、定量或者二者相结合的方式。

3. 风险监测。商业银行风险监测包含两个方面工作:

一是监测各种风险水平的变化和发展趋势,在风险进一步恶化之前提交相关部门,以便其密切关注并采取适当的控制措施,确保风险在银行设定的目标范围之内。

二是报告商业银行所有风险的定性/定量评估结果,并随时关注所采取的风险管理控制措施的实施质量和效果。

4. 风险控制。风险控制是商业银行对已经识别和计量的风险采取分散、对冲、转移、规避和补偿等策略,以及合格的风险缓释工具进行有效管理和控制风险的过程。风险控制分为事前控制和事后控制。

以上银行安全管控的四个步骤并不是严格的顺序流程,每个步骤之间是相互影响、前后呼应的。风险监控和报告贯穿于整个风险管理的流程。影响风险水平的因素可能随时发生变化,从而需要随时根据风险监测的结果调整风险控制措施。而风险控制措施产生的实际效果也是风险监控和报告的重要内容。

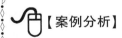【案例分析】

海南发展银行——中国第一家倒闭的现代商业银行

海南发展银行 (以下简称海发行) 于 1995 年在合并 5 家信托公司的基础上组建。这 5 家公司在 1993 年以前的海南房地产热中,已有大量资金积压在房地产上。从诞生之初,海发行就被赋予了化解金融风险的重任。之后,海发行又引入北方工业公司、中远集团等 40 余家岛外股东,筹集资金 10.7 亿元,由海南省控股。注册资本金 16.77 亿元的海发行一开始就背负了 44 亿元的债务。

但在当时普遍采用高息揽存的情况下,海发行迅速扩张。1997 年底,海发行的资金规模发展到 106 亿元。也就在当年，由城市信用社引发的海南金融问题第一次大规模显现。5 月，海口人民城市信用社主任陈×作案潜逃，这一事件导致储户恐慌并出现集中提款现象。随后，支付危机波及全省十几家城市信用社。

1997 年 12 月兼并 28 家城市信用社的行动，被认为是海发行关闭的导火索。有种说法是，当时海南为挽救这些城市信用社，不顾股东大会的强烈反对执意要求海发行实施兼并，将 28 家资不抵债的城市合作信用社收入旗下，并托管了 5 家被关闭的城市合作信用社。接管的城市信用合作社总资产为 137 亿元，总负债却为 142 亿元，而资产又几乎全是无人问津的房产。

接管之后，那些原以为取款无望的储户很快在海发行营业部的门口排起了长队，这成为当时海南的热门话题。由各种传闻引发的恐慌很快演变成挤兑风潮，海发行只能依靠人民银行再贷款艰难度日。

1998 年 3 月 22 日，中国人民银行在陆续给海发行提供了 40 亿元的再贷款后，决定不再给予资金支持。此时，海发行已无法清偿债务。其后，据说海南省政府也动用了 7 亿元资金企图挽回局面，但已是无力回天。1998 年 6 月 21 日，为了防止支付危机进一步蔓延，国家决定，关闭海发行，同时指定由中国工商银行托管海发行的债权、债务。

资料来源：智库文档，http://doc.mbalib.com/downloadtransition/5de5c62191a40b631187c5ea31666bcf.html。

思考题：1. 海南发展银行倒闭的根本原因和直接原因是什么？
2. 海南发展银行是否还具有复活的动因和条件？

📖【本章小结】

商业银行是以经营金融资产和负债为对象，以企业价值最大化为目标的特殊企业。商业银行的经营有三大基本原则，即安全性、流动性和盈利性。

商业银行的业务主要包括负债业务、资产业务以及中间业务。

商业银行风险是指商业银行在经营活动中，由于受事先无法预料的不确定性因素的影响或未来的实际情况变化与预期不相符，致使其实际获得的收益与预期收益发生背离，从而导致商业银行蒙受经济损失或不获利，或丧失获取额外收益机会的可能性。

商业银行风险的内在根源包括：银行自身的脆弱性、信息不对称和不完全、负外部性、高负债性；商业银行风险的外部原因包括：宏观经济形势的变化、国家经济政策、国家金融政策、市场竞争；商业银行的一些主观原因也是其风险的重要来源。

银行业风险的特征：客观性、可控性、隐藏性、集中性、加速性和传染性。

商业银行资本是银行从事经营活动必须注入的资金，可以用来吸收银行的经营亏损，缓冲意外损失，保护银行的正常经营、为银行的注册、组织营业以及存款进入前的经营提供启动资金等。

巴塞尔协议Ⅲ的主要内容有：提高资本充足率要求，严格资本扣除限制，扩大风险资产覆盖范围，引入杠杆率，加强流动性管理。

中国的银行监管机构主要包括中国银保监会、人民银行和财政部。

商业银行安全管理体系包括：董事会及其风险管理委员会、监事会、高级管理层、风险管理部门。

商业银行的安全管理流程可以概括为风险识别、风险计量、风险监测和风险控制四个步骤。

【复习思考题】

一、名词解释

负债业务　资产业务　中间业务　商业银行风险　商业银行资本

二、选择题

1. 以下不属于商业银行经营原则的是（　　）。

A. 安全性　　　　B. 流动性　　　　C. 收益性　　　　D. 效益性

2. （　　）是中国银行业的主要监管机构，负责监管银行业金融机构。

A. 中国人民银行　B. 中国银保监会　C. 财政部　　　D. 银行业协会

3. 下列不属于中国人民银行职责的是（　　）。

A. 通过确定基准利率、确定商业银行的存款准备金比率，制定和执行货币政策

B. 向商业银行发放贷款、办理贴现及进行公开市场业务

C. 审批银行业金融机构的设立、变更、终止以及业务范围

D. 经理国库

4. 下列不属于商业银行性质的是（　　）。

A. 商业银行是企业　　　　　　　B. 商业银行是特殊的企业

C. 商业银行是行政机构　　　　　D. 商业银行是特殊的金融企业

5. 我国商业银行包括（　　）。

A. 大型商业银行　　　　　　　　B. 股份制商业银行

C. 城市商业银行　　　　　　　　D. 农村商业银行

E. 外资银行和民营银行

三、问答题

1. 阐述商业银行风险产生的原因。

2. 商业银行的风险具有哪些特征？

3. 中国银保监会对我国商业银行资本监管有哪些具体要求？

4. 我国商业银行安全管理体系具体包括哪些内容？

5. 简述我国商业银行安全管理流程。

选择题答案

1. C　2. B　3. C　4. C　5. ABCDE

第二章

商业银行负债业务风险与安全

【教学目的和要求】

通过本章的学习，使学生了解商业银行负债业务中流动性风险、利率风险及操作风险的含义和表现。熟悉流动性风险的预测方法，掌握商业银行负债业务流动性管理的具体措施。掌握利率风险的资金缺口分析方法和久期管理方法，熟悉利率风险的防范方法，掌握单一业务活动利率风险的控制措施。了解操作风险的监测及报告程序，熟悉操作风险的风险环境管理措施，掌握操作风险的业务操作控制措施。

第一节　流动性风险与安全

一、流动性风险概述

（一）流动性与风险性和收益性的关系

流动性的概念在本书第一章第一节已经给出；流动性风险是指商业银行无法及时获得或以合理成本获得充足资金，用于偿付到期债务、履行其他支付义务或满足正常业务开展需要的风险（从银行负债业务的角度）。

1. 流动性与风险性。金融机构的流动性与风险性是负相关的，即流动性越高，风险性越小；流动性越差，风险性越大。

（1）从资产方面看，流动性较强的资产，如短期有价证券投资等，一般风险较小；反之，流动性较差的资产，如长期贷款等，一般风险较大。

（2）从负债方面看，流动性较强的负债，如活期存款、大额可转让定期存单、向其他金融企业拆借资金或向中央银行借款等，一般风险较小；反之，流动性较弱的负债，如定期存款资金、市场上的长期性质借款等，一般风险性较大。

2. 流动性与收益性。两者也呈负相关性。

（1）如果商业银行资产流动性比预期强，那么带来的直接收益将减少，原因是如果资产流动性比预期强，则部分长期贷款变成了短期贷款，长期证券投资变成了短期证券投资，那么利息收入必然比预期减少，故损失也减少。

（2）如果商业银行负债流动性比预期强，那么，带来的结果是直接收益将增加，原因是如果负债的流动性比预期增强，部分定期存款变成了活期存款，部分长期借款变成了短期借款，那么其利息支出必然比预期相应减少，而利息支出减少可以使资金成本降低，资金成本降低则意味着金融机构收益增大。

（二）商业银行保持流动性的重要性

1. 商业银行现金流动最频繁。商业银行的资金绝大部分是由短期负债构成的，并且相当一部分是活期存款，而债权人何时提取存款很难预测；其他类型的存款，如定期存款也会有提前支取的情况，并且也会存在各类存款到期日相对集中的情况。因此，银行的流动性风险要比其他金融机构大得多，因为客户未来提取存款和申请贷款的需求是难以预料的，如果发生客户提存或其他债务到期，银行必须及时偿付，否则轻者会陷入经营困境，重者会破产倒闭。所以，必须保留足够的现金或具有较强变现能力的金融资产。

2. 商业银行的流动性具有刚性特征。工商企业不能支付贷款或不能清偿债务时，可以与债权人协商或请求宽限一定时间。商业银行则不同，一旦出现流动性不足，不能满足客户提存或支付其他债务，消息一经传出就会出现挤兑风潮，甚至导致金融机构关门或破产。

3. 流动性是维持商业银行竞争力的基础。在金融业激烈的竞争下，商业银行可以选择客户，客户也可以选择银行机构。如果一家商业银行不能随时保证客户的流动性需求，就会失去市场竞争力，引起客户流失，危及自身的生存和发展。

4. 保持足够的流动性也是商业银行应对意外事件所必需的。因为突发性的重大政治、军事事件以及恶性通货膨胀等，都会大大动摇存款的稳定性，甚至会引发存款挤提。在这种情况下，流动性短缺就会使金融机构措手不及而陷入困境，严重的乃至破产。

二、流动性风险的预测

根据性质不同，将流动性需求估计的预测方法分为定性预测和定量预测两种。定性预测是一种凭借经验和直观方法进行定性分析和简单计算的估测方法。其目的主要是推断流动性需求的大致变动方向和规模。定量分析则是运用一定的经济学理论和数理统计方法，进行数量分析并预测未来情况的方法。由于流动性风险既存在于商业银行的负债业务中，也存在于资产业务中，所以定量分析的各种指标方法将在本书的第三章详细介绍，本章着重介绍定性分析法。

（一）预测方法

1. 头脑风暴法。这种方法是指在商业银行业务经营活动中，为了有效地定性评估风险，要求与会者围绕这个问题，发表意见，各抒己见。会后对各种意见进行归纳分析，总结出几种可行的方案，提供给决策者选择。

2. 主观概率法。这种方法是先将所要预测的流动性问题和必要的背景材料函寄给专家，他们根据经验和估计，提出预测数据，组织者得到答复后，根据概率论的基本原则，求出专家主观概率的平均值，并分析主观概率的离散情况。这种方法可以预测银行在业务经营活动过程中，未来流动性方面可能发生的结果，还可以预测各种结果发生的概率。

这只是两种常见的方法，定性预测法很多，各金融主体（商业银行）所拥有的资源和面临的环境不尽相同，预测方法也在不断地创新中。

（二）预测方向

下列因素都会影响对商业银行的流动性风险的定性估计，当然，有些内容还要根据实际情况加以定量测量。

1. 存款和贷款非正常和长期变化的估测。存款是商业银行最主要的资金来源，而贷款则是其主要的资金运用，它们的变化对商业银行的流动性需求影响最大，因而成为估测的重点。对于存款而言，变化较大的是大中型企业、政府机关、金融同业和少数个人等存款大户的存款。银行对于这些波动大的存款，要经常监测其账户变化情况，并通过对监测数据的分析和经营活动情况的了解来试图掌握其变化管理规律，据此维持适当的流动性资金定额。而就贷款来讲，银行需要密切关注本地区经济的发展状况，满足主力客户的贷款需求，并随时关注其资金周转和存款变动情况，以此来估测贷款的流动性需求。

2. 季节性流动性需要的估测。存款和贷款的流动性需求一般会出现季节性变动，并以大致相同的形式年复一年地发生。这主要是由于自然天气类型的差异和社会风尚与社会习惯的影响所致。这在农村地区的商业银行表现得更为明显。在农作物的种植和生长季节，其存款会因为农民的提款而减少，而贷款需求却因为农业的耕作需求达到高峰；农产品收获季节则使贷款连续收回，存款余额重新上升。城市银行在大型传统节日前后也有类似的表现。对季节性存贷款的流动性需要进行估测，可以使商业银行的流动性供应更明确，更具有针对性，从而也更经济。

3. 周期性流动性需要的估测。严格来讲，周期性流动性需要估测也属于存贷款长期性变动估测的范畴，但它主要是着重于经济周期的变动对存贷款流动性需求的影响。在经济周期的复苏、繁荣阶段，各种经济主体对贷款的需求节节上升，而在经济衰退和萧条时期，一般性的贷款需求则下降。对于存款来讲，在经济周期的好转时期，存款的增长可能是很慢的；但若经济状况恶化，存款则可能调头向下，甚至可能急速下降。对周期性流动性需要进行估测，其主要作用是帮助商业银行恰当地根据经济周期的变动调节流动性储备的多少。

三、流动性风险的安全管控措施

（一）负债管理的主要策略

1. 负债来源分散化管理。巴塞尔委员会在 2008 年 9 月的《稳健的流动性风险管理和监管原则》原则 7 中指出：商业银行应建立多样化的融资来源。银行应保持负债来源的分散性与多样性，在期限、交易对手、抵押品、金融工具类型、货币以及地理位置上保持适度的分散性。风险管理人员应熟悉多样化的融资来源，了解银行融资来源的组成，熟悉不同类型金融工具的流动性特点，明确各融资工具在不同情景下的表现与可获得程度。高管层应明确了解银行的资产和融资来源的构成、特征和多样化程度。还应定期评估融资策略在内部或外部环境变动下的有效性。

2. 保持"市场接触"管理。银行应该建立持续的"市场接触"管理机制，以保持批发融资来源的稳定性。银行应该积极管理和定期测试银行的市场接触能力。银行的市场接触管理包括建立合适的系统，健全法律文档、操作流程和信息获取体系。首先，建立一套管理体系，识别、监测和维护主要的交易对手。其次，定期分析并执行与各个交易对手的融资交易，以确认融资渠道的可行性。最后，认真评估不同情景下的资金可获得性。在市场接触管理中，银行还需要将中央银行作为交易对手，与中央银行保持密切沟通，理解中央银行对紧急融资的要求，并为此做好准备。

（二）负债管理的具体措施

该策略主要是指增加主动型负债，是商业银行在需要或缺乏资金时，通过临时性借款方式筹集资金来增加供给，满足和维持所面临的流动性需求。同时注重负债的多元化。其具体的方法如下。

1. 同业借款。同业借款是商业银行在需要或缺乏资金时通过向同业借款的方式寻求或融通资金的行为。同业借款又分为同业拆借、转贴现和转抵押借款。

（1）同业拆借。指的是金融机构之间的短期借款，是商业银行为解决短期资金余缺，或调剂法定准备头寸而相互融通资金的一种方式。同业拆借期限短，多为日拆；交易手续简单，多是电话洽商，通过中央银行的存款账户划转；利率随行就市，议价成交；一般不需要抵押品，交易额度较大。（2）转贴现。是指商业银行将自己对客户贴现收进的未到期票据，再转向其他银行或金融机构贴现寻求资金的方式和行为。当银行发生临时性资金周转不灵，而采用其他方式借款不便或处于不利地位时，银行就可以将已经贴现进来的未到期票据再向其他银行请求贴现来寻求资金。（3）转抵押借款。是指商业银行将自己持有的有价资产或是发放抵押贷款收到的抵押品，交由其他银行或金融机构作为担保品抵押借入款项的行为。由于较常见的是商业银行将自己占有的贷款人的抵押品再转手抵押借款，所以一般将这种融资方式统一称为"转抵押借款"。

2. 向中央银行借款。向中央银行借款简称央行借款，是以中央银行为特定借款对象的资金融通方式。其具体形式有三种：

（1）信用借款。即无须商业银行提供任何担保或抵押，仅仅凭商业银行自身的信用就从中央银行得到的借款。（2）再贴现借款。这是商业银行从中央银行借款的主要方式。具体是指商业银行把已经对客户贴现收进的尚未到期的票据拿到中央银行再进行贴现寻求资金的方式。（3）再抵押借款。这类似于上面的转抵押借款，所不同的是借款对象是中央银行，且对抵押品的资质要求更严格一些。

3. 回购协议交易。回购协议交易又称为售后回购，是商业银行在需要或缺乏资金时，通过出售自己所持有的有信贷价值的资产并订立协议，约定在一定期限之后按约定价格再将其购回的方式寻求及时可用资金的交易行为。回购协议的交易标的大多数是政府债券，因而可以将其看成是一种以政府债券做担保的短期资金借贷。

4. 发行金融债券和大额可转让定期存单。商业银行在金融管理当局批准之后可以采用发行金融债券或大额可转让定期存单等金融工具的方式筹措资金来满足提供流动性供给的需要。在发行金融债券时，可利用的债券形式如下：（1）普通金融债券。这是一种类似于定期存单的到期一次性还本付息的债券，短中期居多，均以平价发行，利率略高于同期存款利率，不计复利。（2）累进利息金融债券。这是一种利率与期限挂钩、分段累进计付利息的金融债券。一般期限越长，利率越高。持有者可以在最短和最长期限之间随时到发行银行要求兑付，有较高的灵活性，因而较受投资者的欢迎。（3）贴水金融债券。这是商业银行在一定期限内按一定的贴现率以低于债券票面金额折价发行、到期按票面额归还的债券。其利率和发行价格都不印在票面上，而是根据债券的票面金额和事先确定的贴现率加以推算，或者是除票面额之外其他的都不事先确定，采用招标拍卖的方式来确定贴现率和发行价格。

大额可转让定期存单可利用的种类也比较多，按计息方式主要有浮动利率大额可转让定期存单、固定利率大额可转让定期存单；按币种划分有欧洲美元大额可转让定期存单、扬基大额可转让定期存单等。它所具有的固定期限、固定金额、固定计息方式和可以在二级市场上转让流通的所谓"三固定，一转让"的特点，使其成为商业银行通过寻求负债供给来满足流动性需求的另外一种经济、有效的方式。

5. 售后回租。售后回租指商业银行将自己拥有的营业场所和设施先行出卖给租赁公司或其他投资者，而后又以分期支付租金为条件租回来继续使用，以解决资金周转困难。该种交易实际上是将占压在固定资产中的资金置换出来，参与银行的正常周转，即将固定资金转化为流动资金。商业银行在尝试其他方式依然不能解决流动性需求问题时，就可以使用这种方式来救急，待资金宽裕时再将其购回，或是另行添置。

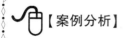 【案例分析】

廖创兴银行挤兑事件

1948 年，廖宝珊在港岛上环永乐街创办廖创兴储蓄银行。廖氏通过银行吸纳香港及海外潮汕籍人士的存款，在西环大举收购货仓物业。20 世纪 50 年代，西环的面貌开始改观，地价、楼价上升，廖宝珊的财富激增，成为西环有名的大业主和金融巨子。

廖创兴银行的经营策略相当冒进，一方面大张旗鼓宣传以高息吸引存款，另一方面又将大量贷款投入风险较高的房地产业。1960 年底，廖创兴银行的各项存款（包括溢利税及呆账准备）共有 1.09 亿元，而同期贷出款项（包括透支及抵押贷款）有 7 357 万元，另投资于房地产及该行大厦合计 852 万元。换言之，该行贷放透支及投资于不动产的款项占存款总额的比重高达 75%，银行经营的稳健性已经动摇。1961 年 6 月 15 日，香港九龙巴士和怡和两家公司发行新股票上市，造成银行体系资金紧张。当时市面又流传着蓄意制造的关于该行董事长廖宝珊的谣言，指"有一位知名之本港银行家现成为警方侦查之对象，且已被通知离港"。廖创兴银行受到不利传闻和谣言的困扰，遭到大批存户的挤提，据报道，仅三天，被提走的存款接近 3 000 万元，廖创兴银行资金所剩无几。挤提发生后，廖创兴银行即向汇丰、渣打两家发钞银行求助，有人估计双方可能达成一项以廖创兴银行所持地产作担保的秘密协定。汇丰和渣打银行遂向该行贷出 3 000 万元的款项以应付挤兑，6 月 17 日，挤提风潮才渐次平息。这次危机对廖宝珊及廖创兴银行打击甚大，一个月后廖宝珊因脑溢血病逝。

资料来源：郭延安. 商业银行风险防范与案例分析 ［M］. 北京：中国人民大学出版社，2014：111.

思考题：如果商业银行没有对客户的需求作正确估计，且流动性准备不足，会造成什么样的后果？

第二节 利率风险与安全

一、利率风险概述

（一）利率风险的含义

对于商业银行而言，利率风险是指由于利率波动致使银行在利息收入以及资产市值方面遭受损失的可能性。如果商业银行的存款和贷款在类型、数量和期限上不一致，而且存款、贷款利率不同步，则银行将面临利率风险。

银行利率风险的第一个来源是资产负债利率差异。因为商业银行所贷出去的资金绝大部分都是借入的资金，当银行吸收或借入的资金利率和贷放出去的资金利率不匹配时，利率风险就产生了。银行面临的这种利率风险又可以分两种情况：一种是由利率性质不匹配引起的；另一种是由与计算利率有关的期限不匹配引起的。只有银行把借入资金利率和贷出资金利率的性质和期限匹配好，才可以避免利率风险。

商业银行利率风险的另一个来源是，商业银行持有了越来越高的债券，无论是政府债券还是企业债券，它们的价格都会受市场利率波动的影响。市场利率上升，债券价格就会下跌；反之，市场利率下跌，债券价格就会上升。因此，债券价格随市场利率的波动会给商业银行带来额外的收益或者损失。

（二）利率风险的表现形式

1. 重新定价风险。重新定价风险产生于银行资产、负债和表外头寸到期日的不同（对固定利率而言）及重新定价的时间不同（对浮动利率而言），要么资产的期限大于负债的期限，要么负债的期限大于资产的期限，即期限错配。当利率发生不利的变化时，银行将因期限的不匹配而遭受损失。

2. 收益率曲线风险。所谓收益率曲线风险是指收益率曲线的斜率以及形状因为某种原因发生改变之后，使银行暴露在重新定价不匹配的风险中，对银行收入或银行经济价值造成的不利影响。

3. 基准利率风险。基准利率风险是被选来作为各不同期限贷款基准的利率，通常为1年以下的短期货币市场资金借贷利率。其中最常见的是伦敦同业拆放利率，它是指以伦敦为依托的欧洲货币市场上，银行同业之间进行以欧洲货币表示的短期货币资本借贷时所依托的利率。对银行来说，基准利率风险的产生主要来自于不同的定价基准，或定价参考标准之间的非同步变化。

4. 期权风险。所谓期权是指一种选择权，期权赋予持有者以事先约定的价格买入、卖出或者以某种方式改变某一金融工具或合同的现金流的权利。只有当执行合同对自己有利时，期权合同的持有者才会选择实施合同。因此，当期权合同被实施时，对买者有利，对卖者不利。当利率变化时，客户行使隐含在银行资产负债表中的期权会给银行带来损失的可能性，即在客户提前归还贷款本息或提前支取存款的潜在选择会产生利率风险。

二、利率风险的计量

（一）资金缺口分析

银行可以使用最基础的缺口分析方法来衡量银行账户对利率变动的风险大小。缺口指的是在给定的时间段内利率敏感性资产（Interest Rate Sensitive Assets，IRSA）减去利率敏感性负债（Interest Rate Sensitive Liabilities，IRSL）的差额。所谓利率敏感性资产和利率敏感性负债是指那些在一定时限内到期的或需要重新确定利率的资产和负债。这类资产和负债的差额被定义为资金缺口（Funding Gap），即

资金缺口（GAP）= 利率敏感性资产（IRSA）– 利率敏感性负债（IRSL）　（2.1）

资金缺口用于衡量银行净利息收入对市场利率的敏感程度。资金缺口可以为正值、负值或者零值。当利率变动时，资金缺口的数值将直接影响银行的净利息收入。事实上，银行的借款和贷款利率变化不会是完全一致的。因此，即使资金缺口为零，市场利率的变动也会影响到净利息收入。资金缺口可以反映整体资产负债表上的错配情况。缺口分析的基本作用在于衡量利率变化对净利息差的影响有多大。一般来说，银行的资金缺口越大，银行所承担的利率风险越大。当然如果银行对利率走势预测正确的话，缺口越大收益越大。

同时，也可以用利率敏感性系数来衡量银行的利率风险。

利率敏感性系数 = 利率敏感性资产（IRSA）/ 利率敏感性负债（IRSL）　（2.2）

当利率敏感性资产大于利率敏感性负债时，该系数大于1。反之，则小于1。所以利率敏感性系数与资金缺口之间的关系是，当利率敏感性系数大于1时，资金缺口为正值；当利率敏感性系数小于1时，资金缺口为负值；当利率敏感性系数等于1时，资金缺口为零。我们就可以用资金缺口和资产敏感性系数来衡量银行的利率风险。如表2－1

所示。

表 2-1 资金缺口、利率敏感性系数、利率变动与银行净利息收入变动之间的关系

资金缺口	利率敏感性系数	利率变动	利息收入变动	变动幅度	利息支出变动	净利息收入变动
正值	大于1	上升	增加	大于	增加	增加
正值	大于1	下降	减少	大于	减少	减少
负值	小于1	上升	增加	小于	增加	减少
负值	小于1	下降	减少	小于	减少	增加
零	等于1	上升	增加	等于	增加	不变
零	等于1	下降	减少	等于	减少	不变

（二）久期管理

久期也称持续期，是由美国经济学家弗雷德里克·麦考利（Frederick Macaulay）于 1938 年提出的。指的是某项资产或负债的所有预期现金流量的加权平均时间。它是一种把到期日按时间和价值进行加权的衡量方式，衡量了银行未来现金流量的平均期限，反映了现金流量的时间价值。实际上，久期衡量的是用来补偿投资所需资金的平均时间。计算公式为

$$D = \frac{\sum_{t=1}^{n} C_t \cdot t / (1+R)^t}{p} \tag{2.3}$$

其中，D 表示债券持续期；C_t 表示 t 时期的现金流；p 表示债券的现值；R 表示该市场利率；n 表示债券到期时间；t 表示使债券产生现金流的各个时期。久期可大致用于衡量资产价格对利率变化的敏感度，换言之，它衡量的是资产价格对利率的弹性。当市场利率变动时，不仅各项利率敏感性资产与负债的收益与支出会发生变化，利率不敏感的资产与负债的市场价值也会不断变化。

久期缺口是银行资产持续期与负债持续期和负债资产系数乘积的差额，用公式可表示为

$$D_G = D_A - (PV_L / PV_A) D_L \tag{2.4}$$

其中，D_G 为久期缺口，D_A 为资产久期，D_L 为负债久期，PV_A 为资产的现值，PV_L 为负债的现值。

式（2.4）表明，对于固定收入的金融工具而言，市场利率与金融工具的现值呈反向变动关系。当久期缺口为正时，利率的上升将使银行的价值下降；如果是负缺口，则情况相反。缺口越小，利率变动对银行价值的影响就越小。银行计算资产、负债久期的意义，在于分析市场利率变化对资产和负债的市场价值变化的影响，并由此能够对银行资产负债所面临的市场利率风险进行简单有效的评价。对于上述利率变动情况下久期缺口对银行净值的不同影响，我们可以用表 2-2 来表示。

表 2 - 2　　　　　　　　久期缺口对银行净值的影响

久期缺口	利率变动	资产市场价值变动	变动幅度	负债市场价值变动	银行净值市场价值变动
正	增	减	大于	减	减
正	减	增	大于	增	增
负	增	减	小于	减	增
负	减	增	小于	增	减
零	增	减	等于	减	无
零	减	增	等于	增	无

资金缺口分析侧重于计量利率变动对银行短期收益的影响，而久期分期则能计量利率风险对银行经济价值的影响，即估算利率变动对所有头寸的未来现金流价值的潜在影响，从而能够对利率变动的长期影响进行评估，更为准确地估算利率风险对银行的影响。

三、利率风险的安全管控措施

（一）利率风险的预测

要有效地防范利率风险，就要明确决定和影响利率变动的因素，并通过观察和分析这些因素及其变化，预知未来的利率变化。

1. 决定利率水平的因素。一定时期的借贷利率水平的高低，主要由社会的平均利润率水平来决定。社会资源在趋利的前提下不断流动与转移，使得利率的总体水平从长期来讲只能介于零和全社会的平均利润率之间。所以，通过对社会平均利润率水平的观察和分析及其与现实利率的比较，可以得出未来利率的大致合理水平，从而能够判定其是会上升还是要下降。如果现在的市场利率高于平均利润率，则未来的变动趋势将会是下降；相反，如果现在的市场利率低于平均利润率，那么，其未来的变动趋势就将是上升。

2. 影响利率变动的因素。实际的利率水平是围绕平均利润率水平上下波动的，影响利率变动的因素主要如下。

（1）经营成本。银行作为经营存、放、汇等金融业务的特殊企业，直接以利润为经营目标。要获取利润，就必须讲求经济核算，其成本就必须全部通过其收益得到补偿。银行的成本主要有两类：一是借入资金的成本，即银行吸收存款时对存款人支付的利息；二是业务费用，即银行的人员费用、固定资产费用和其他费用。这些银行的支出必须通过利息的收取得以弥补，因此，利率的确定必须对此有足够的考虑，经营成本无疑是利率变动的基础。

（2）经济周期。从利率的运动轨迹来看，利率的变动表现出很强的周期性，这主要是经济周期使然。在经济滑入衰退和萧条时期，投资与消费意愿日趋低迷，可贷资金需求小，市场利率一般较低；而当经济走出萧条，步入复苏、繁荣阶段时期，经济快速增长投资机会多，收入增加快，各种经济主体对可贷资金的需求量日趋扩大，利率逐渐被推升。

（3）通货膨胀预期。在预期通货膨胀率上升时，利率水平有很强的上升趋势；在预期通货膨胀率下降时，利率水平则趋于下跌。这就是所谓的费雪效应，原因是通货膨胀率预期上升时，可贷资金的供给减少而需求上升，反之则相反。

（4）中央银行的货币政策。这主要是通过改变货币供应量来改变可贷资金的数量来影响利率的。当中央银行需要刺激经济时，会增加基础货币投入量，从而通过商业银行体系的信用创造机制，使货币供应量增加，进而可贷资金的供给增加，导致利率的下降。反之，当中央银行需要限制经济的过度膨胀时，就会减少基础货币的投放，货币供应量减少，可贷资金的供给减少，利率上升。

（5）其他因素。如国际利率水平——国际市场上"一价定律"的作用日趋强化，资金在国际间追逐利差的活动，最终导致各国的利率也越来越具有"趋同倾向"；资本市场状况——资本市场中股票和投资收入的增加或减少会引起市场利率的下降或上升；借贷资金供求状况——市场上信贷资金的供应紧张，利率就会升高；反之，利率则要下降。

还需要指出的是，一般情况下，上述影响利率变动的因素，其作用有主次、长短之分。其中，起长期、主要影响作用的是银行经营成本、经济周期、通货膨胀及其预期等，而中央银行的货币政策以及其他因素则基本上只起短期、次要的影响作用。

（二）利率风险的控制

1. 综合利率风险控制。所谓综合利率风险控制，是指通过对资产与负债的共同控制和调节，来实现对商业银行整体的利率风险进行控制的管理活动。其主要采取的就是前文所提到的缺口管理。

如前所述，商业银行的各项资产与负债，依据其期限和利率特点的不同可以分为三类：（1）相匹配的资产与负债。这类资产与负债期限相同，利差事先确定。（2）利率敏感性资产与负债，其利率随市场利率的变化而变化，因而其价值也相应改变，如浮动利率的存贷款、商业银行持有的投资资产等。（3）利率非敏感性资产与负债，它们在相对较长的时间之内利率都维持不变，如固定利率的存贷款、长期投资、次级债券等。

缺口管理就是在对利率的变动趋势进行把握的基础上，通过有意识地保持某种缺口状态，来使商业银行的利差最大化，或者是保持净利差的基本稳定。其基本的做法是根据利率变动趋势来改变缺口的状态及其大小。

如果预测到未来的利率将上升，就决定保持正缺口，即：（1）通过增加利率敏感性资产，或者减少利率敏感性负债，抑或是两者相结合共同使用；（2）尽可能地减少固定利率资产，增加固定利率负债；（3）注意延长盈利性资产的期限，相应缩短负债的期限，以图重新进行利率定价。采取这样三种办法来扩大缺口，最终将使银行的净利息收入最大化。如果预测到利率将下降，则决定在未来维持负缺口状态，并采取与利率上升时相反的资产负债结构调节措施，最终将会使商业银行的资金成本下降，净利息收入增加。如果对未来利率的预测难以把握，或者未来的利率变动频繁、起伏不定，则决定固守零缺口状态，使利率敏感性资产与利率敏感性负债、利率非敏感性资产和利率非敏感性负债在数量和期限上尽可能保持一致，做了这样的一些调整，则无论市场利率如何变动，商业银行最终都将获得基本稳定不变的净利息收入。

当然，理想的状态是在利率高峰时缺口最大，而在利率低谷时缺口最小，这应该是银行所要努力追求的。进行这样的管理，成功或有效的关键取决于两点：一是对利率的周期性变化要有准确的预测和把握；二是缺口调整要打提前量，适当先于利率的变化。

2. 单一业务活动利率风险控制。单一业务活动利率风险控制有两种基本的控制类型，一种是直接控制，另一种是间接控制。

（1）单一业务活动利率风险直接控制。就是商业银行在对利率的变化趋势比较有把握的情况下，通过直接的利率定价措施来控制利率风险。基本的原则是：当预测未来的利率上升时，在贷款业务中尽可能地以浮动利率的方式来对贷款进行定价；而在负债业务中，则注意扩大固定利率存款的增长，缩小或控制浮动利率存款的规模。当预测未来的利率下降时，就采取与上面相反的定价策略。

（2）单一业务活动利率风险间接控制。就是在某一方面或某一笔业务活动之中或者之后，采取一定的附加性措施，来控制利率风险对银行损益的影响。其本质就是利用衍生金融工具对银行的利率风险头寸进行套期保值交易。在采取资金缺口管理、有效久期管理的基础上，随着金融创新的发展，越来越多的金融工具被创造出来用于商业银行的利率风险管理，如远期利率、利率期货、利率期权、利率互换等。

①远期利率协议。远期利率协议是指交易双方在签订协议时商定，在未来某一特定日期，按照规定的货币、金额、期限和利率进行交割的一种协议。远期利率协议实际上是一种利率的远期合同，用于锁定从未来某时刻开始的短期贷款或存款的利率。

②利率期货交易。利率期货是金融期货的一种。金融期货交易是一种合约行为，根据合约，合约的一方同意在将来的某一天以事先确定的价格，将一定数量的基础金融工具出售给合约的另一方或者从另一方将其买进，实际上就是以合约的方式锁定金融交易价格，以期避免价格变动对合约方造成损失。利率期货之所以用来控制利率风险，是因为金融期货的价格走向和利率变动的方向相反，通过在期货市场上购买金融期货合约，银行能够避免利率变动的损失。

③利率期权交易。期权是指合约购买者支付一定金额的期权费后，在约定的时间或期限内，有以约定的价格购买或出售约定数量的特定标的资产的权利。利率期权为银行提供了另一种控制利率风险的工具。其主要的优点是，如果期权所有人认为执行该项交易对他自己有利，可以履行，否则可放弃。商业银行通过购买期权合约对利率风险进行管理，不仅可以规避利率风险，而且也不会丧失利率有利的波动可能给商业银行带来的盈利。也就是说，期权合约的卖方的潜在收益是无限的，而亏损是有限的。所以，商业银行主要是期权合约的购买者，而较少作为期权合约的出售者。商业银行用于处理利率风险的利率期权工具主要有：看涨期权、看跌期权、利率上限以及利率

下限期权。

④利率互换交易。互换是指两个或两个以上的当事人，按照共同商定的条件，在约定的时间内彼此交换一系列款项支付的金融交易。互换又分为货币互换和利率互换，通常在利率风险管理中采用后者。利率互换又称息票互换，是由交易的甲乙双方，按照商定的条件以同一货币、同一金额的本金作为计算的基础，甲方以固定利率换取乙方的浮动利率，乙方以浮动利率换取甲方的固定利率，借以改善双方的资产负债结构，降低资金成本和利率风险的目的。利率互换尤其对银行有着积极的意义，它能够降低固定利率或浮动利率的筹资成本，保持流动性。由于互换大多是场外交易工具，这使得银行可以相当灵活地使用这些工具，满足其特定的需要。

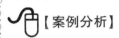【案例分析】

奎克国民银行利率风险管理

20 世纪 80 年代中期，美国明尼阿波利斯第一系统银行预测未来的利率水平将会下跌，于是购买了大量政府债券。1986 年，利率水平如期下跌，从而带来不少的账面收益。但不幸的是，1987 年和 1988 年利率水平却不断上扬，债券价格下跌，导致该行的损失高达 5 亿美元，最终不得不卖掉其总部大楼。

在残酷的事实面前，西方商业银行开始越来越重视对利率风险的研究与管理。而奎克国民银行在利率风险管理方面树立了一个成功的榜样。1983 年，奎克国民银行的总资产为 1.8 亿美元。它在所服务的市场区域内有 11 家营业处，专职的管理人员和雇员有 295 名。1984 年初，马休·基尔宁被聘任为该行的执行副总裁。基尔宁设计了一种报表，是管理人员在进行资产负债管理决策时所使用的主要的财务报表，它是一个利率敏感性分析报表。基尔宁感觉到这种报表有助于监控和理解奎克国民银行风险头寸的能力。报表内容如下：

在资产方，银行有 2 000 万美元是对利率敏感的浮动利率型资产，其利率变动频繁，每年至少要变动一次；而 8 000 万美元的资产是固定利率型，其利率长期（至少 1 年以上）保持不变。

在负债方，银行有 5 000 万美元的利率敏感型负债和 5 000 万美元的固定利率负债。

基尔宁分析后认为：如果利率提高了 3 个百分点，即利率水平从 10% 提高到 13%，该银行的资产收益将增加 60 万美元（3% × 2 000 万美元浮动利率型资产 = 60 万美元），而其对负债的支付则增加了 150 万美元（3% × 5 000 万美元浮动利率型负债 = 150 万美元）。这样奎克国民银行的利润减少了 90 万美元（60 万美元 – 150 万美元 = –90 万美元）。反之，如果利率水平降低 3 个百分点，即从 10% 降为 7%，则奎克国民银行利润将增加 90 万美元。

　　基尔宁接下来分析了 1984 年当地和全国的经济前景，认为利率在未来 12 个月将会上升，且升幅将会超过 3%。为了消除利率风险，基尔宁向奎克国民银行资产负债管理委员会做报告，建议将其 3 000 万美元的固定利率型资产转换为 3 000 万美元的浮动利率型资产。奎克国民银行资产负债管理委员会同意了基尔宁的建议。

　　这时，有家社区银行拥有 3 000 万美元固定利率负债和 3 000 万美元浮动利率资产，愿意将其 3 000 万美元的浮动利率资产转换成 3 000 万美元的固定利率资产。于是两家银行经过磋商，很快达成协议，进行资产互换。

　　正如基尔宁预测的，1984 年美国利率持续上升，升幅达到 4%，奎克国民银行因此项资产互换减少了 120 万美元的损失，基尔宁也成为奎克国民银行的明星经理。

　　资料来源：郭延安. 商业银行风险防范与案例分析［M］. 北京：中国人民大学出版社，2014：148.

　　思考题：本案例中采取了利率风险管理的什么措施？

第三节　操作风险与安全

一、操作风险概述

　　巴塞尔委员会将操作风险定义为："操作风险是指由不完善或有问题的内部程序、人员、信息科技系统以及外部事件所造成损失的风险。"本定义所指操作风险包括法律风险，但不包括策略风险和声誉风险。

　　（一）操作风险的分类和表现

　　1. 由人员因素引发的操作风险

　　（1）员工违法行为。银行内部员工所具有的信息、身份优势为其进行违法活动提供了可能。由银行员工违法行为导致的操作风险包括：挪用客户资金、欺骗（内部员工欺诈和内外勾结欺诈）、蓄意破坏银行声誉、洗钱、偷窃银行财产（实物财产和知识产权）。

　　（2）员工操作失误。这种风险是由员工业务操作过程中的非主观失误造成的，如数字输入错误、忘记复核等。由银行员工操作失误引起的操作风险一般具有损失小（当然不排除特殊情况）、发生频率高、难以事先预测和非员工故意行为的特征，因而更加难以防范。

　　（3）核心员工流失。由于关键人员掌握大量技术和关键信息，他们的流失将给银行带来不可估量的损失，体现为对关键人员依赖的风险，比如交易员、高级客户经理等岗位人员的流失，包括缺乏足够的后援或替代人员，相关信息缺乏共享和文档记录，缺乏岗位轮换机制等。这类事件对银行的影响通常要经过一段时间以后才能体现出来，且难以量化，但依然不容忽视。

（4）劳动力中断。劳动力中断是指罢工等劳动力行为造成的银行人员不足而无法正常运转的情况。虽然电子科技飞速发展，但银行仍呈现出明显的劳动密集特征，特别是一些关键技术、岗位、信息必须有合适的人来运作。因此，劳动力中断给银行造成的损失将是非常巨大的。

（5）违反用工法。员工劳动合同的签订和解除应符合《劳动法》《劳动合同法》等相关规定，相关的内部规章制度的制定和员工的安排使用也应以上述两个法规为依据，并及时传达给员工。违反用工法导致操作风险的情况包括非法终止合同、歧视政策或差别待遇、虐待员工、违反健康与安全规定等。

（6）员工越权行为。商业银行内部员工因过失没有按照雇佣合同、内部员工守则、相关业务及管理规定操作或者办理业务造成的风险，主要包括因过失、未经授权的业务或交易行为以及超越授权的活动。具体包括滥用授权、超过限额、超越交易规则、超越岗位职责等。

【案例分析】

汇丰银行（HSBC）罢工风波

英国金融业工会（Amicus）于 2005 年 5 月 23 日宣布，因劳资双方薪酬谈判破裂，汇丰银行员工于 5 月 27 日罢工一天。这次罢工是 8 年以来英国银行业的首次罢工。汇丰银行员工对薪金不满由来已久。早在 5 月 11 日，拥有超过 1 万名汇丰控股员工的 Amicus 工会便放出风来，称 5 月 27 日是汇丰控股的年度股东会日，也是长周末假期前的星期五，员工可能在这天罢工。不过该工会发言人也表示："我们希望向汇丰控股发出明确信息，汇丰需要重返谈判桌，避免发生损毁性的罢工行动。"5 月 23 日，劳资双方在调解仲裁服务处的调解下，进行了为期 30 个小时的谈判，但最终谈判宣告破裂。据悉，Amicus 工会 5 月初曾经调查了汇丰 2.3 万文职人员中的 1 万多名员工，其中 21% 的员工支持某种形式的工会行动，工会行动包括拒绝超时工作、拒绝严格遵守工作职责和罢工。在这些投票发表意见的员工中有 68% 支持罢工，大约占英国汇丰银行员工数量的 4%。

资料来源：郭延安．商业银行风险防范与案例分析［M］．北京：中国人民大学出版社，2014：79．

思考题：案例中描述的是由什么因素引发的操作风险？

---

2. 由系统缺陷引发的操作风险。由系统缺陷引发的操作风险是指由于信息科技部门或服务供应商提供的计算机系统或设备发生故障或其他原因，商业银行不能正常提供服务或业务中断而造成的损失。当代的银行业是一个高度依赖电子化系统的行业，系统的良好运转是保证银行正常运营与发展的基本条件，因此系统因素给银行带来的风险不容忽视。

系统因素引起操作风险的情况可以分为：数据/信息质量引发的风险，违反系统安全规定引发的风险，系统失灵或瘫痪引发的风险，由系统的稳定性、兼容性、适宜性等问题导致的系统漏洞等风险。

3. 由内部流程引发的操作风险。由内部流程引发的操作风险是指由于商业银行业务流程缺失、设计不完善，或者业务流程没有被严格执行而造成的损失，包括如下几方面：

（1）业务流程办理错误。包括财务/会计错误、结算/支付错误、监控/报告错误等（是指商业银行监控/报告流程不明确、混乱，负责监控/报告的部门职责不清晰，有关数据不全面、不及时、不准确，造成未履行必要的汇报义务或者对外部汇报不准确）。

（2）业务流程设计不合理。它是指商业银行为客户提供的金融产品不完善、不健全，业务流程中的一些漏洞会有可能被不法分子利用，从而给银行造成损失的可能性。

（3）流程执行不严格。是指银行在业务执行过程中，缩减步骤或随意加插不必要的人员或程序两种情况。

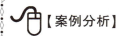【案例分析】

瑞穗银行丢失客户信息案例

2005 年 3 月 30 日，日本瑞穗银行（Mizuho Bank）公布，该银行 167 家分行合计丢失了 27 万名客户的信息资料。瑞穗银行是在 4 月日本将全面实行《个人信息保护法》之前对公司内部信息管理进行大检查时发现这一情况的。丢失的客户个人资料包括记录有储户姓名、账号、账户余额、存款明细等个人信息的专用存储盘，以及投资信托和贷款申请书等。另外，瑞穗信托银行当天也表示，其总行和福冈、鹿儿岛两家分行也丢失了记录有 6 800 人账户号码、存款余额的专用存储盘。瑞穗银行通过调查认为，客户信息有可能被银行职员错误丢弃或损毁，不太可能外泄。该行向客户致以诚挚的歉意，并表示今后将严格进行信息管理，以防类似事件发生。

资料来源：郭延安．商业银行风险防范与案例分析［M］．北京：中国人民大学出版社，2014：83.

思考题：本案例是由什么因素引发的操作风险？

4. 由外部事件引发的操作风险。银行的经营都是处于一定的政治、社会、经济环境中，经营环境的变化、外部突发事件都会影响到银行的经营活动，甚至产生损失。因此，外部事件是源于环境因素的变化而导致的业务错失。例如，员工在办理业务的过程中被客户用欺诈手段利用，给银行带来潜在的风险就属于这个范畴。主要包括如下几方面：

（1）外部欺诈/盗窃。外部欺诈是指外部人员故意骗取、盗用财产或逃避法律而给商业银行造成损失的行为，包括外部的盗窃、抢劫、涉枪行为；伪造、变造结算业务法律文件等欺诈行为。外部人员的蓄意欺诈行为是给银行造成损失最大、发生次数最多的操作风险之一。外部人员精心设计的骗局和陷阱常常令商业银行防不胜防。

（2）外部经营环境的变化。是指由于银行监管法规、政策或银行的合作者、相关资源供应商的突然改变使银行经营受到影响，并发生损失的风险。由于银行业在金融系统的独特作用，各国银行监管机构都制定了严格的监管法律规章，监管法规或政策的变化可能使银行的经营不能连续进行，甚至发生损失。典型的如金融混业经营与分业经营的变化；或本国政府或商业银行海外机构所在地政府的立法、政变、政府更迭等引起的政治风险。

（3）外部突发事件。一些外部突发事件可能导致银行经营的突然中断，并因此引起损失。由于这类事件的不可预测性，在商业银行的日常经营活动中建立应急准备，以保持业务经营的连续性就显得非常必要。这类突发事件包括业务外包服务暂停、自然灾害、外部人员的犯罪行为（指没有预谋的突发犯罪行为）等，如美国"9·11"事件、我国2003年爆发的"非典"等都对经济活动造成了干扰。

（二）认识操作风险的性质与特点

1. 操作风险不局限于操作性风险或操作中的风险。如果仅从字面上去理解操作风险，很容易将其理解为操作中的操作性风险。这实际上极大地缩小了操作风险的范畴。属于操作性风险的仅包括人员因素引起的操作失误、违法行为、越权行为和流程因素引起的流程执行不严格等情况。显然，操作性风险不能等同于操作风险，虽然操作性风险是操作风险中发生频率最大、占比最高的风险类型。

2. 操作风险不仅由金融犯罪引起。在信息渠道高度畅通发达的今天，每年的审计报告总能揭示出几件令人触目惊心的金融大案，使得民众对金融犯罪的熟悉程度远高于操作风险。在此情况下，将操作风险等同于金融犯罪在所难免。但严格来讲，金融犯罪仅是操作风险中的一个类型，并不能涵盖所有类型的操作风险。最简单的例子就是操作失误，比如银行员工误将取款操作成存款，或者数字录入错误等均属于操作风险的范畴，但并不构成犯罪。将操作风险等同于金融犯罪，往往也会使风险主体缩小操作风险的管理范围。

3. 操作风险管理不仅与内部审计部门有关。认为操作风险管理只是银行内部审计部门（或称为稽核监督部门）的事情，与其他部门无关，这是不对的。首先，从银行内部控制体系的构成来看，内部审计部门的职责是对银行的风险管理进行监督，并对其有效性进行评价，而不是直接参与风险管理。如果将操作风险管理职责赋予内部审计部门，就会造成该部门职责上的冲突，形成既做"裁判员"又做"运动员"的情况，导致风险管理事实上的失效。其次，将操作风险管理单独赋予内部审计部门，并认为与其他部门无关，只能导致操作风险管理专业性的低下，很多机构内的风险隐患有可能因此而无法被发现。最后，根据操作风险的定义，操作风险是一个涉及面非常广的范畴。因而，操作风险管理也将涉及许多部门，如安全保卫部门、科技部门、后勤事务部门等，这就难免出现部门之间需要协调的情况。

二、操作风险的监测

（一）关键风险指标

关键风险指标是指用来考察银行风险状况的统计数据或指标。在操作风险管理中，银行可选择一些指标并通过对其进行监测从而为操作风险管理提供早期预警。现简要介绍如下：

1. 人员在当前部门的从业年限。不考虑先前的工作经验（包括内部的和外部的），只考虑员工在当前部门的从业年限。一般来说，员工从业年限越长，工作经验越丰富，业务出错的可能性越小。监控员工从业年限变化趋势以及预计该项工作所需要的经验，有助于分析员工的流动情况，发现可能会出现高风险的部门，并对有高度人员流动历史记录的部门进行监管。

2. 客户投诉占比。公式为：客户投诉占比＝每项产品客户投诉数量/该产品交易数量。客户投诉反映了银行处理包括行政事务在内的业务事件的能力，同时也体现了客户对银行服务的满意程度，监控客户投诉可以帮助银行了解在服务客户方面的错误以及错误的来源。

3. 系统故障时间。公式为：系统故障时间＝一段时间内业务系统出现故障的总时间/承诺正常营业时间。监控系统故障时间变化可以及时发现和处理系统故障。

4. 反洗钱警报占比。公式为：反洗钱警报占比＝反洗钱系统针对洗钱发出报警的交易/实际交易量。本指标是对洗钱风险的度量指标。监控反洗钱警报占比可以发现外部风险行为和外部风险事件，并为银行制定风险控制措施提供依据。

（二）风险报告程序

风险报告的目的在于向高级管理层揭示银行的主要风险源、整体风险状况、风险的发展趋势、将来值得关注的地方等信息。

1. 岗位设置及职责。操作风险管理涉及银行的每一名员工，不论是业务线，还是管理职能部门都负有管理操作风险的责任。

（1）在各业务线设置专门的操作风险经理，统一向首席风险官报告，从而完善业务线的风险管理。

（2）设置独立的操作风险管理部门或操作风险管理委员会，主要负责了解整个银行的操作风险状况、确保资源得到合理配置、发现和揭露风险、协调相关部门的行动审批风险政策等。

（3）建立独立的内审部门，主要负责对操作风险管理系统的监督，并定期检查有关操作风险管理措施的有效性。

2. 报告路径。一般而言，各业务部门负责收集相关的数据和信息，并报告至风险管理部门，风险管理部门进行分析、评估后，形成最终报告，并呈送高级管理层。在有些银行，各业务单位、银行职能部门、操作风险管理部门和内部审计部门均单独向高级管理层汇报。但不管怎样，它们的目标是一致的，风险报告的内容是基本相同的。

除了高级管理层外，风险报告还应发送给相应的各级管理层以及可能受到影响的有关单位，以提高银行整体的风险意识水平。需要注意的是，风险报告在完成后到报送至高级管理层以及其他部门之间还需要必要的检查和确认流程，以保证报告的内容以及风险评估的流程与实际情况和相关规定相符。为了确保风险报告的有效性和可靠性，还可以使用外部人员撰写的报告。

三、操作风险的安全管控措施

银行应该制定一套操作风险控制的程序和步骤，并且以书面制度的形式确保有关风险管理系统的内部政策能被遵循。风险管理文化、公司治理结构与风险控制体系建设对银行控制操作风险至关重要。一个有效的内部控制系统还需要对职责进行适当的分解，划分责任时要注意避免利益冲突。

（一）公司治理与内部控制

完善的公司治理结构和健全的内部控制是商业银行有效防范和控制操作风险的前提。

1. 公司治理是现代商业银行运作的核心，良好的公司治理必须明确董事会、监事会和高级管理层及内部相关部门在防范和控制操作风险方面所承担的职责。其中，董事会负责批准在全行范围内采用操作风险管理系统，并将操作风险作为主要风险来管理等；监事会负责对商业银行遵守法规情况以及董事会、高级管理层履行职责情况进行监督；高级管理层负责具体执行经董事会批准的操作风险管理系统。此外，有效的操作风险防范要求管理层将职责分解到相应的职能部门，这些职能部门包括：风险管理部门、业务审计部门、内部审计部门、合规部门和后勤保障部门等。

2. 内部控制。内部控制是商业银行为实现经营目标，通过制定和实施一系列制度、程序和方法，进行事前防范、事中控制、事后监督和纠正的动态过程和机制。银行员工违法行为导致的操作风险通常是由于银行内部管理、监督上存在漏洞造成的。为防范此类操作风险，银行应在加强内控建设和强化管理上下功夫。首先，要做到有章可循，有章必循，违规必纠，执规必严。其次，加强与员工的交流，掌握员工的思想动态，对关键岗位人员工作 8 小时之外的社会交往、投资情况进行适当检测，尽早发现其不良企图和作案动机，将他们的犯罪行为扼杀在萌芽状态。

（二）职业操守

员工在职业过程中应当遵循诚实信用、守法合规、专业胜任、勤勉尽职、保护商业秘密与客户隐私、避免利益冲突与关联交易、公开竞争等从业基本准则。

员工应当熟知所从事业务的特性、后台处理流程、风险控制框架、权利与义务关系、收益和潜在风险以及政策法规要求。应当尊重同事及同事的工作，树立相互理解与信任、合作与支持的团队合作意识，树立共同创造、共同进步的责任意识。应当自觉遵守所在机构的各种规章制度及岗位职责，完成岗位考核要求，维护所在机构的声誉。应当积极配合监管部门的现场监管和非现场监管活动。

（三）信息系统

先进的业务处理系统能大幅提高银行的经营管理水平，并降低操作出错的概率。集中式的、可灵活扩充的业务系统有助于业务系统的稳定运行。银行应该研发应用专门的风险管理系统。在推出新业务的同时，要对相应的交易系统进行全面而深入地检测、试验，以发现系统中存在的问题，避免损失和纠纷的发生。尤其要对新的、不成熟的交易系统进行严密监控，以便随时发现并解决问题。

（四）用工法规

要严格执行《劳动法》《劳动合同法》及相关劳动法规，银行内部相关规章的制定必须严格符合以上法规的要求，并在员工中做好宣传学习工作，保证满足每个员工的知情权；树立"人性化"用工的理念，在用工过程中要坚决避免出现歧视性政策；对于涉及内部员工违规的事件，要在充分调查、弄清事实的基础上，提出合理适当的解决方案。

（五）应急预案

保持对突发事件的敏感性，建立切实可行的突发事件应急预案。突发事件常常具有不可预测性，但对相关事宜常抓不懈，可以切断意外事件发生的根源。此外，在业务操作控制方面，还要完善会计处理流程，健全支付结算管理组织体系，强化一线的内控力量和管理责任等。

📖【本章小结】

流动性原则要求经济主体拥有的资金、资产具有即时变现能力，流动性风险不仅会威胁金融机构自身的生存，而且还具有很强的传染性和负外部效应，金融机构特别是商业银行要重视流动性风险管理。

流动性风险的定性预测方法有头脑风暴法和主观概率法。预测方向主要分为存款和贷款非正常和长期变化的估测、季节性流动性需要的估测、周期性流动性需要的估测。

负债业务流动性风险管理的措施主要为：同业借款、向中央银行借款、回购协议、发行金融债券和售后回租。

商业银行利率风险的一个来源是资产负债利率差异；另一个来源是商业银行持有的债券价格会受市场利率波动的影响。

利率风险的表现形式是重新定价风险、收益率曲线风险、基准利率风险和期权风险。

利率风险的计量方法有资金缺口分析和久期管理两种方法。

利率风险的控制措施分为综合利率风险控制和单一业务活动利率风险控制。其中，单一业务活动的风险控制又分为利率风险的直接控制和间接控制。

根据操作风险的定义，商业银行的操作风险可以按人员因素、系统缺陷、内部流程和外部事件四大类别分类。

操作风险不是操作性风险或操作中的风险，也不等同于金融犯罪，操作风险的管理不只是内部审计部门的事情，还涉及商业银行的多个部门。

操作风险的安全管控措施分为风险环境控制措施和业务操作控制措施。

【复习思考题】

一、名词解释

利率风险　收益率曲线风险　久期　主观概率法　再贴现

二、选择题

1. （　　）不是商业银行负债管理的具体措施。

A. 同业拆借　　　　　B. 转贴现　　　　　C. 信用借款　　　　　D. 质押贷款

2. 商业银行可以通过发行债券增加主动型负债进行负债业务的风险管理，那么商业银行在发行金融债券时，不可利用的债券形式是（　　）。

A. 普通金融债券　　　　　　　　B. 累计利息金融债券

C. 贴水金融债券　　　　　　　　D. 升水金融债券

3. （　　）是商业银行流动性风险的预测方法。

A. 经验与测法　　　B. 客观规律法　　　C. 主观概率法　　　D. 组织讨论法

4. 以下对资金缺口的描述，不正确的是（　　）。

A. 可以为正值　　　B. 可以为负值　　　C. 可以为零　　　D. 以上都不对

5. 当久期缺口为正时，银行净值市场价值的变动情况为（　　）。

A. 增加　　　　　　B. 减少　　　　　　C. 不变　　　　　D. 无法判断

6. 在银行利率风险的缺口管理中，最理想的状态是（　　）。

A. 利率高峰时缺口最大，而在利率低谷时缺口最小

B. 利率高峰时缺口最小，而在利率低谷时缺口最大

C. 利率高峰时缺口为零，而在利率低谷时缺口最小

D. 利率高峰时缺口最大，而在利率低谷时缺口为零

7. 在商业银行的负债业务中，（　　）不是由于人员因素引发的操作风险。

A. 员工操作失误　　　　　　　　B. 业务流程办理错误

C. 员工越权行为　　　　　　　　D. 核心员工流失

8. 商业银行保持流动性的原因有（　　）。

A 商业银行现金流动最频繁

B. 商业银行的资产绝大部分是由短期负债构成的

C. 商业银行的流动性具有刚性特征

D. 流动性是维持商业银行竞争力的基础

E. 保持足够的流动性也是商业银行应付意外事件所必需的

9. 商业银行利率风险的表现形式有（　　）。

A. 重新定价风险　　　　　　　　B. 收益率曲线风险

C. 基准利率风险　　　　　　　　　　　D. 期权风险

10. 关于操作风险，以下说法错误的是（　　　）。

A. 以下说法都不对

B. 操作风险就是操作中的风险

C. 操作风险等同于金融犯罪

D. 认为操作风险管理只是内部审计部门的事情，与其他部门无关

三、问答题

1. 简要回答流动性、风险性与收益性三者的关系。

2. 商业银行保持流动性的重要性。

3. 商业银行负债管理的主要策略。

4. 什么是由系统缺陷引发的操作风险？具体可分为什么情况？

5. 简述操作风险的安全管控措施。

6. 操作风险为什么不单纯都是金融犯罪？

选择题答案

1. D　2. D　3. C　4. D　5. B　6. A　7. B　8. ABCDE　9. ABCD　10. BCD

第三章

商业银行资产业务风险与安全

【教学目的和要求】

通过本章的学习，使学生了解商业银行资产业务的信用风险、流动性风险、市场风险、国别风险以及操作风险，掌握这些风险的计量和评估方法，了解这些风险的监测与控制策略，并掌握这些风险的安全管控方法。

第一节　信用风险与安全

一、信用风险概念

信用风险是指债务人或交易对手未能履行合同规定的义务或信用质量发生变化，影响金融产品价值，从而给债务人或金融产品持有人造成经济损失的风险。

商业银行的信用风险主要存在于贷款业务中，贷款信用风险是商业银行面临的最主要的信用风险，导致信用风险的原因既有可能是借款人的履约能力出现了问题，也有可能是借款人的履约意愿出现了问题。信用风险虽然是商业银行面临的最主要的风险种类，但其在很大程度上由个案因素决定，与市场风险相比，信用风险观察数据少且不易获取，因此具有明显的非系统性风险特征。

二、信用风险的度量

随着商业银行业务的不断发展以及管理水平的逐渐提升，信用风险的度量技术也在不断演进，日渐专业化、模型化。

（一）专家系统

专家系统是一种古老的信用风险度量方法，是商业银行在长期的信贷活动中所形成的一种有效的信用风险管理制度。商业银行对借款申请人进行信用分析，重点集中在借款人的"5C"上，即品德（Character）、能力（Capacity）、资本实力（Capital）、担保（Collateral）、经营条件（Condition）。后来又增加了事业的连续性（Continuity），成为"6C"分析法。

"6C"分析法就是银行的信贷人员根据以上6个因素评定借款申请人的信用程度和综合还款能力，决定是否最终发放贷款：（1）品德，主要是指借款人偿债的意愿及诚意，借款人过去的还款记录是银行判断借款人品德的主要依据；（2）能力，指借款人归还贷款的能力，包括借款企业的经营状况、投资项目的前景等；（3）资本，主要是指借款人资产的价值、性质、变现能力；（4）担保，指借款人要提供一定的、合适的抵押品，或由第三者提供保证；（5）经营环境，指借款人所在行业在整个经济中的经营环境及趋势；（6）事业的连续性，指借款企业持续经营前景。

专家系统的突出特点在于将专家的经验和判断作为信用分析和决策的主要基础，这种主观性很强的方法带来的一个突出问题是对信用风险的评估缺乏一致性。这一局限性对于大型商业银行而言尤为突出，使得商业银行统一的信贷政策在实际操作过程中因为专家意见不一致而失去意义。

（二）标准法

巴塞尔委员会2004年6月发布的《巴塞尔新资本协议》提出了两种信用风险的度量方法，即标准法和内部评级法。

标准法（Standardized Approach，SA）要求商业银行依据外部评级机构的评级，对信用风险水平不同的资产赋予不同的风险权数，即信用风险的权重依赖于外部评级结果，风险资产总量就是各类信用风险敞口乘以其风险权重然后求和。在标准法下，借款人根据其信用评级被分为离散的五类风险权重，即0、20%、50%、100%、150%。知道了风险权重，就能计算出风险加权资产，从而依据8%的资本充足率等计算信用风险资本准备金。

（三）内部评级法

内部评级法（Internal Rating – Based Approach，IRB）是指利用银行内部信用评级体系确定信用风险最低资本要求的方法。内部评级法不仅可用于检测信用风险的构成、制定各类客户的总体风险水平和贷款限额、监测客户评级结果的变化情况，而且还可以用于确定准备金规模、贷款定价、利润等。内部评级法有助于银行提高自身的内部管理水平以及以此为基础全面开展信用风险管理，使监管资本与信用风险及经济资本密切联系在一起。内部评级法分为初级法（foundation IRB）和高级法（Advanced IRB）。

（四）主流的现代信用风险度量模型

除本节介绍的上述信用风险评估方法外，还有诸多主流现代信用风险评估模型，通过选取不同的变量和计量方法，识别和估算信用风险，如Z评分模型、ZETA模型、信用矩阵模型、信用组合观察模型、信用风险附加模型、信用监测模型等。

1. Z评分模型。Z评分模型是著名财务专家阿尔特曼（Altman）设计的一种破产预测模型。他根据数理统计中的辨别分析技术，对银行过去的贷款案例进行统计分析，选择一部分最能够反映借款人的财务状况，对贷款质量影响最大、最具预测或分析价值的比率，设计出一个能最大限度地区分贷款风险度的数学模型（也称为判断函数），对贷款申请人进行信用风险及资信评估。

Z评分模型的公式如下：

$$Z = 1.2(X_1) + 1.4(X_2) + 3.3(X_3) + 0.6(X_4) + 0.999(X_5)$$

其中，X_1 = 流动资本/总资产，X_2 = 留存收益/总资产，X_3 = 息前、税前收益/总资产，X_4 = 股权市值/总负债账面值，X_5 = 销售收入/总资产（S/TA）。

阿尔特曼经过统计分析和计算最后确定了借款人违约的临界值 $Z_0 = 2.675$，如果 $Z < 2.675$，借款人被划入违约组；反之，如果 $Z \geq 2.675$，则借款人被划为非违约组。当 $1.81 < Z < 2.99$ 时，判断失误较大，称该重叠区域为"未知区"（Zone of Ignorance）或称"灰色区域"（Gray Area）。

2. ZETA 评分模型。1977 年，阿尔特曼（Altman）、赫尔德门（Haldeman）和纳内亚南（Narayanan）对原始的 Z 评分模型进行扩展，建立了第二代模型——ZETA 评分模型。新模型的变量由原始模型的 5 个增加到了 7 个，它的适应范围更宽了，对不良借款人的辨认精度也大大提高了。

ZETA 评分模型的公式如下：

$$ZETA = aX_1 + bX_2 + cX_3 + dX_4 + eX_5 + fX_6 + gX_7$$

模型中的 a、b、c、d、e、f、g，分别是无法获得 ZETA 模型中其变量各自的系数。X_1、X_2、X_3、X_4、X_5、X_6、X_7 分别表示模型中的 7 个变量，7 个变量是：资产收益率、收益稳定性指标、债务偿付能力指标、累计盈利能力指标、流动性指标、资本化程度的指标、规模指标。

ZETA 评分模型相比较原来的 Z 评分模型，无论在变量的选择、变量的稳定性方面，还是在样本的开发和统计技术方面都有了很大的进步，所以 ZETA 评分模型比 Z 评分模型更加准确有效。

3. KMV 模型。KMV 模型是美国旧金山市 KMV 公司于 1997 年建立的用来估计借款企业违约概率的方法。该模型认为，贷款的信用风险是在给定负债的情况下由债务人的资产市场价值决定的。但资产并没有真实地在市场交易，资产的市场价值不能直接观测到。为此，模型将银行的贷款问题倒转一个角度，从借款企业所有者的角度考虑贷款归还的问题。在债务到期日，如果公司资产的市场价值高于公司债务值（违约点），则公司股权价值为公司资产市场价值与债务值之间的差额；如果此时公司资产价值低于公司债务值，则公司变卖所有资产用于偿还债务，股权价值变为零。

4. 信用矩阵模型。信用矩阵模型以信用评级为基础，运用借款人的信用评级、次年评级发生变化的概率、违约贷款的回收率、债券市场上的信用风险价差计算出贷款的市场价值及其波动性，进而计算出个别贷款和整个信用组合的 VaR 值。它是一种专门用于对给非交易性金融资产（如贷款、私募债券等）的价值和风险进行度量的模型。

5. 信用风险附加模型。信用风险附加模型由瑞士信贷银行开发，其重点度量在违约和不违约两种状态下的预期到的损失或未预期到的损失，是一个违约模式模型（DM）。

信用风险附加模型不把信用评级的升降和与此相关的信用价差变化视为一笔贷款的 VaR 的一部分，而只看作是市场风险，它在任何时期只考虑违约和不违约这两种事件状态，计量预期到和未预期到的损失。信用风险附加计量模型考虑违约概率的不确定性和损失大小的不确定性，并将损失的严重性和贷款的风险暴露数量划分频段，计量违约概率和损失大小可以得出不同频段损失的分布，对所有频段的损失加总即为贷款组合的损失分布。

【案例分析】

银监会核准工商银行等六家银行实施资本管理高级方法

2014 年 4 月 24 日，银监会根据《商业银行资本管理办法（试行)》（以下简称《资本办法》)，核准了工商银行、农业银行、中国银行、建设银行、交通银行、招商银行六家银行实施资本管理高级方法，标志着我国银行业风险治理能力建设开始迈上新台阶。

《资本办法》整合了巴塞尔资本协议 Ⅱ 和巴塞尔资本协议 Ⅲ，确定了标准方法和高级方法两种计算资本充足率的方式。过去，我国商业银行资本充足率的计量均采取由监管部门统一规定的标准方法。高级方法则是使用银行内部模型计量风险和监管资本的方法。

银监会推进实施高级方法，一直秉承提高风险管理水平的宗旨，推动巴塞尔资本协议在中国落地生根，切实推进日常监管与高级方法实施相融合、银行经营管理与风险计量相结合。实施高级方法，将推动我国银行业风险管理从定性为主转变为定性与定量相结合，提升精细化管理水平，为业务经营和管理提供更加有效的决策支持，实现风险、资本和业务三者有机结合，推进发展方式转变和经营模式转型。

六家银行历时十年左右，经过规划设计、开发建设、应用完善，不断优化，已建成了第一支柱资本计量高级方法体系。银监会经过多轮评估、验收等工作，反复论证、督导整改，经评审，核准六家银行在集团和法人层面实施资本管理高级方法，此轮核准的具体范围为第一支柱信用风险初级内部评级法、部分风险类别的市场风险内部模型法、操作风险标准法。核准实施后，六家银行将按照高级方法的要求计算风险加权资产和资本充足率。

本轮以初级内部评级法为主的高级方法核准是我国银行业实施高级方法的第一步。下一步，银监会将做好后续监管工作，运用现场、非现场等多种手段督导实施银行持续满足监管标准，同时有序推动第二支柱核准、审慎推进第一支柱高级方法升级换代等工作，以实施高级方法为契机推动银行提高风险管理科学化、精细化水平。

资料来源：中国银行业监督管理委员会，http：//www.cbrc.gov.cn/chinese/home/docView/4E68F2339C35494EACF280C42E8827FC.html。

思考题：实施资本管理高级方法将对我国商业银行安全管理产生哪些积极意义？

三、信用风险监测指标

1. 不良贷款率

不良贷款率 = （次级类贷款 + 可疑类贷款 + 损失类贷款）/各项贷款余额 × 100%

2. 关注类贷款占比

关注类贷款占比 = 关注类贷款/各项贷款余额 × 100%

关注类贷款未来有一定的劣变可能，如果被作为银行资产质量的缓冲手段之一则情况可能更为严重。如果关注类贷款余额增长、迁徙率提高，会对商业银行的不良贷款率和不良贷款余额管控工作造成显著的压力。

3. 逾期贷款率

逾期贷款率 = 逾期贷款余额/各项贷款余额 × 100%

逾期贷款率从是否按期还款的角度反映贷款使用效益情况和信用风险程度，促进银行对逾期贷款尽快妥善处理。实际应用中，经常使用"逾期90天以上贷款/不良贷款"这一比率，如果大于1，意味着银行可能在某种程度上隐藏或延迟了"不良贷款"生成。

4. 贷款风险迁徙率。风险迁徙类指标衡量商业银行信用风险变化的程度，表示资产质量从前期到本期变化的比率，属于动态监测指标，具体包括正常贷款迁徙率、正常类贷款迁徙率、关注类贷款迁徙率、次级类贷款迁徙率以及可疑类贷款迁徙率。

正常贷款迁徙率 = （期初正常类贷款中转为不良贷款的金额 + 期初关注类贷款中转为不良贷款的金额）/ （期初正常类贷款余额 – 期初正常类贷款期间减少金额 + 期初关注类贷款余额 – 期初关注类贷款期间减少金额） × 100%

5. 不良贷款拨备覆盖率

不良贷款拨备覆盖率 = （一般准备 + 专项准备 + 特种准备）/

（次级类贷款 + 可疑类贷款 + 损失类贷款） × 100%

6. 贷款拨备率

贷款拨备率 = （一般准备 + 专项准备 + 特种准备）/各项贷款余额 × 100%

贷款拨备率是巴塞尔委员会为应对贷款分类的周期性，引入的一个没有风险敏感性的指标。

7. 贷款损失准备充足率

贷款损失准备充足率 = 贷款实际计提准备/贷款应提准备 × 100%

贷款实际计提准备指商业银行根据贷款预计损失而实际计提的准备。

8. 单一（集团）客户授信集中度

单一（集团）客户授信集中度 =

最大一家（集团）客户贷款总额/资本净额 × 100%

9. 关联授信比例

关联授信比例 = 全部关联方授信总额/资本净额 × 100%

四、信用风险安全管理措施

（一）信用风险的回避

在信用风险的识别和度量工作完成以后，如果信用风险管理人员发现某些风险发生损失的可能性很大，或者一旦发生且损失的程度很严重时，可以放弃从事某项风险比较大的业务，这就是风险回避。

风险回避是一项有意识不让银行面临信用风险损失的行为，是防范和控制信用风险最彻底的方法，但这种方法也明显有其局限性，虽然回避了信用风险，但同时也使银行失去了获利的机会。

（二）信用风险的分散

分散策略是信用风险管理的一种常用而且有效的策略。信用风险分散的实质是通过贷款或投资的分散化来达到降低信用风险的目的，即"不要把所有的鸡蛋放在一个篮子里"。在实际业务中，信用风险的分散体现为各类限额管理。

（三）信用风险的转嫁

信用风险的转嫁策略是指银行以某种特定的策略将信用风险转嫁给他人承担的一种策略。

1. 信用风险的保险转嫁。银行通过直接或间接投保的方式，将信用风险转嫁给保险人承担，这种通过保险公司开办信用保险转嫁风险的方式对银行来说极为有效。出口信用大多有出口信用保险机构提供的出口信用保险作支持，国际信贷、国际投资中的国家风险特别是其中的政治风险也可以由保险人承保。银行还可以要求其客户将其在生产经营过程中面临的各种可保风险都向保险公司投保，从而将银行面临的信用风险间接地转嫁给保险公司，因为银行信用风险是其客户面临的风险转嫁而来的。

2. 信用风险的非保险转嫁。贷款信用风险的非保险转嫁主要有以下几种方式：
（1）保证。商业银行以保证贷款的方式发放贷款，可以将贷款方式转嫁给保证人。
（2）抵押与质押。即银行要求借款人以其财产或第三人的财产作为抵押物或质押物作担保发放贷款，从而使银行面临的信用风险得到控制。（3）贷款出售或证券化。贷款出售就是银行在贷款二级市场上将贷款本金的回收权出售给买方，同时也将与贷款有关的信用风险转移给买方；贷款证券化同时伴随着贷款的真实出售，贷款信用风险转移给了特定机构。

（四）信用风险的控制

银行加强信用风险的监督和控制，及时发现并处理问题，争取在损失发生之前阻止情况恶化，或提前采取措施减少信用风险造成的损失。信用风险损失控制包括损失预防和损失减少。一般地，降低损失频率称为损失预防，减少损失程度称为损失减少，有的措施也兼具损失预防和损失减少的作用。贷款信用风险的控制措施有：

1. 完善信贷审批制度。信贷审批是在贷前调查和分析的基础上，由获得授权的审批人在规定的限额内，结合交易对方或贷款申请人的风险评级，对其信用风险暴露进行详细的评估之后作出信贷决策的过程。在评估过程中，既要考虑客户的信用评级，又要考虑具体债项的风险。信用评估过程中不仅反映信用决策的结果，而且考验决策层的信用管理水平。

信贷审批或信贷决策应遵循以下原则：一是审贷分离原则。信贷审批应当完全独立于贷款的营销和贷款的发放。二是统一考虑原则。在进行信贷决策时，商业银行应当对可能引发信用风险的借款人的所有风险暴露和债项做统一考虑和计量，包括贷款、回购协议、再回购协议、信用证、承兑汇票、担保和衍生交易工具等。三是展期重审原则。原有贷款和其他信用风险暴露的任何展期都应作为一个新的信用决策，需要经过正常的审批程序。

2. 贷后管理。贷后管理是指从贷款发放或其他信贷业务发生之日起到贷款本息收回或信用结束之时止信贷管理行为的总称，是信贷全过程管理的重要阶段。贷后管理的内容主要包括：贷后审核、信贷资金监控、贷后检查、担保管理、风险分类、到期管理、考核与激励及信贷档案管理等。

我国商业银行的贷后管理从制度上到流程上已经相对完善，但由于贷后管理的主体是借款人，而借款人面临的经营环境日益复杂，不确定性进一步加大，加之借款人经营多元化趋势加强、社会信用信息不完善等，商业银行的贷后管理工作面临更多新的挑战。商业银行可以从以下几个方面提升贷后管理的质量和效率：

（1）建立并完善贷后管理制度体系，一是有机整合客户维度和产品维度的贷后管理规章制度和操作规程，形成完善的制度体系；二是贷后管理制度应明确制定差异化贷后检查流程和内容，并根据不同产品风险特征和审批要求，制定标准化的检查要点和模板；三是创新小微企业贷后管理制度和模式。

（2）优化岗位设置、明晰管理责任，例如设定单独的信贷管理单元，独立开展贷后管理和风险防控工作，设置贷后管理岗，整合信贷经理、风险经理的贷后管理职能。

（3）强化贷后激励约束考核，一是在经营机构绩效考核指标体系中增加贷后过程管理的量化评价考核指标，促进经营机构重视贷后管理，提升管理水平。二是增加客户经理风险薪酬考核比重，按照"尽职免责"的考核原则清算客户经理应得风险绩效，提高客户经理贷后工作的积极性。三是对贷后管理岗人员设置明确的量化考核指标，将贷后管理岗绩效适当与经营业绩挂钩，提高贷后管理岗人员的积极性和责任感。

（4）加强贷后管理与贷款申报、授信审批环节的衔接，一是建立贷后管理与授信审批的联动机制，将贷后管理资料、检查报告纳入存量客户授信申报资料中，利用授信审批审查机制对贷后工作质量进行审核校验，以此有效提高贷后管理工作执行力和检查报告质量。二是建立贷后管理与信贷业务经营部门的联动机制，将贷后检查和外部审计发现问题的客户提交信贷经营部门，通过控制贷款使用、限制业务准入等方式，督促客户完成风险事项整改，及时消除风险隐患。

（五）信用风险的补偿

所谓风险补偿，亦称"风险自留"，就是指银行以自身的财力来承担未来可能发生的信用风险损失的一种方法，通常通过提取贷款损失准备的方式来冲销信用风险。贷款损失准备包括一般准备、专项准备和特种准备。

一般准备是根据全部贷款余额的一定比例计提的用于弥补尚未识别的可能性损失的准备，银行应按季度计提一般准备，一般准备年末余额应不低于年末贷款余额的1%。

专项准备是指根据《贷款风险分类指导原则》对贷款进行风险分类后，按每笔贷款损失的程度计提的用于弥补专项损失的准备。银行可参照以下比例按季度计提专项准备：对于关注类贷款，计提比例为2%；对于次级类贷款，计提比例为25%；对于可疑类贷款，计提比例为50%；对于损失类贷款，计提比例为100%。其中，次级和可疑类贷款的损失准备，计提比例可以上下浮动20%。

特种准备指针对某一国家、地区、行业或某一类贷款风险计提的准备，特种风险由银行根据不同类别贷款的特殊风险情况、风险损失概率及历史经验，自行确定按季度计提比例。

第二节　流动性风险与安全

一、流动性风险概述

中国银监会2014年1月17日发布的《商业银行流动性风险管理办法（试行）》中，流动性风险是指商业银行无法以合理成本及时获得充足资金，用于偿付到期债务、履行其他支付义务和满足正常业务开展的其他资金需求的风险。

资产流动性风险也被称为市场/产品流动性风险（Market/Product Liquidity Risk），它是资产头寸无法轻易变现的风险，由于市场的流动性程度加深或市场崩溃而使商业银行资产价格受市场价格剧烈影响，资产到期不能足额收回，进而无法满足到期负债的偿还和新的合理贷款及其他融资需要，从而给商业银行带来损失。

二、流动性风险计量和评估

为准确把握商业银行的流动性风险状况，有必要采用有效方法准确评估商业银行的资产流动性状况、负债稳定性状况，以及资产负债期限错配状况。

1. 流动性比例。流动性比例的计算公式为

$$流动性比例 = 流动性资产余额/流动性负债余额 \times 100\%$$

根据我国监管部门要求，商业银行的流动性比例应当不低于25%。

2. 流动性覆盖率。流动性覆盖率（Liquidity Coverage Ratio/LCR），旨在确保商业银行具有充足的合格优质流动性资产，能够在监管部门规定的流动性压力情景下，通过变现这些资产满足未来至少30天的流动性需求。流动性覆盖率的计算公式为

$$流动性覆盖率 = 合格优质流动性资产/未来30天现金净流出量 \times 100\%$$

合格优质流动性资产是指满足具有风险低、易于定价且价值稳定、与高风险资产的相关性低等基本特征，能够在无损失或较小损失的情况下快速变现的各类资产。未

来 30 天现金净流出量是指在银监会规定的压力情景下，未来 30 天的预期现金流出总量与预期现金流入总量的差额。

根据我国监管要求，商业银行的流动性覆盖率应当不低于 100%。

3. 现金流分析。现金流分析以情景模拟的方式分析银行未来的现金流，评估银行是否具有足够的现金头寸，分析不同产品在未来不同时段的现金流入和流出。

4. 存贷比。存贷比的计算公式为

$$存贷比 = 贷款余额/存款余额 \times 100\%$$

根据我国监管要求，商业银行的存贷比应当不高于 75%。

5. 期限错配分析。在实际业务运营中，为提高资金使用效率，银行往往用短期存款去支持长期的贷款，出现期限错配。若不考虑存量业务的续作以及新业务的发生，短期内到期的负债多于短期内到期的资产会导致银行现金净流出，从而带来流动性风险。期限错配的程度越大，这种潜在的流动性风险就越大。

6. 净稳定资金比率

$$净稳定资金比率 = 可用稳定资金/所需稳定资金 \times 100\%$$

净稳定资金比率指标包含两部分内容：可用稳定资金和所需稳定资金。可用稳定资金估算银行持续处于压力状态下，仍然有稳定的资金流以供银行持续经营和生存 1 年以上。所需稳定资金即估算在持续 1 年的流动性紧张环境中，无法通过自然到期、出售或抵押借款而变现的资产数量。

除上述指标外，流动性风险的指标还包括核心负债比例、同业市场负债比例、最大十户存款比例、最大十家同业融入比例、超额备付金率、重要币种的流动性覆盖率等。

同时，还有一些市场信号指标也可用于识别商业银行流动性风险，如公众的信心、上市商业银行股票的价格、商业银行发行债务工具的风险溢价、资产出售时的损失、履行对客户的承诺、向中央银行的借款情况以及资信评级等。

三、流动性风险的监测与控制

（一）限额监测

建立风险限额体系有助于商业银行控制最高风险水平、提供风险参考基准以及满足监管要求。建立风险限额体系包括两项工作：选择用于限额的计量指标；确定指标的阈值作为限额。由于流动性风险的复杂性和多维度，单一的流动性风险限额是不合适的。银行需要针对流动性风险的不同特性，使用一整套限额来控制流动性风险暴露。

在监管层面上，银监会提出了一套流动性风险控制指标，形成了一套相对完整的流动性监管限额体系。这套限额体系也是中国商业银行限额体系的最低要求。银监会在各监管文件中的流动性风险监管（监测）指标及其监管要求如表 3 - 1 所示。

表 3 – 1　　　　　　　中国银监会流动性风险监管指标或监测指标

指标	定义	限额值
存贷比	贷款余额占存款余额的比例	不大于75%
流动性比例	流动性资产余额比流动性负债余额	不小于25%
流动性覆盖率	优质流动性资产占未来一个月净流出资金的比例	不小于100%
净稳定资金比例	可用稳定资金除以业务所需稳定资金的比值	不小于100%
流动性缺口率	流动性缺口除以90天内到期的表内外资产	不小于 – 10%
核心负债比	核心负债期末余额除以总负债期末余额。其中核心负债是指距到期日三个月以上（含）定期存款和发行债券以及活期存款的50%	不小于60%
压力测试	商业银行的压力测试结果可保证其最短存期不低于一个月	最短生存期30天

监管机构的指标和限额是对全行业的最基本要求。商业银行在设计流动性风险限额体系的时候，应在此基础上包含更多限额指标，或设置更高要求的限额值，建立更适合自身业务特点的限额体系。

（二）流动性风险监测预警与报告

市场监测和预警指标有助于商业银行监测流动性风险，并及早发现纠正导致流动性风险的错误行为或交易，适时采取正确的风险控制方法。监测指标可以分为三类：一是市场整体信息，如股票价格、债券市场、外汇市场相关指数；二是金融行业信息，包括整个金融行业以及特定金融领域的权益和债券市场信息，如股票市场中的银行板块指数；三是特定银行的信息，主要是在二级市场上收集有关特定银行的股票价格、信用违约掉期差价、货币市场交易价格、各种期限融资的展期和价格情况、银行债券利率等。

四、资产业务流动性风险安全管控

（一）资产到期日管理

在银行的各项资产中，短期资产具有更强的流动性，但往往具有较低的收益率，活期存款和现金具有最短的期限和最高的流动性，但收益也是最低的；长期贷款流动性较差，但同时也意味着更高的收益率。因此，银行必须在流动性和收益性之间取得平衡，将符合银行特性的风险取向以风险容忍度等方式公布出来，在银行内部取得共识。

在日常流动性安全管控中，银行通常会制定特定的比例来管理资产到期日。例如，国内银行常用的中长期贷款比例就是针对到期日进行管理的资产管理手段。同时，银行的资产负债结构也会隐含着对到期日的管理。例如，增加贷款组合中的票据业务占比，会缩短贷款组合的平均期限，提升银行的资产流动性水平。

（二）流动性资产组合管理

流动性资产组合管理是指银行为缓冲流动性风险，应对潜在的流动性危机，所需建立起来的多层次的流动性储备。相对其他行业而言，银行负债有更高比例的无限期负债，还有必须不断滚动但又高度敏感的短期负债。因此银行必须在资产方配置对应的流动性组合,以应对潜在危机带来的现金流出。银行在建立流动性资产组合的时候,一方面要进行集中度管理,避免限额流动性组合的过度集中;另一方面要进行变现能力管理,严格管理流动性组合的资产质量,制定进入流动性组合的资产的最低评级。

在国内商业银行的管理中,流动性储备的最主要形式是分级流动性储备体系。商业银行的流动性储备通常分为三级:

一级流动性储备。包括超额准备金和库存现金,可直接用于流动性支付和流动性波动。

二级流动性储备。建立专门的流动性投资组合,该组合属于交易账户,主要配置流动性最好的国债。

三级流动性储备。银行将全部交易账户、部分持有待售组合、票据等资产划为三级流动性储备,在危机情况下流动性风险管理团队可以申请对这部分资产进行变现。同时,流动性管理团队对这部分组合的期限、信用等级、产品类型等可以提出相应的配置要求。

(三)抵押品管理

抵押品管理实际上是日常管理中最常用的手段。银行往往首先使用抵押的方式获得流动性,而非资产出售的方式。在国内的银行间市场上,回购的交易频率和市场规模远高于债券交易。为了能够快速及时地通过抵押品方式获得流动性,银行应建立良好的抵押品管理机制。

(四)资产证券化

资产证券化是指将缺乏流动性但能够产生可预见现金流收入的金融资产,转换成在金融市场上可以出售和流通的证券的行为。作为一种融资方式的创新,资产证券化在直接融资与间接融资之间建立了沟通与转换的渠道,构建了银行信用与市场信用的转换机制,对提高银行资产流动性、解决银行不良资产问题起到了积极作用。随着资本市场的深化与成熟,资产证券化已成为商业银行降低和消除流动性风险的重要工具之一。

具体地讲,资产证券化的基本流程为:商业银行将所持有的各种流动性较差但能够在未来产生预期现金流的资产从其资产负债表中剔除,通过对资产的重新组合,形成若干个资产库出售给专业性的投资银行类机构,再由投资银行类机构以这些资产库为担保进行技术性操作,通过资本市场以公开发行或私募的方式推销给投资者。一般来说,资产证券化所发行的证券多为抵押债券,其本息来源于抵押资产的收入,其清偿也仅限于抵押资产的价值。

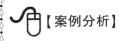【案例分析】

2013 年中国金融市场"钱荒"事件

2013 年 6 月的第一周,一些金融机构由于贷款增长较快,尤其是票据业务增长过快,导致了头寸紧张。在 24 家主要银行中,有半数银行的新增贷款甚至超过此前一个月的新增贷款，当月前十天的信贷投放就近 1 万亿元。

6 月 7 日，市场传闻光大银行对兴业银行同业拆借到期资金因头寸紧张毁约，导致兴业银行千亿元到期资金未收回，两家银行资金面齐告急。光大、兴业虽双双辟谣，但包括隔夜、7 天期、14 天期、1 个月期和 3 个月期在内的上海银行间同业拆放利率（Shibor）全线飙升，其中，隔夜拆放利率大涨 135.9 个基点至 5.98%。资金交易系统出现历史最长延时，市场大面积出现违约。

6 月 19 日，由于流动性紧张，大型商业银行加入借钱大军，导致部分银行机构发生资金违约，银行间市场被迫延迟半小时收市，震动整个金融市场。6 月 20 日，资金市场几乎失控而停盘，Shibor 全线上涨，隔夜拆放利率更是飙升 578 个基点，达到 13.44%，比 6% 左右的商业贷款利率高出一倍多，创下历史新高；银行间隔夜回购利率最高达到史无前例的 30%；与此同时，各期限资金利率全线大涨，"钱荒"进一步升级。

2013 年的"钱荒"无疑使银行业经历了剧烈的阵痛。它可以说是银行流动性风险以非传统方式的爆发，也可以说是对银行乃至整个金融体系流动性管理的一次实战压力测试。同时，央行在调控时点及手段上的调整，也在敦促银行业改变过去粗放增长、依赖增量、绑架央行的模式，进一步主动调整其资产负债结构，降低期限错配风险，加强自身的流动性管理。

资料来源：新浪财经，http：//finance. sina. com. cn/money/bank/bank_ hydt/20140212/143118187297. html。

思考题：1. 导致 2013 年中国金融市场"钱荒"事件的原因是什么？

2. "钱荒"事件给各金融机构以及监管层怎样的警示？

第三节　市场风险与安全

一、市场风险概述

市场风险是指由于金融资产价格和商品价格的波动，银行表内和表外头寸遭受损失的可能性，市场风险包括利率风险、汇率风险、股票风险和商品风险，而商业银行面临的市场风险主要是利率风险和汇率风险。

利率风险是指由于利率波动致使银行在利息收入以及资产市值方面遭受损失的可能性。银行的资产负债结构，包括存款、贷款的类型、数量和期限，对银行承受的利率风险有着决定性的作用。如果商业银行的存款和贷款在类型、数量和期限不一致，而且存款、贷款利率不同步，则银行将面临利率风险。利率风险还包括其他一些外部因素，如中央银行的货币政策、经济周期、价格水平、股票和债券市场，以及国家经济环境等，这些因素中任何一项的变动都会导致市场利率的波动，从而给商业银行带来利率风险。我们在本章探讨的利率风险主要是针对商业银行资产业务的利率风险，商业银行在资产业务发展中，由于不注重资产业务与负债业务在期限和规模等方面的对称性，导致了如重新定价等利率风险。

汇率风险是指由于汇率的不利变动而导致银行业务发生损失的风险。汇率波动取决于外汇市场的供求状况，主要包括国际收支、通货膨胀率、利率政策、汇率政策、市场预期以及投机冲击等，以及各国国内的政治、经济等多方面因素。

相对于信用风险而言，市场风险具有数据充分且易于计量的特点，更适于采用量化技术加以控制。由于市场风险主要来自所属经济体，因此具有明显的系统性风险特征，难以通过在自身经济体内分散化投资完全消除。国际金融机构通常采取分散投资于多国金融市场的方式降低系统性风险。

二、市场风险的计量

市场风险的计量方法主要有缺口分析、久期分析、外汇敞口分析、敏感性分析和风险价值等，其中缺口分析和久期分析已在第二章第二节详细介绍，本节重点解读外汇敞口分析、敏感性分析和风险价值。

（一）外汇敞口分析

外汇敞口分析是衡量汇率变动对银行当期收益的影响的一种方法。外汇敞口主要来源于资产、负债及资本金的货币错配，以及外币利润和并表折算等方面。当在某一时段内，银行某一币种的多头头寸与空头头寸不一致时，所产生的差额就形成了外汇敞口。在存在外汇敞口的情况下，汇率变动可能会给银行的当期收益或经济价值带来损失，从而形成汇率风险。在进行敞口分析时，银行应当分析单一币种的外汇敞口，以及各币种敞口折成报告货币并加总轧差后形成的外汇总敞口。对单一币种的外汇敞口，银行应当分析即期外汇敞口、远期外汇敞口和即期、远期加总轧差后的外汇敞口。银行还应当对交易业务和非交易业务形成的外汇敞口加以区分。外汇敞口分析是银行业较早采用的汇率风险计量方法，具有计算简便、清晰易懂的优点。但是，外汇敞口分析也存在一定的局限性，主要是忽略了各币种汇率变动的相关性，难以揭示由于各币种汇率变动的相关性所带来的汇率风险。

（二）敏感性分析

敏感性分析是指在保持其他条件不变的前提下，研究单个市场风险因素（利率、汇率、股票价格和商品价格）的微小变化可能会对金融工具或资产组合的收益或经济价值产生的影响。例如，汇率变化对银行净外汇头寸的影响，利率变化对银行经济价值或收益产生的影响。前述的缺口分析和久期分析就是针对利率风险进行的敏感性分析。外汇期权市场通常管理与这些因素相关的风险因素，如 Delta、Theta、Gamma、Vega，以便控制所有风险都在可以接受的水平。外汇期权的 Delta 指的是外汇期权价格变化与即期汇率变化之间的比率，反映了即期汇率变动对外汇期权价格的影响。假设人民币外汇看涨期权的即期汇率 Delta 为 0.4，这表示当即期汇率变动为一个小量时，该期权价格变动约为这个小量的 40%。外汇期权的 Gamma 是指该期权 Delta 变化相对于汇率变化的比率，反映了汇率的变动对期权 Delta 的影响。外汇期权的 Vega 是指该期权价格变化与汇率变化的比率，反映了波动率的变化对期权价格的影响。

敏感性分析计算简单且便于理解，在市场风险分析中得到了广泛应用。但是，敏感性分析也存在一定的局限性，主要表现在对于较复杂的金融工具或资产组合，无法计量其收益或经济价值相对市场风险要素的非线性变化，因此，在使用敏感性分析时应注意其适用范围，并在必要时辅之以其他的市场风险分析方法。

（三）风险价值分析

风险价值（Value at Risk，VaR）是指在一定的持有期和给定的置信水平下，利率、汇率、股票价格和商品价格等市场风险要素发生变化时可能对产品头寸或组合造成的潜在最大风险。例如，在持有期为 1 天、置信水平为 99% 的情况下，若所计算的风险价值为 1 万美元，则表明该资产组合在 1 天后的发生 1 万美元以上损失的可能性不会超过 1%。但是 VaR 并不是即将发生的真实损失；VaR 也不意味着可能发生的最大损失。

VaR 值是对未来损失风险的事前预测，考虑不同的风险因素、不同投资组合（产品）之间风险分散化效应，具有传统计量方法不具备的特性和优势，已经成为业界和监管部门计量监控市场风险的主要手段。VaR 值的局限性包括无法预测尾部极端损失情况、单边市场走势极端情况、市场非流动性因素。

商业银行可根据实际情况自主选择 VaR 值计量方法，包括但不限于方差—协方差法、历史模拟法和蒙特卡洛模拟法等。

三、市场风险安全管控措施

现代商业银行通常利用金融衍生工具进行资产保值，以防范市场风险。

（一）远期与商业银行市场风险安全管控

商业银行市场风险管理的远期工具主要有远期利率协议和远期外汇合约。

远期利率协议是指交易双方在签订协议时商定，在未来某一特定日期，按照规定的货币、金额、期限和利率进行交割的一种协议。远期利率协议实际上是一种利率的远期合同，用于锁定从未来某时刻开始的短期贷款或存款的利率。

银行面对的利率风险主要源于资产负债期限结构的不匹配。当未来短期利率相对长期利率上涨时，资产中长期资产比重多而负债中短期负债比重大的银行，面临损失可能。银行可以在不改变现有资产负债比例结构的情况下，购买以长期利率为合同利率、以短期利率为参考利率的远期利率协议。在约定的未来某一日支付以长期利率计算的利息，获得以短期利率计算的利息，从而将部分利息风险敞口转移出资产负债表外，分散利率风险。反之，当未来长期利率相对短期利率上涨时，资产中短期资产比重多而负债中长期负债比重大的银行，面临损失可能。银行可以购买以短期利率为合同利率、以长期利率为参考利率的远期利率协议来达到分散风险目的。

远期外汇合约是一种按照事先规定的汇率和金额在既定的未来某一时间交割的外汇买卖合约，外汇买卖所使用到的汇率即为远期汇率。远期外汇合约经常被用于管理汇率风险，进行外汇保值。近年来，随着我国商业银行"走出去"步伐加快，各商业银行的外币资产负债业务规模迅速增长，为避免相关业务汇率风险，银行可通过远期外汇合约避险，如未来有一笔外币负债到期，且预计外币汇率上涨，那么，商业银行就可以提前买入可接受价格的该外币的远期合约，到期日与负债业务到期日相同，锁定支付价格。

（二）期货与商业银行市场风险安全管控

商业银行市场风险管理的期货工具主要包括利率期货和货币期货。

利率期货是指买卖双方按照事先约定的价格在期货交易所买进或卖出某种有息资产，并在未来的某一时间进行交割的一种金融期货业务。利率期货是有利息的有价证券期货，进行利率期货交易是为了固定资本的价格，即得到预先确定的利率或收益。由于利率期货将利率事先通过期货协议确定下来，避免了因利率出现始料未及的变化而影响金融资产价格或投资收益，故成为利率风险管理的一种工具。利率期货在利率风险管理方面的特殊功能使这种创新工具得到了迅速发展。

外汇期货实际上是金额、期限和到期日都标准化的远期外汇合约。期货交易的套期保值是针对现货市场的某笔交易，在期货市场上做一笔买卖方向相反、期限相同的交易，用期货市场上的盈利来抵充现货市场上的亏损。

（三）期权与商业银行市场风险安全管控

期权是指合约购买者支付一定金额的期权费后，在约定的时间或期限内，有以约定的价格购买或出售约定数量的特定标的资产的权利。利率期权为银行提供了另一种控制利率风险的工具。其主要的优点是，如果期权所有人认为执行该项交易对他自己有利，可以履行，否则可放弃。商业银行通过购买期权合约对利率风险进行管理，不仅可以规避利率风险，而且也不会丧失利率有利的波动可能给商业银行带来的盈利。也就是说，期权合约的卖方的潜在收益是无限的，而亏损是有限的。所以，商业银行主要是期权合约的购买者，而较少作为期权合约的出售者。商业银行用于处理利率风险的利率期权工具主要有：看涨期权、看跌期权、利率上限以及利率下限期权。

外汇期权赋予合同购买者一定期限内按规定价格购买或出售一定数量某种货币的权利。其与远期或期货的合同的差别在于，期权合同购买方拥有执行合同的权利，而没有必须执行合同的义务，从而在防范不利的汇率波动的同时，又不丧失汇率有利波动可能产生额外利润的机会。例如，商业银行未来要收回一笔外币金融资产，预计该外币汇率将要下降，那么，商业银行就可以买入该外币看跌期权，到期时，若该外币汇率下降，商业银行可以选择行权，若汇率上升，商业银行可以不行权。购买货币期权进行套期保值的成本要高一些。期权合同也是标准化的，其缺陷在于，金额和期限很难与现货交易完全一致。

（四）互换与商业银行市场风险安全管控

利率互换又称息票互换，是由交易的甲乙双方，按照商定的条件以同一货币、同一金额的本金作为计算的基础，甲方以固定利率换取乙方的浮动利率，乙方以浮动利率换取甲方的固定利率，借以改善双方的资产负债结构，降低资金成本和利率风险的目的。利率互换尤其对银行有着积极的意义，它能够降低固定利率或浮动利率的筹资成本，保持流动性。由于互换大多是场外交易工具，使得银行可以相当灵活地使用这些工具，满足其特定的需要。

货币互换是对长期的外币融通最常用的避险方法。在货币互换的安排下，双方交换支付实际债务本金与利息的责任。交易双方首先按固定汇率在期初交换两种不同货币的本金，然后按约定的日期和预定的利率进行一系列的利息互换，到期日按事先决定的汇率将本金再换回来。借款者在不同货币的资金市场上的筹资能力往往不同，可以通过借入一定利率较低的货币，通过货币互换，换成所需要资金的货币，来降低所需货币的借款成本，并避免汇率变化的风险。

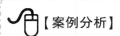

【案例分析】

摩根大通巨额亏损事件

2012 年 5 月 11 日，摩根大通披露其位于伦敦的首席投资办公室（CIO）的一个用于对冲摩根大通自身流动性和结构性风险、配置资金的交易组合，在 6 周内发生累积 20 亿美元的巨额亏损。事件爆发后，摩根大通的股价大跌，首席投资官、驻伦敦的最高交易主管等多名高级管理人员辞职。

据分析，可能导致摩根大通巨额亏损的主要原因包括：一是 CIO 投资策略失误，对市场的研判出错。摩根大通的交易策略的标的物为合成信用组合产品，且同一交易品种上持有过大仓位，由于金融市场上大幅不利变动和对冲基金逼仓引发巨大损失，投资策略存在巨大失误。二是对冲和风险计量模型设计和管理有误。据报道，CIO 在 2012 年第一季度开发使用了新的 VaR 计量模型，事后发现该模型严重低估风险，这不仅是模型的设计失误，而是模型管理机制的失效。三是限额管理缺失。有媒体报道，今年摩根大通 CIO 的限额管理日渐松懈，既未对曲线交易策略的风险进行充分识别，又未对单边敞口的集中度风险进行限额控制，并取消交易员止损限额，说明其限额管理实际缺失。四是风险收益失衡，风险管理独立性不足。摩根大通事业部制的业务条线管理机制使得其在业务条线内难以保证收益与风险的平衡，以及风险管理的充分独立，而 CIO 远离其纽约总部，也可能是导致其风险管理薄弱的原因之一。从投资策略，到模型管理，再到限额管理的一系列失误说明，摩根大通巨额亏损的深层次原因在于其风险治理失当，内部管理失效。

资料来源：银行业专业人员职业资格考试办公室. 风险管理·中级 ［M］. 北京：中国金融出版社，2016.

思考题：摩根大通可以采取哪些措施避免这次巨额亏损事件呢？对于我国商业银行有哪些警示呢？

第四节　国别风险与安全

一、国别风险概述

国别风险是指由于某一国家或地区经济、政治、社会变化及事件，导致该国家或地区借款人或债务人没有能力或者拒绝偿付商业银行债务，或使商业银行在该国家或地区的商业存在遭受损失，或使商业银行遭受其他损失的风险。随着商业银行国际化经营进程加快和跨境业务日益增多，尤其是"一带一路"国际战略推进，建设国别风险管理体系，管理好国别风险越来越重要。

国别风险主要包括转移风险、主权风险、传染风险、货币风险、宏观经济风险、政治风险、间接国别风险等。

二、国别风险的计量与评估

商业银行应当根据本机构国别风险类型、暴露规模和复杂程度选择适当的计量方法。计量方法应当至少满足以下要求：能够覆盖所有重大风险暴露和不同类型的风险；能够在单一和并表层面按国别计量风险；能够根据有风险转移及无风险转移情况分别计量国别风险。

商业银行一般要建立与国别风险暴露规模以及复杂程度相适应的国别风险评估体系，对已经开展和计划开展业务的国家和地区逐一进行风险评估。在评估国别风险时，商业银行应当充分考虑一个国家或地区经济、政治和社会状况的定性和定量因素。在特定国家或地区出现不稳定因素或可能发生危机的情况下，应当及时更新对该国家或地区的风险评估。计量条件允许的商业银行应当建立正式的国别风险内部评级体系，反映国别风险评估结果。

目前，国别风险评级机构和国际主要银行应用的国别风险评级模型有两种：一种是由定量和定性指标相结合的综合打分卡模型，通常除了政治、经济等主权评级模型中考虑到的因素外，另加入法律、税收、基础设施等运营环境模块，例如，Global Insight（环球透视）采用综合打分卡模型，其模块和权重分别为：政治25%，经济25%，法律15%，税收15%，运营（主要指基础设施）10%，安全10%；另一种是基于主权评级模型基础上的国别评级模型，如国别风险信息服务商 EIU（英国经济学人信息部）就通过主权风险、货币风险、银行业风险评分模型结果简单平均得到国别风险评级。

国别风险评级模型的各板块和各指标权重，各机构相差较大，关键是要在合理的基础上采用一致和一贯的方法进行评级。按照惯例，国别风险应当至少划分为低、较低、中等、较高、高五个等级，风险暴露较大的机构可以考虑建立更为复杂的评级体系。

三、国别风险安全防控措施

（一）设定国家信贷风险限额

在国家风险评估与国家风险等级划分之后，应将评估分析的结果应用于对每一贷款国家制定不同的信贷风险限额，以此作为信贷警戒线，分散信用风险。具体方法如下：

1. 对信贷国家设定放款最大百分比。对任何国家的信贷，皆依其可供贷款的资金订立一个固定百分比，并限定对任一国家的信贷不超过该百分比。在实际操作时，则依每个国家的风险、政治情况、借款人的偿债能力与其他因素等，在此最高限额内采取弹性信贷。

2. 按资本额设定放款百分比。按资本总额设定贷款给任一国家的最高百分比，通常是就各个国家的风险程度设定不同的百分比。

3. 按外债状况设定信贷百分比。根据一国的偿债能力，就其所能承担的外债程度，分别设定最高信用限额，实际信贷额不得高于此最高信贷限额。

4. 不预先设定信贷限额，而按交易性质个案决定信贷额度。对信用的核定是按个案性质审理，而非以年度为基础计算全年的信用限额。然而，此种个案分析法仍须辅以全年度的审查，才能使当期的债务与当期偿债能力配合，并可按将来预期偿债能力提供新的信贷额度。

（二）贷款力求多元化

多元化是指投资国别多样化和贷款对象多样化。银行一般不是从单个国家的角度来管理国家风险，而是从银行资产组合的总体安全性来把握国家风险。在分散化基础上，对于特定国家贷款项目的国家风险问题，应当做到数量化分析。从理论上讲，就是把对债务国的风险估测结果变成银行资产组合的种种约束，加入银行管理的决策函数之中。运用数学模型，对目标国家的风险做出合理评估，并采取应对措施。

（三）通过银团贷款分散风险

国际银团贷款又称国际辛迪加贷款，是指由不同国家的数家银行联合组成银行团，按照贷款协议所规定的条件，统一向借款人提供巨额中长期贷款的国际贷款模式。由于国际银团贷款是多家银行共同向一个借款人贷款，一旦出现借款人无力还债的情况，呆账的风险由所有参与银团贷款的成员分摊，实现了贷款风险的分散。

除了参与国际银团贷款外，商业银行在发展跨境业务时，可以吸引世界银行、亚洲开发银行、亚洲基础设施投资银行等有政治影响力的多边金融机构参与项目，可以有效缓释项目国别风险。

（四）寻求第三方担保

国际性银行在从事跨国贷款时，为减少风险损失，一般均要求借款人寻求第三者对贷款提供保证。在具体业务中，担任此种贷款的保证者通常为借款国的政府或中央银行，以及第三国银行或金融机构。在由借款国政府保证的情况下，债权银行所面对的国家风险便转为主权风险，风险程度相对减轻。如果债权银行对主权风险仍有疑虑时，则往往要求借款人寻求第三国银行保证，从而使国家风险转移至信誉较佳的第三国。

（五）投保国别风险保险

商业银行可以通过投保国别风险保险来转移风险。投保银行通过支付一定的保费将所承担的国别风险转移给承保人。承保机构有各国政府开办或代表政府的出口信用机构以及国际多边担保机构、其他商业性保险公司，如中国出口信用保险公司的政治险和商业险。

【案例分析】

王兆星：中资银行服务"一带一路"面临风险与挑战

在服务"一带一路"建设的过程中，中资银行不可避免地会面临着一系列的风险与挑战。当前全球政治及经济形势瞬息万变，"一带一路"沿线的不少国家经济基础较为薄弱，地缘政治关系错综复杂，对中资银行海外经营的风险管理和防范提出了较高要求。

一是全球监管趋严，合规和反洗钱风险加大。近年来，巴塞尔框架下的国际监管规则和各国监管措施日益庞杂，对银行业"走出去"形成了较强约束。同时，反洗钱监管呈高压态势。以美国为主的西方监管机构已对多家大型主流跨国银行开出巨额罚单，受罚银行的声誉损失更是难以估量。此外，"一带一路"沿线不少国家经济基础较为薄弱，地缘政治错综复杂，相关法律法规尚不完善，当地政府对银行合规经营的监管力度相对薄弱，中资银行在当地经营需要高度关注反洗钱、反恐融资等方面的合规风险。二是金融市场波动加剧，盈利能力存在隐忧。2016年全球经济复苏乏力，不同国家经济走势差异明显，货币政策也出现分化，效应相互叠加，加剧了全球金融市场波动和震荡。部分"一带一路"沿线国家的货币出现较大幅度贬值，中资银行"走出去"面临较高的利率、汇率风险。三是跨境资本流动加剧，系统性风险隐患增多。2016年我国跨境资金流动总体态势波动较大，银行结售汇和代客涉外收付款均呈现逆差。四是地缘政治风险事件频发，国别风险上升。朝核问题、中东变局等地缘政治风险事件频发，全球进入区域冲突加剧期。极端恐怖组织等问题造成的非传统安全问题日益严重。同时，全球贸易保护与摩擦程度有增无减，"反全球化"趋势逐渐抬头，均为中资机构的海外经营增添了一定障碍。五是传统的银行业风险不容忽视。在信用风险方面，"一带一路"沿线国家整体信用风险状况差异较大，部分国家不良贷款比率较高，中资银行在相关国家开展经营面临着较为严峻的信用环境。在项目风险方面，"一带一路"的早期阶段是以基础设施项目建设为主，铁路、公路、机场和港口建设项目较多。项目资金投入大，建设周期长，其间当地国家政治、经济、社会文化以及企业自身履约能力等各方面因素都有可能触发项目风险。

资料来源：网易财经，http：//money. 163. com/17/0505/11/CJLUMFFR00258105. html。

思考题：我国商业银行应当如何做好风险防控，以更好地服务"一带一路"建设？

第五节　操作风险与安全

一、操作风险概述

关于操作风险的定义，已在本书第二章第三节阐述：操作风险是指由不完善或有问题的内部程序、人员、信息科技系统以及外部事件所造成损失的风险。操作风险的分类与表现形式、操作风险的性质与特点也已经在第二章第三节详细阐述，本节不再赘述。本书主要讲述操作风险的度量。

二、操作风险的度量方法

（一）基本指标法

根据基本指标法，银行持有的操作风险资本金等于其前三年总收入的平均值乘以一个固定比例（α），α 为固定值15%。计算公式如下：

$$\text{Capital Charge} = \alpha \times \text{Gross Income}$$

Capital Charge 指基本指标法衡量所需要的监管资本，Gross Income 指银行前三年总收入平均值（此处总收入定义是，利息收入、非利息收入、交易净收入和其他收入的总和）。

（二）标准法

标准法的基本思路是：将银行业务活动划分为 8 个标准化业务种类，并各设定一项指标以反映该类业务的规模及业务量。另对每类业务设定一个固定百分比系数 β，将其乘上相应的指标，即为该业务所占用的操作风险资本金配置要求。所有业务种类所占用的资本金配置要求汇总相加，即为银行的总操作风险资本金配置要求。

$$\text{Capital Charge} = \sum \left[\beta_i \times \text{EI}_i \right]$$

Capital Charge 表示标准法计算的资本要求，EI_i 表示 8 个业务类别中各类别过去三年的平均总收入，β_i 表示巴塞尔委员会设定的固定百分比，建立 8 个业务种类中各产品线的总收入与资本要求之间的联系。

（三）高级计量法

1. 内部衡量法。该方法假定预期损失和意外损失之间具有固定和稳定的关系。这种关系既可以是线性的，即资本配置要求是预期损失的简单倍数，也可能是非线性的，即资本配置要求是预期损失的复杂函数。内部衡量法在标准法的基础上进一步对每一个业务类别划分为 7 个损失事故类型，对每一个业务类别/事故类型组合（共 56 个组合），银行可以使用自己的损失数据来计算组合的期望损失值。

2. 损失分布法。在损失分布法下，银行针对每个业务类别/风险类型估计操作风险损失在一定期间（比如一年）内的概率分布，这种概率分布的估计建立在对操作风险损失发生频率和损失额度的估计之上，与内部衡量法相比，损失分布法的特别之处在于需要使用蒙特卡洛模拟等方法或者实现假设具体的概率分布形式。

（四）各种计量方法的特征

基本指标法最为简单，其逻辑是银行资产越大，非利息收入越高，操作风险就越大，分配的经济资本就越多。这类方法虽然容易实施，但缺陷也非常明显，它没有区分出银行之间的风险管理水平，不能起到激励银行提高操作风险管理水平的作用。

标准法在一定程度上反映了不同业务风险特征的差异，且计算简单，各项指标系数由巴塞尔委员会统一具体给出，被许多银行所使用。与基本指标法一样，该方法下的监管资本计算并不直接与损失数据相联系，而且也无法反映各银行自身的操作风险特征，在使用上有一定的局限性。

内部度量法与前两个模型相比最大的优势在于银行可以使用自身的损失数据来计算监管资本要求，监管资本的大小能够随银行操作风险管理和损失特征的不同而有所不同。这更加真实地反映了银行所承受的操作风险，银行可以因此做出及时有效的风险管理措施，防范和化解银行面临的操作风险。

损失分布法要求银行自主划定业务产品线，事故类型组合，具有更强的风险敏感性；其次损失分布法采用银行自身的历史数据对风险进行模拟，较其他方法更能体现银行自身的风险特点，而且损失分布法强调建模，而不是利用历史数据对未来预期做出估计，具有一定的前瞻性，代表了操作风险量化管理的发展方向。

三、资产业务操作风险的识别

（一）法人信贷业务操作风险识别

法人信贷业务是银行经营的以公司机构客户为服务对象的信贷业务，包括法人贷款业务、贴现业务、银行承兑汇票业务等。

1. 内部欺诈风险。如盗用客户名义诈骗银行贷款、受贿发放不合规贷款、利用假票据诈骗银行贷款资金、越权违规发放贷款、不尽职调查等。

2. 外部欺诈风险。如编造虚假项目向银行骗贷、利用虚假合同向银行骗贷、使用官方假证明向银行骗贷、连环担保骗贷、伪造银行承兑汇票贴现等。

3. 经营行为风险。如客户调查失败、合同破裂、业务主体不合规、不恰当的市场行为等。

4. 执行交割和流程管理风险。如逆程序发放贷款、合同要素填写不规范、信贷担保制度执行有漏洞、未履行强制性报告义务、丧失诉讼时效、对担保和担保人监管不到位等。

5. 经营中断和系统错误风险。如贷款录入上账错误、利息计算错误、因硬件瘫痪和计算机病毒给银行带来的损失。

（二）个人信贷业务操作风险识别

个人信贷业务包括个人住房按揭贷款、个人大额耐用消费品贷款、个人医疗贷款、家庭贷款、助学贷款等多个业务品种。

1. 内部欺诈风险。如利用职务之便虚假贷款、受贿发放不合规贷款、越权限发放贷款、不尽职调查等。

2. 外部欺诈风险。如个人住房贷款假按揭、汽车消费贷款诈骗、出具虚假收入证明、大额耐用消费品贷款欺诈等。

3. 经营行为风险。如产品设计有缺陷，存在定义不清或无法操作的规定，对客户调查失败，强势销售和霸王条款，违反贷款合同等。

4. 执行交割和流程管理风险。如合同要素填写不规范、信贷担保制度执行有漏洞、贷款档案缺失、缺少法律文件、权利凭证执行错误等。

5. 经营中断和系统错误风险。如贷款录入上账错误、利息计算错误、因硬件瘫痪和计算机病毒给银行带来的损失。

四、资产业务操作风险安全管控措施

（一）法人贷款业务操作风险安全管控措施

牢固树立审慎稳健的信贷经营理念，坚决杜绝各类短期行为和粗放管理；倡导新型的企业信贷文化，在业务办理过程中，强化法律的精神和硬性约束，实现以人为核心向以制度为核心转变，建立有效的信贷决策机制；改革信贷经营管理模式，如设立独立的授信风险管理部门，对不同币种、不同客户对象、不同种类的授信进行统一管理；建立跨区域的授信垂直管理独立评审体系，对授信集中管理；将信贷规章制度建立、执行、监测和监督权力分离；信贷岗位设置分工合理、职责明确，做到审贷分离、业务经办与会计账务分离等；明确主责任人制度，对银行信贷所涉及的调查、审查、审批、签约、贷后管理等环节，明确主责任人及其责任，强化信贷从业人员风险责任和风险意识；加快信贷电子化建设，运用现代信息技术，把信贷日常业务处理、决策管理流程、贷款风险分类预警、信贷监督检查等行为全部纳入计算机处理，形成覆盖信贷业务全过程的科学体系；提高信贷从业人员综合素质，打造一支具有现代风险经营理念、良好职业道德、扎实信贷业务知识、过硬风险识别能力的高素质业务队伍；把握关键环节，有针对性地对重要环节和步骤加强管理，切实防范信贷业务操作风险；提高法律介入程度，将法律支持深入到信贷业务各环节，形成法律支持的全程制度化流程管理。

（二）个人信贷业务操作风险安全管控措施

牢固树立个人贷款业务科学发展观，在控制风险的前提下，积极、稳妥地加快个人信贷业务的有效发展；实行个人信贷业务集约化管理，提升管理层次，实现审贷分离，可成立个人信贷业务中心，由中心进行统一调查和审批，实现专业化经营和管理；优化产品结构，改进操作流程，重点发展以质押和抵押为担保方式的个人贷款，审慎地发展个人信用贷款和自然人保证担保贷款；加强规范化管理，理顺个人贷款前台和后台部门之间的关系，完善业务转授权制度，加强法律审查，实行档案集中管理，加快个人信贷电子化建设；切实做好个人信贷贷前调查、贷时审查、贷后检查各个环节的规范操作，防范信贷业务操作风险；强化个人贷款发放责任约束机制，细化个人贷款责任追究办法，推行不良贷款定期问责制度、到期提示制度、逾期警示制度和不良贷款责任追究制度，建立责任制的同时配之以奖励制度，将客户经理的贷款发放质量与其收入挂钩进行奖励。

【案例分析】

商业银行如何防范房地产假按揭？一则典型假按揭业务引发的思考

受信贷政策收紧和限购政策影响，部分地区房地产市场销售处于低迷状态，房地产开发企业的资金压力日益加大。部分开发商，尤其是中小开发商，为应对资金链断裂的风险，极有可能铤而走险进行虚假按揭，骗取银行信贷资金。

2012年初，某商业银行A分行个贷审批中心的信贷审查人员连续收到6笔A分行下属B市支行提报的该市××置业有限公司开发的××花园二期项目中海滨别墅的按揭贷款申请。在6名借款人中，两名就职于B市甲木业有限公司，两名就职于B市乙木业有限公司，其余两名分别就职于B市丙门窗有限公司和丁幕墙装饰有限公司，职位均为副总经理，月收入均在40 000～50 000元。在6笔购房合同的交易标的中，面积均为313.89平方米，单价均为12 000元/平方米，总价为376.668万元。按揭贷款首付金额均为188.668万元，贷款金额188万元。

尽管从表面看，上述6笔按揭贷款每一笔均符合该行的授信审批要求，但由于上述6笔按揭贷款涉及金额较大，交易对象为同一房地产开发商的同一项目，交易时间集中，具有"单一楼盘、集中按揭"的特征，且6名贷款人所从事职业均为房地产上游行业，与项目开发商具有存在关联关系的嫌疑。由此，引起信贷审查人员的高度关注，并开始对贷款申请资料进行仔细审查和核实。通过盘丝剥茧的调查，信贷审查人员认为上述6笔按揭贷款申请动机可疑，具有假按揭嫌疑，并向经办行提出质疑，要求经办行进一步核实贷款申请的真实性，提供补充资料。经办行经过多次深入调查，发现其中确有"假按揭、真骗贷"的潜在风险，主动拒绝了上述6笔按揭贷款的申请。

总体来看，假按揭一般具有如下特征：一是借款人以拟购房产开发企业的内部职工、上下游关联人为主；二是多个借款人在同一天或几天内集中办理贷款，贷款金额、期限相近，贷款成数达到或接近最高；三是所购房屋金额较大，房屋单价、总价往往超出实际价格；四是开发商出具虚假首付款收据，首付款实际不到位；五是借款人出具虚假资信证明；六是所购房产价格明显高于周边相同或相近档次楼盘等。

资料来源：搜狐网，https://www.sohu.com/a/111874625_335953。

思考题：商业银行如何在实践中防范虚假按揭贷款风险？

📖 **【本章小结】**

信用风险是指债务人或交易对手未能履行合同规定的义务或信用质量发生变化，影响金融产品价值，从而给债务人或金融产品持有人造成经济损失的风险。

信用风险的度量方法包括：专家系统、标准法、内部评级法。

信用风险安全管理措施包括：信用风险的回避、信用风险的分散、信用风险的转嫁、信用风险的控制、信用风险的补偿。

流动性风险是指商业银行无法以合理成本及时获得充足资金，用于偿付到期债务、履行其他支付义务和满足正常业务开展的其他资金需求的风险。

流动性风险计量指标：流动性比例、流动性覆盖率、现金流分析、存贷比、期限错配分析、净稳定资金比率。

资产业务流动性风险安全管控措施：资产到期日管理、流动性资产组合管理、抵押品管理、资产证券化。

市场风险是指由于金融资产价格和商品价格的波动，银行表内和表外头寸遭受损失的可能性，市场风险包括利率风险、汇率风险、股票风险和商品风险，而商业银行面临的市场风险主要是利率风险和汇率风险。

市场风险的计量方法主要有缺口分析、久期分析、外汇敞口分析、敏感性分析和风险价值等。

市场风险安全管控措施：远期、期货、期权、互换。

国别风险是指由于某一国家或地区经济、政治、社会变化及事件，导致该国家或地区借款人或债务人没有能力或者拒绝偿付商业银行债务，或使商业银行在该国家或地区的商业存在遭受损失，或使商业银行遭受其他损失的风险。

国别风险安全防控措施：设定国家信贷风险限额、贷款力求多元化、通过银团贷款分散风险、寻求第三方担保、投保国别风险保险。

操作风险的度量方法：基本指标法、标准法、高级计量法。

操作风险识别：内部欺诈风险、外部欺诈风险、经营行为风险、执行交割和流程管理风险、经营中断和系统错误风险。

✎ **【复习思考题】**

一、名词解释

流动性风险　资产证券化　市场风险　风险价值　国别风险

二、选择题

1. （　　）是商业银行面临的最主要风险。

A. 市场风险　　　B. 国别风险　　　C. 信用风险　　　D. 流动性风险

2. 商业银行的信用风险主要存在于（　　）

A. 负债业务　　　B. 贷款业务　　　C. 中间业务　　　D. 表外业务

3. 下列选项中, 不属于商业银行信用风险的是 (　　)
A. 信用质量发生恶化　　　　　　B. 交易对手未能履行合同
C. 外部欺诈　　　　　　　　　　D. 债务人未能履行合同

4. 通常所说的"挤兑"是指商业银行面临的 (　　)。
A. 信用风险　　B. 市场风险　　C. 国别风险　　D. 流动性风险

5. 合格优质流动性资产与未来 30 天现金净流出量的比值是 (　　)。
A. 存贷比　　　　　　　　　　　B. 净稳定资金比率
C. 流动性比例　　　　　　　　　D. 流动性覆盖率

6. (　　) 是指合约购买者支付一定金额的期权费后, 在约定的时间或期限内, 有以约定的价格购买或出售约定数量的特定标的资产的权利。
A. 远期　　　　B. 期货　　　　C. 期权　　　　D. 互换

7. 限额管理包括 (　　)。
A. 单一客户授信限额管理　　　　B. 集团客户授信限额管理
C. 国家风险限额管理　　　　　　D. 区域风险限额管理

8. 流动性风险产生的内在因素包括 (　　)。
A. 资产负债期限结构　　　　　　B. 资产负债币种结构
C. 资产负债分布结构　　　　　　D. 季节性因素

9. 商业银行的市场风险包括 (　　)。
A. 利率风险　　B. 汇率风险　　C. 股票价格风险
D. 商品价格风险　　E. 内部欺诈

10. 我国某银行购买了在上海证券交易所上市的公司发行的 10 年期的债券, 所承担的风险包括 (　　)。
A. 违约风险　　B. 声誉风险　　C. 流动性风险
D. 国家风险　　E. 政治欺诈

三、问答题

1. 简述信用风险的度量方法。

2. 阐述针对信用风险可以采取哪些限额管理?

3. 请分析流动性风险产生的原因。

4. 阐述市场风险的安全防控措施。

5. 请思考, 我国商业银行在面对"一带一路"走出去投机机遇时, 应注意哪些方面的风险? 可以采取哪些有效的防范措施?

选择题答案

1. C　2. B　3. C　4. D　5. D　6. C　7. ABCD　8. ABC　9. ABCD　10. AC

第四章

银行业其他业务风险与安全

【教学目的和要求】

通过本章的学习，使学生了解商业银行的中间业务的概念、种类，掌握商业银行中间业务风险特征以及风险类型，了解商业银行中间业务安全控制措施；使学生了解影子银行的概念及特点，掌握影子银行业务面临的错配风险、信托风险以及非典型金融机构风险。

第一节　中间业务风险与安全

一、中间业务的种类

中间业务也称表外业务，是指商业银行从事的不列入资产负债表，但能影响银行当期损益的经营活动，商业银行的中间业务包括本、外币结算、银行卡、信用证、担保类业务、贷款承诺、交易类业务、代理业务、咨询顾问业务等。就银行业安全管理而言，本节重点分析的中间业务主要是指担保类业务、承诺类业务以及交易类业务，以上均为商业银行有风险的中间业务。

（一）担保类业务

担保类中间业务是指商业银行为客户债务清偿能力提供担保，承担客户违约风险的业务，主要包括银行承兑汇票、备用信用证以及各类保函。

（二）承诺类业务

承诺类业务是指商业银行在未来某一日按照事先约定的条件向客户提供约定信用的业务，主要指贷款承诺，包括可撤销承诺和不可撤销承诺。贷款承诺是典型的含有期权的表外业务。在客户需要资金融通时，如果市场利率高于贷款承诺中规定的利率，客户就会要求银行履行贷款承诺；如果市场利率低于贷款承诺中规定的利率，客户就会放弃使用贷款承诺，而直接以市场利率借入所需资金。因此，客户拥有一个选择权。对银行来说，贷款承诺在贷款被正式提出之前属于表外业务，一旦履行了贷款承诺，这笔业务即转化为表内业务。

（三）交易类业务

交易类业务是指商业银行为满足客户保值或自身风险管理等方面的需要，利用各种金融工具进行的资金交易活动，主要包括远期合约、金融期货、互换业务以及期权。

二、中间业务的风险特征

随着我国中间业务品种的不断增加和业务发展的深入，中间业务在给商业银行带来可观收益的同时也带来了风险。相对于银行业传统的资产负债业务，中间业务的风险呈现出以下特征。

（一）风险的隐蔽性强

中间业务也称为表外业务，因此，商业银行许多中间业务不能在银行的资产负债表中得到真实完整的反映，其业务规模和质量的信息很难在商业银行的财务报表中获得。对商业银行的监管者和社会公众来说，很难及时、准确地获取全面真实的信息，难以对其经营成果做出客观评价。因此，商业银行中间业务的资产运作透明度较低，信息公开化程度不高，风险的隐蔽性强。

（二）风险的种类多

中间业务是多元化经营业务，商业银行的信贷、零售、资金、国际业务、电子银行等部门均不同程度地与中间业务相关。同时，中间业务本身品种繁多，既有传统的支付类、代理类等业务，又有新兴的如远期外汇合约、金融期货、互换和期权等金融衍生业务，商业银行中间业务各个产品之间的差异大，业务风险点较多，其风险的防范难度也日益增大。

（三）风险的评估和控制难度高

随着创新性金融产品的不断发展，在拓宽中间业务范围的同时，对这类业务的风险评估和控制难度也在不断增大。这些创新性金融工具，单笔业务量相对较小但种类繁多，商业银行依据传统的风险识别、评价方法和经验难以做出合理的风险评价。加上中间业务种类繁多，每个业务种类的风险评价方法不同，给中间业务的风险评估工作带来相当大的难度。

（四）风险的滞后性强

由于商业银行大部分中间业务不在资产负债表中反映，所以其相应的风险在短时间内不容易暴露。同时，多数中间业务在一定条件下可能转化为银行的实际资产或负债。如信用性理财业务通常以或有资产、或有负债形式存在，当债务人由于各种原因不能偿付给债权人的时候，银行就可能因为连带关系而成为真正的债务人，承担付款责任。因此，商业银行中间业务的风险不确定性、滞后性强，一旦或有风险在业务开展的一定时期后转化为现实风险，将会给银行造成巨大的损失。

三、商业银行中间业务风险类型

我国商业银行中间业务风险主要表现为以下五种类型：

一是信用风险，是指客户由于主观或客观原因，而未能按时履行合约而使银行蒙受损失的风险。这是我国商业银行中间业务最主要的风险之一，由市场的不确定因素造成，属于非系统性风险范畴，主要集中于银行卡类和担保类中间业务。

二是市场风险，这是中间业务因市场定位不准，或者是没有对中间业务进行系统有效分析而盲目开展造成的损失的可能性。这类风险是最不稳定的因素，一般将利率风险和汇率风险划归此类风险。该类风险主要体现在交易类中间业务中，包括投资银行业务和衍生金融业务，如远期外汇合约、货币互换、期权、期货等。

三是流动性风险，指银行不能以最低的成本和最快的速度迅速融资来弥补损失而形成的风险。中间业务的流动性风险主要表现在两个方面：第一，业务所涉及的金融工具的流动性不足；第二，中间业务规模过大时造成的流动性风险。流动性风险主要集中在担保承诺类中间业务。

四是操作风险，指由于银行工作人员的疏忽造成操作失误，或因银行内部控制系统等出现失误造成损失的风险。它多属于银行自身问题，或不可抗力因素所致。操作风险存在于所有的中间业务中。

五是法律风险，指由于银行在办理中间业务时，未能对相关法律充分了解，或是因为法律本身的漏洞而致使银行蒙受损失的可能性。

四、商业银行中间业务安全控制措施

（一）建立健全内控制度

在中间业务开展过程中严格执行内控制度，严格遵循业务开展的审批与报备要求，认真签订业务协议，规范收费及核算处理，健全业务操作规程，强化风险控制和管理，确保每项中间业务的开展都符合相关规定，都满足具体的内部审计要求。

（二）各类风险分类管控

由于商业银行很多中间业务的具体开展不涉及银行资产，因此，风险主要集中在人员的操作方面，银行对这类业务风险的控制主要通过提高员工业务能力、强化业务操作过程监督等方式来实现。对于涉及银行资产安全的一些中间业务，商业银行往往将其等同于表内业务来管理，严格业务审批流程，严防信用风险。

（三）建立现代监管体系

商业银行中间业务种类繁多，且随着金融市场的发展，创新产品层出不穷，所以商业银行中间业务的安全控制很大程度上依托我国监管机构的现代监管体系。我国银行监管机构针对中间业务的监管一方面体现为动态监管，即监管机构紧跟金融市场发展，动态调整监管策略；另一方面体现为联合监管，很多中间业务不仅仅涉及银行，还会有证券、保险等其他金融机构的参与，各监管机构的联合监管保证了银行中间业务的安全控制。

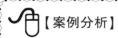【案例分析】

又一银行涉嫌"签发无真实贸易背景汇票"被罚

随着我国票据业务的快速发展，银行承兑汇票作为一种具有高度信用保障，使用便捷的支付结算工具，应用日益广泛，但由银行承兑汇票而引发的贸易真实性风险也频频出现。

　　2018年1月8日，江苏银行因办理无真实贸易背景贴现业务被罚50万元；1月25日，办理无真实贸易背景的表外业务，浙商银行济南分行因此被罚70万元；5月8日，交通银行南阳分行因办理无真实贸易背景银行承兑汇票业务被罚20万元。

　　银行工作人员有时仅凭一份简单的贸易合同，习惯性认为100%保证金足额到位、贸易合同原件与复印件审核一致，就基本能控制住风险。这样就给无真实贸易背景汇票签发提供了"机遇"，对于商业银行来说，核查承兑汇票的真实贸易背景就成了规避票据空转的首要问题，我们可以考虑从以下几个方法着手：

　　1. 实地调查：签发前到企业实地调查其资信状况、经营状况等，对企业的主体资格予以确认，确保其提交的基本资料合法、合规、真实、有效。

　　2. 审核贸易合同：主要从合同本身的真伪辨别，要素是否齐全，是否具有法律效力，合同金额与企业规模是否具有合理性等方面。

　　3. 结算账户审核：审核企业在银行开立的结算账户使用是否正常，是否有一定的资金结算业务往来。

　　4. 监控相关各项匹配性：监控申请承兑金额与当期销售收入是否匹配；保证承兑金额用途、金额与客户经营范围及经营规模是否一致；与企业提供的会计报表是否相符。

　　5. 审核保证金来源：注重保证金来源的审核，避免因资金来源不合法、不合规导致的法律风险。

　　6. 审核企业增值税发票：签发后客户经理应及时收集企业的增值税发票，并查看赊销双方、金额及用途与签发的银行承兑汇票是否一致。

　　审核票据贸易的真实背景，是票据风险控制的根本，自然也就成了风控非常重要的一个操作项目。而票据贸易背景真实了，才能助力票据市场规范化发展，营造绿色化、安全化的票据业务生态环境。

　　资料来源：凤凰网，http://wemedia.ifeng.com/59683857/wemedia.html。

　　思考题：确保承兑汇票业务贸易背景的真实性，对于商业银行的运营安全有什么重要意义？

第二节　影子银行风险与安全

一、影子银行的定义和基本特点

　　影子银行是指游离于银行监管体系之外，可能引发系统性风险和监管套利等问题的信用中介体系（包括各类相关机构和业务活动）。影子银行体系的内在四大特征为期限转换、流动性转换、杠杆操作以及信用风险转换。影子银行包括投资银行、对冲基金、货币市场基金、债券保险公司、结构性投资工具（SIV）等非银行金融机构。这些机构通常从事放款，也接受抵押，是通过杠杆操作持有大量证券、债券和复杂金融工具的金融机构。

（一）传统影子银行

中国的影子银行体系可以概括为，正规银行体系之外，由具有流动性和信用转换功能，存在引发系统性风险或监管套利可能的机构和业务构成的信用中介体系。在中国开展融资活动的非金融机构以及金融机构的某些业务具有影子银行的特征。其中既包括一些开展融资活动的非金融机构如小额贷款公司、典当行、融资性担保公司、私募股权基金、农村（民）资金互助组织及各种民间借贷组织等机构，又包括一些类银行的业务活动，如银行表外"理财产品"采用混合资金池（滚动推出不同期限的多种"理财产品"，把募集的资金集中进行投资的方式）运作实现期限转换，一些信托产品以"滚动发行"的方式（通过发行新产品募集资金偿还即将期满产品）将短期资金投向中长期项目，以及货币市场基金通过购买金融债券和投资银行存款，为企业提供债务资金支持等。

（二）新型影子银行

随着近年来互联网金融的爆发式增长，以网络技术为基础的一些新型的金融业态不断涌现，传统意义上的影子银行的外延逐步扩大，产生了一些新型的影子银行机构和业务。影子银行主要分为三种类型：一是不持有金融牌照，完全无监管的信用中介结构，包括新型网络金融公司，第三方理财机构等。二是不持有金融牌照、存在监管不足的信用中介机构，包括融资性担保公司、小额贷款公司等。三是机构持有金融牌照，但存在监管不足或规避监管的业务，包括货币市场基金、资产证券化、部分理财业务等，其中涉及新型网络金融公司、第三方理财机构、电商小额贷款公司、互联网货币基金等，均属于新兴的互联网金融机构。借助互联网金融的优势，其直接或间接业务领域逐步涉足商业银行表外理财、证券公司集合理财、基金公司专户理财、证券投资基金、小额贷款公司、投连险中的投资账户、私募股权基金、产业投资基金、创业投资基金、非银行系融资租赁公司、专业保理公司、金融控股公司、票据公司、担保公司、具有储值和预付机制的第三方支付公司、有组织的民间借贷等融资性机构等各个方面，给我国金融体系带来了深远的影响。

（三）影子银行的基本特点

影子银行的基本特点可以归纳为以下几点：其一，交易模式采用批发形式，有别于商业银行的零售模式。其二，进行不透明的场外交易。影子银行的产品结构设计非常复杂，而且鲜有公开的、可以披露的信息。这些金融衍生品交易大多在柜台交易市场进行，信息披露制度很不完善。其三，杠杆率非常高。由于没有商业银行那样丰厚的资本金，影子银行大量利用财务杠杆举债经营。其四，影子银行的主体是金融中介机构，载体是金融创新工具，这些中介机构和工具充当了信用中介功能。其五，由于影子的负债不是存款，主要是采取金融资产证券化的方式，最初目的是要分散风险，因此，不受针对存款货币机构的严格监管，存在管制套利的行为。

二、影子银行的风险

（一）错配风险

错配风险又分为期限错配风险、信用错配风险、流动错配风险和收益错配风险。所有的错配风险本质是因为投资者将资金投入了影子银行成了资金池，影子银行再将资金池投资其他行业、项目或者资产形成了资产池。而在资金池与资产池之间存在期限、信用、流动和收益的错配。

1. 期限错配风险。理财产品所面临的最大风险在于错配期限结构容易导致流动性风险的发生，而这正是理财产品面临的最大风险所在。

2. 信用错配风险。理财产品可投资于各种信用等级不同的资产，从最初单一的银行间债券市场到企业债、资产证券化产品、证券投资基金、信托收益权转让再到投资境外的合格境内机构投资者（QDII）产品与股票以及利率、汇率等挂钩的结构性产品，甚至还有艺术品、石油、贵金属等具备投资价值的实物商品。理财产品的投资标的的多元化导致其存在潜在的违约风险，从而导致了理财产品的信用错配风险。

3. 流动错配风险。投资对象的信用违约和融资对象新募资金的规模作为两种不确定因素提高了银行理财产品发生流动性风险的可能性。以前，商业银行通常会将一定比例的信贷资产配置于资产池中，以最大限度地提高资产池的收益率，这些信贷资产大部分与地方政府的融资平台和房地产密切相关，一旦违约，将使理财产品的整个资产池内的资金链条受到不同程度的影响，从而引发兑付风险。2018 年 4 月 27 日，中国人民银行、中国银行保险监督管理委员会、中国证券监督管理委员会、国家外汇管理局联合发布了《关于规范金融机构资产管理业务的指导意见》（银发〔2018〕106 号），明确指出"金融机构不得将资产管理产品资金直接投资于商业银行信贷资产"，有效防范了影子银行的流动错配风险。

4. 收益错配风险。与存款基准利率相比，商业银行理财产品的收益率普遍较高，而银行理财产品的投资收益率一旦低于其负债成本，就将产生收益错配风险，从而导致理财产品最终难以实现本息的兑付。

（二）信托风险

除了证券投资、银行理财产品外，信托业务也是影子银行业务，而信托资金主要流向基础产业、工商企业、房地产、证券市场、金融机构、其他领域。这些领域均存在信托违约风险。如工商企业的违约风险，当企业的负债率过高，企业有可能出现资不抵债或破产清算的情形，而一旦出现这些情况，将导致信托资金出现无法收回的风险。再者，钢铁、水泥、电解铝、多晶硅等工业行业出现了产能过剩的情况，这些行业的企业盈利能力相对于其他行业较低，也加剧了违约风险的存在。除此之外，房地产信托贷款通常利率水平较高，随着经济高速增长和资产价格的上涨，房地产的潜在风险不容易暴露，但房地产信托产品中存在信息披露不充分是事实，如果出现经济波动或资产价格大幅下跌，潜在的风险则会暴露。

【案例分析】

泛亚事件是影子银行的缩影

　　昆明泛亚有色金属交易所（以下简称泛亚）的兑付风波成为中国清理影子银行体系的又一个牺牲品。根据媒体报道，泛亚资金链条涉及全国20个省的22万名投资者，总金额达400亿元。

　　这是一个看似有些奇怪却又异常合理的商业模式。首先，商业银行不愿意向特定的某些行业（比如说房地产市场）提供贷款，但这些行业却又急切地需要资金。同时，商业银行愿意向某些行业（比如说商品领域）提供资金，而这些资金的价格却又异乎寻常地便宜。如果有一家机构能够将这种需求结合起来，就可以迅速找到盈利模式。

　　一家存在着贸易背景的大宗商品中间商也就应运而生，泛亚就是这其中的一个代表。以商品的贸易流作为抵押，这家中间商可以从商业银行获取大量的短期廉价资金，将这些资金投入商品贸易，那么其贸易规模可以获得扩大，同时也可以从商业银行获取更多的授信。在拿到资金后，这家中间商可以将资金提供给急缺资金的房地产开发商，并要求房地产开发商给予极高的利率，当然，高利率是以相对较长的期限作为交换，这样一来，这家贸易商也像商业银行一样做起了"借短放长"的生意。

　　这样的一种盈利模式，是一种看似荒谬但却又极其合理的模式。其荒谬在于，通过中间商转手，商业银行的资金还是流向了其本来想去但不能去的地方。但其又十分合理，既然商业银行有这样的需求，通过为其配备一定的信贷背景，就可以获得多赢的局面，而其中的关键就在于商业银行对于不同业务存在着不同的风险偏好。这其中需要指明的另一点是，由于大量的商品贸易通过银行承兑汇票进行交易，而银行承兑汇票本身所占的风险权重资产只有普通贷款的25%，这意味着商业银行在同样的资本金条件下可以进行更多的银行承兑汇票交易，从而可以快速扩大资产规模，因此在某种程度上商业银行也"默许"这样的交易盛行。

　　事实上，这样的一种交易正是中国影子银行的缩影。在正常和正规的金融监管之外，通过"游戏规则"的漏洞来"虚增"交易，变相绕过监管，也是中国影子银行蓬勃发展的土壤。尽管商业银行在过去的两年中大量清理商品贸易，从而导致了如泛亚这样的案例浮出水面，但中国影子银行盛行的土壤仍在，不从根本上反思金融监管框架，泛亚也不会是一个孤案。

　　资料来源：和讯网，http：//bank. hexun. com/2015 - 07 - 30/177961084. html。

　　思考题：泛亚事件对于我国影子银行监管有哪些警示？

📖【本章小结】

担保类中间业务是指商业银行为客户债务清偿能力提供担保，承担客户违约风险的业务。主要包括银行承兑汇票、备用信用证以及各类保函。

承诺类业务是指商业银行在未来某一日按照事先约定的条件向客户提供约定信用的业务，主要指贷款承诺，包括可撤销承诺和不可撤销承诺。

交易类业务是指商业银行为满足客户保值或自身风险管理等方面的需要，利用各种金融工具进行的资金交易活动。主要包括远期合约、金融期货、互换业务以及期权。

中间业务的风险特征：风险的隐蔽性强、风险的种类多、风险的评估和控制难度高、风险的滞后性强。

我国商业银行中间业务风险主要表现为以下五种类型：信用风险、市场风险、流动性风险、操作风险、法律风险。

商业银行中间业务安全控制措施：加强对中间业务的监管、加大商业银行中间业务内控力度、提高中间业务风险控制水平。

影子银行是指游离于银行监管体系之外，可能引发系统性风险和监管套利等问题的信用中介体系（包括各类相关机构和业务活动）。影子银行体系的内在四大特征为期限转换、流动性转换、杠杆操作以及信用风险转换。

影子银行的基本特点可以归纳为以下几点：其一，交易模式采用批发形式，有别于商业银行的零售模式；其二，进行不透明的场外交易；其三，杠杆率非常高；其四，影子银行的主体是金融中介机构；其五，由于影子银行的负债不是存款，主要是采取金融资产证券化的方式，最初目的是要分散风险，因此，不受针对存款货币机构的严格监管，存在管制套利的行为。

✒【复习思考题】

一、名词解释

担保类业务　承诺类业务　衍生交易类业务　影子银行

二、选择题

1. 买家和卖家订立合同确定在未来某个时点交割一项金融资产的金融衍生产品是（　　）。

   A. 远期合约　　　B. 金融期货　　　C. 互换　　　D. 期权

2. 下列不属于商业银行中间业务的有（　　）。

   A. 银行承兑汇票　B. 保函　　　　C. 贴现　　　　D. 备用信用证

3. 影子银行体系的内在四大特征为期限转换、流动性转换、（　　）以及信用风险转换。

   A. 去杠杆化　　B. 杠杆操作　　C. 收益转换　　D. 收益错配

4. 理财产品所面临的最大风险在于错配期限结构容易导致（　　）的发生，而这正是理财产品可能面临的最大风险所在。

    A. 流动性风险   B. 系统性风险   C. 信用风险   D. 政策风险

    5. 影子银行是指游离于银行监管体系之外，可能引发（   ）和监管套利等问题的信用中介体系。

    A. 系统性风险   B. 流动性风险   C. 信用错配风险   D. 收益错配风险

    6. 我国商业银行中间业务的风险特征有（   ）。

    A. 隐蔽性强   B. 种类多   C. 分布广

    D. 评估和控制难度高   E. 滞后性强

三、问答题

1. 阐述我国商业银行中间业务面临哪些风险。

2. 针对商业银行中间业务风险，可以采取哪些风险防控措施？

3. 影子银行的基本特点和主要风险有哪些？

选择题答案

1. B   2. C   3. B   4. A   5. A   6. ABCDE

第五章

商业银行监管

【教学目的和要求】

通过本章的学习，使学生熟悉我国金融监管的部门划分，并掌握"一委一行两会"（国务院金融稳定发展委员会、中国人民银行、中国银行保险监督管理委员会、中国证券监督管理委员会）的职责分工。了解国际上金融监管发展的趋势。掌握商业银行监管的主要内容，以及各部分所涵盖的所有环节。了解我国银行业监管的法律法规的层次划分。

第一节　商业银行监管组织

金融监管包括金融监督和金融管理两个方面，指政府通过特定的机构（如中央银行）对金融交易行为主体进行的某种限制或规定。商业银行因其作为公众存款机构和存款货币创造机构，在社会经济运作中具有特殊重要的作用和地位，所以成为金融监管的重点。各国对银行业的监管除了设置政府部门的监管当局以外，还通过银行业公会等行业自律组织和存款保险机构等特设机构共同参与监管，并且通过各种制度安排，要求银行自身加强公司治理与内部控制。本章主要介绍我国商业银行的监管组织。

一、我国金融监管部门的职责分工

（一）国务院金融稳定发展委员会

2017 年 11 月，经党中央、国务院批准，国务院金融稳定发展委员会成立。国务院金融稳定发展委员会设立的目的，是为了强化人民银行宏观审慎管理和系统性风险防范职责，强化金融监管部门监管职责，确保金融安全与稳定发展。

国务院金融稳定发展委员会作为国务院统筹协调金融稳定和改革发展重大问题的议事协调机构，其主要职责是：落实党中央、国务院关于金融工作的决策部署；审议金融业改革发展重大规划；统筹金融改革发展与监管，协调货币政策与金融监管相关事项，统筹协调金融监管重大事项，协调金融政策与相关财政政策、产业政策等；分析研判国际国内金融形势，做好国际金融风险应对，研究系统性金融风险防范处置和维护金融稳定重大政策；指导地方金融改革发展与监管，对金融管理部门和地方政府进行业务监督和履职问责等。

（二）中国人民银行

目前中国人民银行在金融监管方面的主要职能就是金融货币的安全和监管。考虑到职能的需要在总行内部设立了办公厅、条法司、货币政策司、金融市场司、金融稳定局、调查统计司、支付结算司、科技司、货币金银局、国库局、国际司、研究局、征信管理局、反洗钱局等十八个司局，中国人民银行实行垂直领导。中国人民银行的主要职责包括制定国家货币政策，维护金融安全与稳定、实施货币和反洗钱监管等十三项职能。其主要金融监管职能体现在三个方面。

1. 国家金融安全监管。包括制定金融法律和法规，维持国家金融的稳定运行；制定货币政策和金融宏观调控措施，创造国家金融发展的良好环境；有序推进金融体制改革和金融对外开放，实现国家金融的健康发展；防范和化解金融危机，与国际金融组织合作打击国际金融犯罪。

2. 反洗钱金融监管。包括组织协调全国的反洗钱监督管理工作；制定或会同有关部门制定反洗钱规章制度；监督检查金融机构履行反洗钱义务的情况；设立反洗钱信息中心，负责大额交易和可疑交易的接收分析；向侦查机关报告涉嫌洗钱犯罪的交易活动；进行可疑交易的调查，以及在法定情况下行使对资金的临时冻结权；行使行政处罚权；会同国务院有关部门监督管理特定非金融机构的反洗钱工作。

3. 国家外汇市场监管。由中国人民银行领导的国家外汇管理局是监督管理全国外汇市场的主管机关，负责制定统一的外汇制度，协调外汇和汇率市场方面的问题。

（三）中国银行保险监督管理委员会

2018年3月，根据国务院总理李克强提请第十三届全国人民代表大会第一次会议审议的国务院机构改革方案的议案，组建了中国银行保险监督管理委员会。中国银行保险监督管理委员会的主要职责是：依照法律法规统一监督管理银行业和保险业，维护银行业和保险业合法、稳健运行，防范和化解金融风险，保护金融消费者合法权益，维护金融稳定。

（四）中国证券监督管理委员会

中国证监会负责对我国证券业的证券现货与期货机构、基金公司及投资顾问公司等实行监管。中国证监会实行垂直领导，总部设在北京，全国范围内设有36个证监局。总部设有发行监管部、市场监管部、机构监管部、上市公司监管部、基金监管部、期货监管部、稽查局等十三个部门。

二、金融监管体制的发展趋势

（一）发达国家金融监管的发展趋势

目前，由于世界各国金融创新的加剧，金融风险的发生和传播也越来越剧烈，从全球金融监管模式变革所呈现出的特征来看，发达国家金融监管的发展趋势可概括为以下六个转变。

1. 从分业监管向混业监管转变。1999 年美国废除了自 20 世纪 30 年代实施的《格拉斯—斯蒂格尔法》，宣布实施《金融服务现代化法》，标志着美国的金融监管模式真正从对不同金融机构分别立法、分别监管的分业监管模式向混业监管模式转变，自此美国的金融监管实行联邦政府、州政府与专门机构分层的金融监管模式，综合监管与分立监管相结合。与此同时，英国、日本等国家也通过金融改革建立了统一的监管框架。统一监管提高了复杂金融联合体的监管效率，实现金融监管的规模经济，顺应现代金融业混业经营的潮流。

2. 从机构性监管向功能性监管转变。机构性监管是指按照金融机构的类型分别设立不同的监管机构，不同监管机构有各自的职责范围，无权干预其他类别金融机构的业务活动。功能性监管是指依据金融体系基本功能而设计的监管。功能性监管关注的是金融产品所实现的基本功能，以金融业务而非金融机构来确定相应的监管机构和监管规划，减少监管职能的冲突、交叉重叠和监管盲区。同时，功能性监管针对混业经营下金融业务交叉现象层出不穷的趋势，强调跨机构、跨市场的监管，因而可以实现对金融体系的全面监管。

3. 从单向监管向全面监管转变。由于当前金融业务的发展，金融监管的范围已从过去单纯的表内表外业务扩展到所有业务，从单纯的资本充足率监管转向以最低资本标准、监管当局的检查及市场自律三个层次的全面监管，从侧重于信用风险的监管转向对银行经营中的所有风险，如市场风险、经营风险等的监管。

4. 从封闭性监管向开放性监管转变。金融全球化发展带来了国际资本的大规模流动、金融业务与机构的跨境发展，这一状况要求各国金融监管当局必须加强金融监管的国际合作，使各国金融监管当局充分意识到一国的金融安全及经济安全与国际金融市场的变化息息相关，金融全球化逼迫各国监管当局的监管哲学发生重大变化，要求金融监管从国内单边监管转向国内国际多边监管，从封闭性监管转向开放性监管。

5. 从单一合规性监管向合规性监管和风险性监管并重转变。20 世纪末以来，金融市场创新层出不穷，金融衍生产品交易、网上银行和中间业务等的发展，新业务也带来了新的风险，原有合规性监管并不能及时全面地反映银行所面临的现实风险，这就需要金融监管也必须随金融市场的创新而创新，更加注重风险性监管。风险性监管更注重银行本身的风险控制程序和管理水平，能够及时反映银行经营状况，预测潜在风险。为此，国际金融监管组织和一些国家的监管当局相继推出了一系列以风险监管为基础的审慎原则。

6. 从一国监管向跨境监管转变。金融国际化要求实现金融监管本身的国际化，如果各国在监管措施上松紧不一，不仅会削弱各国监管措施的效应，而且还会导致国际资金大规模的投机性转移，影响国际金融市场的稳定。因此，发达国家致力于国际银行联合监管，如巴塞尔银行监管委员会通过的《巴塞尔资本协议》统一了国际银行的资本定义与资本标准。各国国际性监管组织也纷纷成立，并保持着合作与交流，促进了各国跨境监管工作的开展。

（二）我国金融监管体制发展趋势

一国金融监管模式的选择是与经济发展水平、政治体制、法律制度、历史传统、文化背景和国家大小等相适应的。发达国家金融监管模式的调整是顺应其经济金融形势发展的。我国改革开放四十年来，经济金融水平有了空前提高，我国金融监管体制也随着经济金融水平的发展在1998年以后进行了调整，目前的分业监管格局就是当时形成的。多年来，这种监管模式对于控制发展中的银行风险起到了积极的作用。但随着近几年金融创新的加剧，金融业机构相互之间的交叉经营越来越频繁，金融风险往往产生于混业经营所形成的新产品、新业务，监管边缘客观存在，而近年来世界各国金融危机的直接诱因就是金融创新产品交易所形成的风险，因此加强对金融业的综合监管和混业监管已经成为一种新趋势。近年来我国银行监管部门也作了一些改革和探索。2018年，"一委一行两会"的金融监管新格局正式形成。"一委一行两会"的统筹协调监管模式，能够有效解决"一行三会"分而治之监管框架下的监管空白、监管套利、监管重叠等问题，是新时代我国金融监管框架改革的重要一步。但未来的金融业发展依然存在一些监管难点、痛点，包括如何平衡金融监管与创新、地方监管能力不足等问题。监管框架未来仍有进一步优化空间，预计下一步监管统筹协调工作重点将围绕加强中央监管和地方监管统筹协调，兼顾提升监管效率与防范风险，加强对互联网金融、金融控股公司、影子银行等方面监管展开，相关监管规则有望加速落地。

【案例分析】

银保监会依法对5家省联社违法违规问题进行行政处罚

2018年8月，经过立案、调查、审理、审议、告知、陈述申辩意见复核和发出行政处罚决定书等一系列法定程序，银保监会统筹协调相关银监局依法对内蒙古、江西、河南、广东、四川等5家省联社现场检查发现的违法违规问题进行了行政处罚。

省联社是省政府管理辖内农村信用社（含农村商业银行、农村合作银行，以下统称农合机构）的职能部门，具体承担对农合机构的管理、指导、协调、服务职责。2017年，原银监会对内蒙古、江西、河南、广东、四川等5家省联社进行了现场检查。检查发现，5家省联社在具体履职中存在一些突出的违法违规行为。一是对农合机构偏离支农服务主业没有有效纠正。二是在落实风险防控处置责任方面履职不力。个别省联社没有切实承担对农合机构风险处置的牵头责任，风险防控不作为。三是违规开展相关业务。部分省联社严重违反监管规定，违规设立实体企业、未经批准超范围开展业务等。四是高管人员违规履职问题突出。内部治理严重缺失。

银保监会高度重视省联社现场检查发现的问题，统筹指导相关属地银监局以事实为依据、以法律为准绳，严格按照机构与人员"双罚"、罚款与没收并举的原则，依法对5家省联社和相关责任人的违法违规行为进行处罚。机构处罚方面，对5家省联社合计罚款3 172.7万元，没收违法所得270.5万元。人员处罚方面，对省联社63名责任人员分别给予取消任职资格、警告和罚款，其中42人合计罚款455.5万元。

　　下一步，银保监会将认真贯彻落实党的十九大、中央经济工作会议和全国金融工作会议精神，牢守监管定位，坚持依法监管、严格监管、公正监管，坚持违法必究、有责必问、问责必严，在推动省联社规范履职工作中，按照"两手抓"思路，一手抓省联社规范履职和强化服务能力，一手抓推进省联社改革试点研究，以持续推动深化改革来坚决打赢防范化解重大金融风险攻坚战，提升农合机构服务实体经济和乡村振兴战略的能力。

　　资料来源：http://www.cbrc.gov.cn/chinese/newShouDoc/A6756B856F64496EA953723B2310F28C.html。

　　思考题：根据本案例，思考银保监会在其中落实了哪些职责？

第二节　商业银行监管内容

　　持续有效的银行监管是银行监管当局的全过程监管。概括地说，监管的内容主要包括市场准入监管、市场运营监管和市场退出监管。

一、市场准入监管

　　市场准入监管是市场主体进入市场从事市场交易活动的许可机制。现代银行设立时，要面临监管当局的审批程序。它是有效银行监管的起点，是提高银行体系稳定性的前提性因素之一。市场准入监管应当全面涵盖以下几个环节。

　　（一）审批注册机构

　　进入金融行业必须按照金融法律法规的要求，在具备相应条件的情况下，向银行监管当局提出申请，经银行监管当局许可后，领取营业执照才能进行经营活动。对机构的审批，一方面表明银行监管当局允许经营金融产品的机构进入市场，并将依法对其进行监督；另一方面也表明进入市场的银行机构将接受银行监管当局的监管，并合法开展业务。

　　（二）审批注册资本

　　审批注册资本是指银行监管当局必须对进入市场的机构进行最低资产限制，并对资本金是否及时入账、股东资格、股东条件和股本构成进行监督审核。在市场经济条件下金融机构必须以其资本来承担全部的风险和亏损。因此设立金融机构的首要条件之一，是必须保证一定数量的注册资本来承担可能的风险和亏损。这样才能使银行机构在出现财务困难时，具有一定的防范和化解风险的能力。我国商业银行最低注册资本要求如表5-1所示。

表 5 - 1 我国商业银行最低注册资本要求

项目	全国性商业银行	城市商业银行	农村商业银行	农村合作银行	省农村信用社联合社	县农村信用社联社	县农村信用社联合社	农村信用社
最低注册资本	10 亿元	1 亿元	5 000 万元	2 000 万元	500 万元	1 000 万元	100 万元	100 万元

（三）审批高级管理人员的任职资格

审批高级管理人员的任职资格是指在市场准入过程中，银行监管当局应当对银行机构的法定代表人及其他高级管理人员的任职资格进行审查。未经审查同意，其董事会不得进行聘任。一定数量的合格专业人才是保证银行机构合法经营、稳健经营和健康发展的基本条件。确定任职资格的标准主要有以下两个方面：一是必要的学识水平，二是对金融业务的熟悉程度。

（四）审批业务范围

审批业务范围是指银行监管当局对进入市场的机构必须进行业务范围的管制。审批业务范围是为了保证银行机构的合法经营。监管当局审批银行机构业务范围的主要依据是市场需求以及机构的实力、管理层的经验和能力，总的要求是银行必须对它所从事的所有业务活动要有充分的控制能力。同时，也必须考虑到监管当局的监管能力及监管从业人员的素质等。

在我国，根据《商业银行法》的规定，设立银行机构必须具备以下条件：（1）有符合规定的银行章程。（2）有符合规定的注册资本额最低限额。（3）有具备任职专业知识和业务工作经验的董事（行长）和高级管理人员。（4）有健全的组织机构和管理制度。（5）有符合要求的营业场所、安全防范措施和与业务有关的其他设施。（6）符合其他审慎性条件。

二、市场运营监管

市场运营监管是指对银行机构日常经营进行监督管理的活动。在银行机构的日常经营中，风险是在逐步累积的，对市场运营的监管可以维护其稳健运行。概括起来讲，市场运营监管的主要内容包括以下几个方面：

（一）资本充足性

资本充足性的最普遍定义是指资本对风险资产的比例，是衡量银行机构资本安全的尺度，一般具有行业的最低规范标准。根据 2013 年 1 月 1 日起施行的《商业银行资本管理办法（试行)》，商业银行各级资本充足率不得低于以下最低要求：核心一级资本充足率不得低于 5%，一级资本充足率不得低于 6%，资本充足率不得低于 8%。商业银行应当在最低资本要求的基础上计提储备资本，储备资本要求为风险加权资产的2.5%，由核心一级资本来满足。

为有效控制商业银行杠杆化程度，维护商业银行安全、稳健运行，2015 年修订后的《商业银行杠杆率管理办法》规定，商业银行并表和未并表的杠杆率均不得低于4%。该杠杆率是指商业银行持有的、符合有关规定的一级资本净额与商业银行调整后的表内外资产余额的比率。

（二）资产安全性

衡量银行资产好坏程度的方法较多，以传统的业务贷款来讲，采取风险分类方法划分信贷资产质量，即根据贷款风险发生的可能性，将贷款划分成不同的类别。国际通行的做法是分为五类：即正常贷款、关注贷款、次级贷款、可疑贷款、损失贷款，通常认为后三类贷款为不良贷款。

资产安全性监管的重点是银行机构风险的分布、资产集中程度和关系人贷款。根据《商业银行风险监管核心指标》，在我国衡量资产安全性的指标为信用风险的相关指标，具体包括：（1）不良资产率，即不良信用资产与信用资产总额之比，不得高于4%。（2）不良贷款率，即不良贷款与贷款总额之比，不得高于5%。（3）单一集团客户授信集中度，即对最大一家集团客户授信总额与资本净额之比，不得高于15%。（4）单一客户贷款集中度，即最大一家客户贷款总额与资本净额之比，不得高于10%。（5）全部关联度，即全部关联授信与资本净额之比，不应高于50%。

根据《商业银行贷款损失准备管理办法》，我国银行业监管机构设置贷款拨备率和拨备覆盖率指标考核商业银行贷款损失准备的充足性。贷款拨备率为贷款损失准备与各项贷款余额之比，基本标准为2.5%；拨备覆盖率为贷款损失准备与不良贷款余额之比，基本标准为150%。

（三）流动适度性

对银行机构的流动性监管主要有以下内容：第一，银行机构的流动性应当保持在适度水平。第二，监测银行资产负债的期限匹配。第三，监测银行机构的资产变化情况，包括对银行的长期投资、不良资产和盈亏变化的监督。

根据《商业银行风险监管核心指标》，我国衡量银行机构流动性的指标主要有：（1）流动性比例，即流动性资产与流动性负债之比，衡量商业银行流动性的总体水平，不应低于25%。（2）流动负债依存度，即核心负债与总负债之比，不应低于60%。（3）流动性缺口率，即流动性缺口与90天内到期表内外流动性资产之比，不应低于−10%。

（四）收益合理性

盈利是商业银行生存和发展的关键，只有盈利，银行机构才能有积累，才能增强抵御风险的实力，才能设想未来的业务扩展。对银行机构的财务监管主要有以下内容：

第一，对收入的来源和结构进行分析。了解收入的主要来源，以及生息资产、非生息资产的结构，从而判断银行的资产构成是否合理、资产质量的优劣。第二，对支出的去向和结构进行分析。了解银行利息支出、经营成本的高低，判断银行负债结构是否合理。第三，对收益的真实状况进行分析。比如应收未收利息的比例过高会存在收益风险；应付未付利息的提取不足，会影响银行未来收益；同时呆账、坏账准备金的提取比例过低，会使财务状况失真，虚增银行利润。

根据《商业银行风险监管核心指标（试行）》，我国关于收益合理性的监管指标包括：（1）成本收入比，即营业费用与营业收入之比，不应高于35%；（2）资产利润率，即净利润与资产平均余额之比，不应低于0.6%；（3）资本利润率，即净利润与所有者权益平均余额之比，不应低于11%。

（五）内控有效性

商业银行内部控制体系是商业银行为实现经营管理目标，通过制定并实施系统化的政策、程序和方案，对风险进行有效识别、评估、控制、检测和改进的动态过程和机制。

根据2014年9月12日修订的《商业银行内部控制指引》，商业银行内部控制的目标有：（1）保证国家有关法律法规及规章的贯彻执行；（2）保证商业银行发展战略和经营目标的实现；（3）保证商业银行风险管理的有效性；（4）保证商业银行业务记录、会计信息、财务信息和其他管理信息的真实、准确、完整和及时。

三、处理有问题银行及市场退出监管

从整体上讲，银行机构经营状况的恶化会导致连锁反应。一个或多个银行机构出现问题甚至倒闭，容易引起存款人挤提存款，产生银行恐慌，其后果将直接威胁银行业乃至金融业的稳定，个别的、局部的金融风险演变为系统的、区域性的金融危机。因此对处理有问题银行及市场退出监管是银行监管的重要内容。

（一）处理有问题银行

有问题银行是指因经营管理状况的恶化或突发事件的影响，有发生支付危机、倒闭或破产危险的银行机构。有问题银行的主要特征是：内部控制制度失效；资产急剧扩张和质量低下；资产过于集中；财务状况严重恶化；流动性不足；涉嫌犯罪和从事内部交易。

监管当局处置有问题银行的主要措施有：（1）督促有问题银行采取有效措施，制订详细的整改计划，以改善内部控制，提高资本比例，增强支付能力；（2）采取必要的管制措施；（3）协调银行同业对有问题银行进行救助；（4）中央银行进行救助；（5）对有问题银行进行重组；（6）接管有问题银行。

（二）处置倒闭银行

银行倒闭是指银行无力偿还所欠债务的情形。广义的银行倒闭有两种情况：（1）银行的全部资产不足以抵偿其全部债务，即资不抵债；（2）银行的总资产虽然超其总负债，但银行手头的流动资金不够偿还目前已到期债务，经债权人要求，由法院宣告银行破产。

处置倒闭银行的措施主要包括以下内容：（1）收购或兼并。即其他健康的银行收购或兼并倒闭银行，包括收购倒闭银行的全部存款和股份，承接全部债务或部分质量较好的债务。利用这种方法，不存在存款人损失的情况，因为所有存款都已经转到倒闭银行的收购或兼并方。（2）依法清算。清算是终结解散银行法律关系、消灭解散银行法人资格的程序。通过清算，总结解散银行现存的法律关系，收取债权，偿付债务，处理解散剩余财产。在依法清算中，虽然一般情况下存款清偿是第一位的，但存款并不是全额清偿，存款人可能会面临存款本金和利息的损失。

第三节　商业银行监管法规

一、行政法

银行监管是看得见的手，是政府干预金融市场的手段，是一把"双刃剑"，在促进市场稳定的同时可能损害市场效率，并可能产生设租、寻租等腐败行为。因此，依法监管是政府依法行政的重要组成部分，必须要认真遵守《行政许可法》《行政处罚法》《行政诉讼法》等法律法规。

根据《中国银监会行政处罚办法》第一章第六条规定，行政处罚的种类包括：（1）警告；（2）罚款；（3）没收违法所得；（4）责令停业整顿；（5）吊销金融许可证；（6）取消董（理）事、高级管理人员一定期限直至终身的任职资格；（7）禁止一定期限直至终身从事银行业工作；（8）法律、行政法规规定的其他行政处罚。其中，前三项既可适用于对机构的处罚，也适用于对个人的处罚。

【拓展阅读】

《中国银监会行政处罚办法》（节选）

第十章　法律责任

第九十条　银监会及其派出机构有下列情形之一，造成严重后果的，对有关责任人员依法给予行政处分；情节严重涉嫌犯罪的，依法移送司法机关处理。

（一）应当行政处罚而不予行政处罚的；

（二）应当移送而未移送的；

（三）协助调查不尽责的；

（四）故意隐瞒或者销毁证据的；

（五）违法事实认定存在严重错漏的；

（六）实施行政处罚没有法律依据的；

（七）擅自改变行政处罚决定种类和幅度的；

（八）严重违反行政处罚程序的。

第九十一条　银监会及其派出机构违法实施行政处罚给当事人造成损害的，应当依法承担赔偿责任。对有关责任人员应当依法给予行政处分。情节严重涉嫌犯罪的，依法移送司法机关处理。

第九十二条　银监会及其派出机构工作人员在行政处罚过程中，利用职务便利索取或者收受他人财物、收缴罚款据为己有，情节轻微不构成犯罪的，依法给予行政处分；情节严重涉嫌犯罪的，依法移送司法机关处理。

二、银行法

银行业监管法律中，《中华人民共和国银行业监督管理法》作为一部专门的行业监督管理法，是我国银行业监管的基本法。这部法律明确不仅界定了我国银行业监督管理的目标、原则和职责等，也在我国甚至在世界上开创了银行监管单独立法的先例。它与《中国人民银行法》《商业银行法》以及《票据法》《担保法》相互联系、相互补充，构成了我国银行业法律体系。

在监督管理的范围方面，根据《中华人民共和国银行业监督管理法》第一章第二条规定："本法所称银行业金融机构，是指在中华人民共和国境内设立的商业银行、城市信用合作社、农村信用合作社等吸收公众存款的金融机构以及政策性银行。"而对于其他非银行类金融机构，法律规定："对在中华人民共和国境内设立的金融资产管理公司、信托投资公司、财务公司、金融租赁公司以及经国务院银行业监督管理机构批准设立的其他金融机构的监督管理，适用本法对银行业金融机构监督管理的规定。"

在监督管理的措施方面，根据《中华人民共和国银行业监督管理法》第四章第三十四条规定，现场检查的措施包括：（1）进入银行业金融机构进行检查；（2）询问银行业金融机构的工作人员，要求其对有关检查事项作出说明；（3）查阅、复制银行业金融机构与检查事项有关文件、资料，对可能被转移、隐匿或者毁损的文件、资料予以封存；（4）检查银行业金融机构运用电子计算机管理业务数据的系统。而且在现场检查时，检查人员不得少于二人，并应当出示合法证件和检查通知书；检查人员少于二人或者未出示合法证件和检查通知书的，银行业金融机构有权拒绝检查。

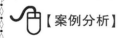【案例分析】

银行卡密码被破译

一天早上，刘女士在去公司上班的途中，随身携带的钱包不慎丢失，钱包内装有银行信用卡，还有自己的身份证。刘女士急忙赶到银行的客户服务部申请挂失，9时14分开始挂失，9时30分06秒挂失成功。然而就在这个时间，非法持卡人已经在商场消费了29 000余元。

刘女士认为钱是在挂失成功后被划走的，自己的损失完全是因为银行的过错造成的，故起诉到法院要求银行赔偿自己的存款损失，以及误工费、差旅费共计3万余元。一审法院判决银行赔偿刘女士经济损失2万余元，刘女士自己也需要承担部分损失。判决后，银行不服，提起上诉。

二审法院经过审理查明，刘女士成功挂失时间为该日上午9时30分06秒，而非法持卡人消费时间为9时28分56秒。由此看来，非法持卡人消费发生在刘女士挂失成功前，这笔将近3万元的损失要由刘女士自己来承担。

刘女士将自己的银行卡和身份证一同放在钱包里丢失了，而刘女士银行卡的密码正是其身份证上自己的生日号码。由于刘女士使用了易被破译的密码，且没妥善保管密码，导致自己遭受了损失。凡是使用密码进行交易的，银行均视为刘女士本人所为，所发生的刷卡费用，也应由刘女士自己承担。但银行在储蓄卡领用合约中，未对挂失时间给予充分说明，没有尽到对合约相对方必要的提示义务，也应该对刘女士的损失承担一定的赔偿责任。

最终，二审法院终审判决，银行赔偿刘女士损失 2 000 元，驳回刘女士的其他诉讼请求。

资料来源：郭延安. 商业银行风险防范与案例分析［M］. 北京：中国人民大学出版社，2014：157.

思考题：根据相关法律法规，若银行未保护好相关证据，会带来什么样的后果？

三、资本与风险管理办法

2007 年 5 月颁布的《商业银行操作风险管理指引》，明确了内部控制的有效手段，即至少应当包括：（1）部门之间具有明确的职责分工以及相关职能的适当分离，以避免潜在的利益冲突；（2）密切监测遵守指定风险限额或权限的情况；（3）对接触和使用银行资产的记录进行安全监控；（4）员工具有与其从事业务相适应的业务能力并接受相关培训；（5）识别与合理预期收益不符及存在隐患的业务或产品；（6）定期对交易和账户进行复核和对账；（7）主管及关键岗位轮岗轮调、强制性休假制度和离岗审计制度；（8）重要岗位或敏感环节员工八小时内外行为规范；（9）建立基层员工署名揭发违法违规问题的激励和保护制度；（10）查案、破案与处分适时、到位的双重考核制度；（11）案件查处和相应的信息披露制度；（12）对基层操作风险管控奖惩兼顾的激励约束机制。

同时，也规定了商业银行操作风险的管理部门及各部门职责，以及操作风险的管理措施等。

四、金融业务规范性文件

规范性文件是最主要的一类红头文件，具有约束和规范人们行为的性质。银行监管方面的规范性文件包括《贷款风险分类指引》《中国银监会关于调整商业银行存贷比计算口径的通知》等。

📖【本章小结】

我国金融监管的部门是"一委一行两会"（国务院金融稳定发展委员会、中国人民银行、中国银行保险监督管理委员会、中国证券监督管理委员会）。

国际上金融监管体制的发展趋势是：从分业监管向混业监管转变；从机构性监管向功能性监管转变；从单向监管向全面监管转变；从封闭性监管向开放性监管转变；从单一合规性监管向合规性监管和风险性监管并重转变；从一国监管向跨境监管转变。国际金融监管体制的发展经验为我国金融监管的发展方向带来了有益的思考方向。

银行监管当局对商业银行的监管内容主要包括市场准入监管、市场运营监管和市场退出监管。

目前我国银行业监管的法律法规体系包括以下层次：行政法、银行法、资本与风险管理办法、金融业务规范性文件。

【复习思考题】

一、名词解释

金融监管　外部监管　市场约束　市场运营监管

二、选择题

1. 下列不是发达国家金融监管主要趋势的是（　　　）。

A. 从分业监管向混业监管转变

B. 从单向监管向全面监管转变

C. 从机构性监管向功能性监管转变

D. 从合规性监管和风险性监管并重向单一合规性监管转变

2. 银行业监管的主要内容不包括（　　　）。

A. 市场准入监管　　　B. 市场运营监管　　　C. 市场税收监管　　　D. 市场退出监管

3. 根据《商业银行风险监管核心指标》，在我国衡量资产安全性的不良资产率不得高于（　　　）。

A. 2%　　　　　　　B. 4%　　　　　　　C. 6%　　　　　　　D. 8%

4. 以下不是"骆驼评级制度"主要内容的是（　　　）。

A. 资本　　　　　　B. 资产质量　　　　C. 流动性　　　　　D. 负债

5. 不良贷款包括（　　　）。

A. 关注贷款　　　　B. 次级贷款　　　　C. 可疑贷款　　　　D. 正常贷款

E. 损失贷款

6. 根据 2014 年 9 月 12 日修订的《商业银行内部控制指引》，商业银行内部控制的目标有（　　　）。

A. 保证国家有关法律法规及规章的贯彻执行

B. 保证商业银行发展战略和经营目标的实现

C. 保证商业银行风险管理的有效性

D. 保证商业银行业务记录、会计信息、财务信息和其他管理信息的真实、准确、完整和及时

三、问答题

1. 市场准入监管涵盖哪些环节？
2. 简述我国商业银行衡量资产安全性的指标。
3. 简述中国人民银行的监管职能。
4. 简述国务院金融稳定发展委员会的主要职责。
5. 在我国，设立银行机构的主要条件有哪些？
6. 简述对银行机构流动性监管的内容。

选择题答案

1. D　2. C　3. B　4. D　5. BCE　6. ABCD

第二篇
证券业安全

第六章

证券业安全概述

【教学目的和要求】

通过本章的学习，使学生了解证券业的基本情况，了解证券交易所、证券公司、证券业协会的概念及职能。掌握证券公司的主要业务，掌握证券业风险的种类及特征，掌握风险管理的概念、原则。

第一节　证券业概述

证券业指从事证券发行和交易服务的专门行业，是证券市场的基本组成要素之一，主要经营活动是沟通证券需求者和供给者之间的联系，并为双方证券交易提供服务，促使证券发行与流通高效地进行，并维持证券市场的运转秩序。证券业主要由证券交易所、证券公司、证券业协会及金融机构组成。

改革开放以来，与金融市场的发展同步，我国的证券业得到了快速的发展，建立了种类多样的证券业金融机构，它们统一接受中国证券监督管理委员会的监管。证券业总体规模发展迅速，经过近30年的发展，截至2018年6月30日，我国证券公司总资产6.38万亿元，受托管理资本金15.89万亿元。还有大量的银行间债券市场信用评级机构、证券投资咨询机构、有证券从业资格的会计师事务所、资产评估机构，托管银行、基金销售机构、基金销售支付结算机构，这些机构主要为证券业的发展提供中介服务。此外，还有其他具有金融功能的交易所，如上海黄金交易所、中国金融期货交易所、上海期货交易所等。为了更好地保护投资者，我国还设立了国有独资的证券投资者保护基金和期货投资者保障基金。

加入世界贸易组织后，随着对外开放的扩大，我国允许合格境外机构投资者（QFII）在一定规定和限制下汇入一定额度的外汇资金，并转换为人民币，通过严格监管的专门账户投资我国的证券市场，其资本利得、股息等经批准后可转为外汇汇出。国家外汇管理局的统计数据显示，截至2018年7月30日，共有瑞士银行有限公司等287家境外机构取得QFII资格，投资额度为1 004.59亿美元；同时共有上投摩根资产管理（香港）有限公司等197家人民币合格境外机构投资者（RQFII），投资额度为

6 220亿元人民币。为了适应金融全球化的需要，国家外汇管理局批准银行类、证券基金类、保险类和信托类的合格境内机构投资者（QDII）参与全球金融市场的交易，截至2018年7月30日，共有152家各类合格境内机构投资者，投资额度为1 032.33亿美元。

一、证券交易所

（一）证券交易所的定义

证券交易所是为证券集中交易提供场所和设施、组织和监督证券交易、实行自律管理的法人。根据《证券交易所管理办法》，证券交易所的监管职能包括对证券交易活动进行管理，对会员进行管理，以及对上市公司进行管理。中国大陆有两个主要的证券交易所，分别是上海证券交易所和深圳证券交易所。

（二）证券交易所的主要职能

1. 提供证券交易场所。由于证券市场的存在，买卖双方有集中的交易场所，可以随时把所持有的证券转移变现，保证证券流通的持续不断进行。

2. 形成与公告价格。在交易所内完成的证券交易形成了各种证券的价格，由于证券的买卖是集中、公开进行的。采用双边竞价的方式达成交易，其价格在理论水平上是近似公平与合理的，这种价格及时向社会公告，并被作为各种相关经济活动的重要依据。

3. 集中各类社会资金参与投资。随着交易所上市股票的日趋增多，成交数量日益增大，可以将极为广泛的资金吸引到股票投资上来，为企业发展提供所需资金。

4. 引导投资的合理流向。交易所为资金的自由流动提供了方便，并通过每天公布的行情和上市公司信息，反映证券发行公司的获利能力与发展情况。使社会资金向最需要和最有利的方向流动。

5. 制定交易规则。交易规则主要包括上市与退市规则、报价竞价规则、信息披露规则以及交割结算规则等。不同交易所的主要区别关键在于交易规则的差异，同一交易所也可能采用多种交易规则，从而形成细分市场，如纳斯达克按照不同的上市条件细分为全球精选市场、全球市场和资本市场。

6. 维护交易秩序。任何交易规则都不可能十分完善，并且交易规则也不一定能得到有效执行，因此交易所的一大核心功能便是监管各种违反公平原则及交易规则的行为，使交易公平有序地进行。

7. 提供交易信息。证券交易依靠的是信息，包括上市公司的信息和证券交易信息。交易所对上市公司信息的提供负有督促和适当审查的责任，对交易行情负有即时公布的义务。

8. 降低交易成本，促进股票的流动性。如果不存在任何正式的经济组织或者有组织的证券集中交易市场，投资者之间就必须相互接触以确定交易价格和交易数量，以完成证券交易。这样的交易方式由于需要寻找交易对象，并且由于存在信息不对称、交易违约等因素会增加交易的成本，降低交易的速度。因此，集中交易市场的存在可以增加交易机会、提高交易速度、降低信息不对称、增强交易信用，从而可以有效降低交易成本。

二、证券公司

证券公司又称证券商，是指依照《公司法》和《证券法》设立的经营证券业务的有限责任公司或者股份有限公司。在我国，设立证券公司必须经国务院证券监督管理机构审查批准。证券公司在不同的国家有着不同的称谓和划分：美国的通俗称谓是"投资银行"或者"证券经纪商"。英国则称"商人银行"。以德国为代表的一些国家实行银行业与证券业混业经营，通常由银行设立公司从事证券业务经营，投资银行仅是全能银行的一个部门。日本等一些东亚国家和我国一样，将专营证券业务的金融机构称为"证券公司"。

证券公司是证券市场重要的中介机构，在证券市场的运作中发挥着重要作用。一方面，证券公司是证券市场投融资服务的提供者，为证券发行人和投资者提供专业化的中介服务，如证券发行和上市保荐、承销、代理证券买卖等；另一方面，证券公司也是证券市场重要的机构投资者。此外，证券公司还通过资产管理方式，为投资者提供证券及其他金融产品的投资管理服务等。

三、证券业协会

中国证券业协会成立于1991年8月28日。中国证券业协会是依据《中华人民共和国证券法》《中华人民共和国证券投资基金法》和《社会团体登记管理条例》的有关规定设立的证券业自律性组织，属于非营利性社会团体法人，接受中国证监会和国家民政部的业务指导和监督管理。

证券业协会是证券业的自律性组织，是社会团体法人。我国对是否入会采取的是自愿入会与强制入会相结合的方式。证券公司必须加入证券业协会；证券公司以外的其他会员属于自愿入会。证券业协会是由证券公司和其他证券经营机构、服务机构及其人员自愿组织成立的。它有自己的独立财产或基金，有成员共同制定的团体章程，其活动不以盈利为目的。证券业协会的权力机构为由全体会员组成的会员大会。

四、证券服务机构

证券服务机构是指依法设立的从事证券服务业务的法人机构，主要包括律师事务所、会计师事务所、投资咨询机构、资信评级机构、资产评估机构、证券金融公司等。

证券服务机构为证券的发行、上市、交易等证券业务活动制作、出具审计报告、资产评估报告、财务顾问报告、资信评级报告或者法律意见书等文件，应当勤勉尽责，对所依据的文件资料内容的真实性、准确性、完整性进行核查和验证。其制作、出具的文件有虚假记载、误导性陈述或者重大遗漏，给他人造成损失的，应当与发行人、上市公司承担连带赔偿责任，但是能够证明自己没有过错的除外。

为了加强市场准入的管理，对证券服务机构从事证券服务业务的审批管理办法，由国务院证券监督管理机构和有关主管部门制定。为加强对证券服务机构的管理，我国《证券法》还授予了证券监督管理机构对证券服务机构的监管权和现场检察权。同时，证券服务机构未勤勉尽责，所制作、出具的文件有虚假记载、误导性陈述或重大遗漏的，可暂停或者撤销其证券服务业务的许可。

第二节　证券业风险

为了管理好证券业面临的各类风险，本节对各类风险进行分类，以便对各类风险按其特性因地制宜、因时制宜进行管理。1998 年 5 月，国际证券委员会组织首次对证券业以及证券监管当局对风险控制管理建立的架构做出明确规定，将证券业所面对的风险明确划分为以下六种类型，分别是：市场风险、操作风险、信用风险、法律风险、系统风险以及流动性风险。

一、市场风险

市场风险是指由于股市价格变动、利率变动等市场性的变动引起价值未预料到的潜在损失的可能性。它是市场中很常见，会频繁出现的风险。市场风险具体包括权益风险、汇率风险、利率风险以及商品风险等。市场风险具有以下特征：

1. 不确定性。不确定性是指投资者预期收益的不确定性，即对应于各种不同的经济状况有一系列的可能结果。在分析时常常用概率来表示风险程度的大小。

2. 普遍性。由于信息的不对称性，任何人都不可能完全掌握市场的动向，市场风险普遍存在，它不可能被消除，只能积极防范和管理。

3. 扩散性。金融机构是整个社会金融活动的中介，是多边信用网络金融机构的参与平台，它使原始的信用关系变成相互交织、相互联动的网络。金融活动不是完全独立的，其外部效应广泛存在。任何一个节点出现断裂都有可能产生连锁反应，引起其他节点的波动，进而导致金融体系的局部甚至整体发生动荡和崩溃。

4. 突发性。市场风险收益或损失的不确定性，不一定立即表现为现实的损失。因此，风险责任人往往存有侥幸心理，尽力掩盖风险，期待市场出现转机。加之金融机构的信用创造能力，掩盖了已经出现的损失和问题，如果市场风险不断积累，最终会以突发的形式表现出来。

二、操作风险

操作风险是指由于不完善或有问题的内部操作过程、人员、系统或外部事件而导致的直接或间接损失的风险。操作风险可以分为由人员、系统、流程和外部事件所引发的四类风险，并由此分为七种表现形式：内部欺诈，外部欺诈，聘用员工做法和工作场所安全性，客户、产品及业务做法，实物资产损坏，业务中断和系统失灵，交割及流程管理。随着银行和证券机构越来越庞大，它们的产品越来越多样化和复杂化，银行和证券业务对 IT 技术的高度依赖，还有金融业和金融市场的全球化的趋势，使得一些"操作"上的失误可能带来很大的甚至是极其严重的后果。过去一二十年里，这方面已经有许多惨痛的教训，巴林银行的倒闭就是一个令人触目惊心的例子。

操作风险具有以下明显特征：

1. 可控性。操作风险中的风险因素很大比例上来源于业务操作，属于证券业可控范围内的内生风险。

2. 广泛性。操作风险管理几乎覆盖了证券业经营管理所有方面的不同风险，既包括发生频率高但损失相对较低的日常业务流程处理上的小纰漏，也包括发生频率低但一旦发生就会造成极大损失，甚至危及证券业存亡的自然灾害、大规模舞弊等。

3. 不对称性。对于信用风险和市场风险而言，风险与报酬存在一一映射关系，但这种关系并不一定适用于操作风险。

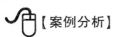【案例分析】

8.16 光大证券"乌龙指"事件

2013 年 8 月 16 日 11 时 05 分上证指数出现大幅拉升大盘一分钟内涨超 5%。最高涨幅 5.62%，指数最高报 2 198.85 点，盘中逼近 2 200 点。11 时 44 分上交所称系统运行正常。下午 2 时，光大证券公告称策略投资部门自营业务在使用其独立的套利系统时出现问题。有媒体将此次事件称为"光大证券乌龙指事件"。

本次事件的触发原因是套利策略系统缺陷。策略投资部使用的套利策略系统出现了问题，该系统包含订单生成系统和订单执行系统两个部分。核查中发现，订单执行系统针对高频交易在市价委托时，对可用资金额度未能进行有效校验控制，而订单生成系统存在的缺陷，会导致特定情况下生成预期外的订单。

由于订单生成系统存在的缺陷，导致在 11 时 05 分 08 秒之后的 2 秒内，瞬间重复生成 26 082 笔预期外的市价委托订单；由于订单执行系统存在的缺陷，上述预期外的巨量市价委托订单被直接发送至交易所。

问题出自系统的订单重下功能，具体错误是：11 时 2 分时，第三次 180ETF 套利下单，交易员发现有 24 个个股申报不成功，就想使用"重下"的新功能，于是程序员在旁边指导着操作了一番，没想到这个功能没实盘验证过，程序把买入 24 个成分股，写成了买入 24 组 180ETF 成分股，结果生成巨量订单。

资料来源：惊魂 24 小时！真实还原光大"乌龙指"事件，http://stock.10jqka.com.cn/20171030/c601266303.html。

思考题：在普遍采用程序化交易的今天，应如何避免操作风险？

三、信用风险

信用风险又称违约风险，是指交易对手未能履行约定契约中的义务而造成经济损失的风险，即受信人不能履行还本付息的责任而使授信人的预期收益与实际收益发生偏离的可能性。

信用风险有四个主要特征：第一，客观性，即不以人的意志为转移。第二，传染性，指一个或少数信用主体经营困难或破产就会导致信用链条的中断和整个信用秩序的紊乱。第三，可控性，指其风险可以通过控制降到最低。第四，周期性，指信用扩张与收缩交替出现。

四、系统风险

系统风险是指因单个公司倒闭、单个市场或结算系统混乱而在整个金融市场产生"多米诺骨牌效应"，导致金融机构相继倒闭，进而引发整个市场运行困难的投资者"信心危机"的风险。

对于系统风险来说，场外衍生工具市场是监管的重点。一些金融或证券业务集中在少数金融机构手中，并用于进行非对冲的投机活动。如果一家大公司倒闭，这将成为连锁危机的潜在根源。因市场或交易大量亏损而引起全球交易对手违约的风险已不仅仅是一种潜在的可能了。这个市场上机构之间的责任相互交叉，并与现货市场相联系，进一步加剧了这种风险。

虽然国际金融市场经受了巴林银行、大和银行巨额亏损事件的严峻考验，但这些孤立的倒闭事件是在市场没有出现大的波动下发生的。在金融市场发生剧烈波动，如股票市场和外汇市场崩盘的情况下，可能会发生前所未有的金融机构倒闭风潮。

对于监管当局和金融市场来说，系统风险也许是最大的威胁和打击。一套与资本充足率标准相结合的、统一、灵活的风险管理及控制框架，对全球金融市场的持续、稳健、高效、有序运作是至关重要的。

五、流动性风险

流动性即用于衡量某种资产转换为支付清偿手段或变现的难易程度。关于流动性定义的理解主要有两种，包括筹资流动性和市场流动性。筹资流动性主要是用来衡量金融机构确保有足够资产以满足其资金流动需要的能力，是衡量金融机构履行到期负债能力的大小；市场流动性主要指金融机构拥有的金融资产在证券市场上变现的容易程度。金融机构流动性风险是指经济主体由于金融资产的流动性的不确定性变动而遭受经济损失的可能性。当中央银行收缩银根（调高准备金等）或者市场上出现大量信用违约的情况时，各金融机构都会受到巨大影响，而且很容易牵一发而动全身，金融风险就会迅速传递。

流动性风险的特征：

其一，流动性风险自身存在显著的"集聚"性。这意味着当市场流动性水平发生较大波动时，流动性波动的惯性将带来持续性的流动性风险增加，政府需要及时介入干预，打断集聚持续过程以对冲流动性风险放大的潜在危险。

其二，流动性的正负扰动对流动性风险的变化存在非对称效应。非对称效应的存在意味着若无外部冲击，流动性风险的增加将促使未来流动性水平继续保持较低水平且风险陷入恶性循环并进一步强化。在市场流动性恶化时，单一的利好政策效果不显著，需要系列的组合政策冲击市场流动性，促使流动性风险随之下降，流动性也将渐渐转入另一个流动性水平较高且平稳的状态。这类似于在经济繁荣时，政府采用紧缩的货币政策就如用绳子拉车效果较为显著，而在经济萧条时，政府采用扩张的货币政策就如用绳子推车效果并不明显，政策的作用同样存在着不对称性。因此，在流动性恶化时，政府应当采取一系列的利好政策以使得对市场流动性产生有效冲击。

其三，流动性风险和股价运动的趋势存在显著的负相关性。股票价格下跌时，流动性风险增加；而股价上涨时，流动性风险下降。这意味着，当股票价格下降时，由于流动性风险的增加，使得完成交易的成本提高而使交易完成难度增加，同时又可能导致风险厌恶者的投资者离场观望而使交易更加清淡，大大降低市场的流动性，流动性的降低又将促使股票价格下跌，于是形成了股价下跌—流动性恶化—流动性风险增加的恶性循环。这表明，当市场遭遇系统性风险导致股票价格下跌时，政府应当采取措施维稳市场（如平衡基金操作），提升投资者信心，以防止流动性恶化陷入恶性循环。

此外，还有法律风险，即证券交易任意一方不按法律行事时，会给对手方带来相应损失的一种可能性。法律风险包括合约潜在的非法性以及对手无权签订合约的可能性。

由于风险具有一定的隐蔽性，且各类风险之间具备相互转化的特性，因此风险管理工作是各类金融机构运营的难点。尤其，伴随着我国证券行业创新业务的快速发展，伴随着质押式回购、资产管理等业务的快速增长，证券公司的风险管理迎来了全新的挑战。

【本章小结】

证券业是沟通证券供给者和需求者的渠道，是直接融资的主要媒介，其主要由证券交易所、证券公司、证券业协会和证券服务机构组成。

证券交易所是为证券集中交易提供场所和设施，组织和监督证券交易，实行自律管理的法人。

证券公司是证券市场重要的中介机构，在证券市场的运作中发挥着重要作用。其主要业务有：证券经纪业务、证券投资咨询业务、与证券交易和投资活动有关的财务顾问业务、证券承销与保荐业务、证券自营业务、证券资产管理业务、融资融券业务、证券公司中间介绍（IB）业务、直接投资业务。

证券业协会是证券业的自律性组织，是社会团体法人。

证券业面临的风险主要有市场风险、操作风险、信用风险、系统风险和流动性风险五大类。

✎【复习思考题】

一、名词解释

市场风险　操作风险　信用风险

二、选择题

1. 证券金融公司和会计师事务所、律师事务所等都是属于证券的（　　）机构。

A. 服务　　　　　B. 投资　　　　　C. 代理　　　　　D. 金融

2. 会员制的证券交易所是（　　）。

A. 以股份有限公司形式组成、不以盈利为目的的法人团体

B. 一个由会员自愿组成的、以盈利为目的的社会法人团体

C. 一个由会员自愿组成的、不以盈利为目的的社会法人团体

D. 以股份有限公司形式组成、以盈利为目的的法人团体

3. 我国证券交易所的证券交易采取（　　），一般投资者只能委托会员间接进行交易。

A. 代理制　　　　B. 委托制　　　　C. 代销制　　　　D. 经纪制

4. 证券服务机构从事证券服务业务必须得到（　　）和有关主管部门批准。

A. 中国证监会　　　　　　　　B. 中国证券业协会

C. 证券公司　　　　　　　　　D. 证券交易所

三、问答题

1. 证券交易所的职能有哪些？

2. 证券公司主要业务有哪些？

3. 市场风险的特征是什么？

4. 操作风险的特征是什么？

选择题答案

1. A　2. C　3. D　4. A

第七章

经纪业务的风险与安全

【教学目的和要求】

通过本章的学习，使学生掌握证券经纪业务的概念、特征。了解证券经纪业务的主要业务内容。掌握证券经纪业务中存在的风险及其风险管理措施。

第一节　证券业经纪业务概述

证券经纪业务又被称为代理买卖证券业务，是指证券公司接受客户委托代客户买卖有价证券的业务。它是随着集中交易制度的实行而产生和发展起来的，由于在证券交易所内交易的证券种类繁多、数额巨大，而交易厅内席位有限，一般投资者不能直接进入证券交易所进行交易，因此只能通过类似证券公司的特许经纪商作中介来促成交易的完成。

一、证券经纪业务主要特征

（一）市场参与主体数量多

经纪业务是证券公司的最基本、最传统的业务，也是证券市场参与主体最多、受到关注程度最高的业务。整个经纪业务中除证券公司、交易所、登记结算公司等机构外，还包括了众多不同年龄、不同性别、不同投资需求、不同性质的投资者，这些都是证券市场重要的参与者，不难看出证券经纪业务参与主体数目众多、涉及面非常广。

（二）交易对象品种多

所有上市交易股票、国债、基金、可转债、权证、企业债、金融债等都是证券经纪业务的交易对象。目前，沪深证券交易所的证券多达1.3万只，而随着新的证券发行、新的投资工具出现这个数量还在不断增加。

（三）证券公司角色单一

在证券经纪业务中，证券公司不以自己的资金进行证券买卖，仅仅是一种代理行为，所以不会承担交易中证券价格涨跌的风险，它不能替买卖双方作出任何决策，只能协助买卖双方按自己意愿并遵循一定规则尽量成交，只能充当证券买方和卖方代理人，可见证券公司角色单一且中介性特点明显。

（四）客户指令绝对权威

在证券经纪业务中，客户和证券公司分别是委托人、受托人。在合法合规的前提下，证券公司应严格按照委托人的要求办理委托事务，应严格按照委托指令包含的证券品种、买卖数量、买卖方向、买卖价格以及买卖时间进行申报，客户指令具有绝对的权威性，证券公司不得擅自改变，这是证券公司对委托人的首要义务。

（五）客户资料必须保密

在证券经纪业务中，客户的资料关系到其投资决策及资产安全，涉及委托人的切身利益，证券公司有义务对客户的开户资料、账号及密码、委托记录、资金流水、股份明细、盈亏记录等信息予以保密。否则，如果证券公司泄露客户资料而造成客户损失，证券公司必须赔偿。

二、证券经纪业务主要业务内容

目前，国内证券机构传统经纪业务主要包括账户管理、资金管理、证券管理、交易委托、清算交割、投资者教育、营销管理以及客户档案管理等内容。

账户管理业务是指证券账户及资产账户开户，银行端签约及券商端签约，授权及撤销授权，客户信息、权限及操作渠道等账户维护业务，信息修改、密码变更、存管银行变更等账户变更业务，账户挂失，账户销户以及不合格账户重新激活等。

交易委托业务是指客户进行买卖委托；新股申购，配股认购缴款，大宗交易，要约收购，转股回售以及质押式回购等。

清算交割业务是指根据成交单与委托单配对，为客户办理交割，打印交割单，应客户要求查询交易结果、证券及资金余额以及打印对账单等。

证券经纪业务营销活动是指进行客户招揽，为客户提供各类信息产品，为客户资产增值、保值提供咨询建议，客户回访，受理客户投诉等。

客户档案管理是指完整、规范地保管在代理客户买卖证券、金融衍生产品及其他金融产品和提供咨询服务过程中所产生的各种协议、凭证等相关纸质、电子资料。

第二节 证券业经纪业务的风险

证券经纪业务对证券公司的重要性是不言而喻的，虽然有部分人认为证券经纪业务仅代理买卖证券，没有风险或风险较低。但实际上，由于经纪业务中可能存在各种各样管理操作上的问题，加之分支机构分布较广、管理链条较长带来的管理困难，如果不进行必要的风险控制，同样会带来不可估计的损失。在经纪业务活动中，随时存在违反法律法规、违反公司内部规章制度、侵害客户权益、造成客户资产损失、引发客户纠纷，甚至使公司受到法律制裁、被采取监管措施、遭受损失的风险，其具体风险主要表现为经纪业务活动中的操作风险、合规风险及管理风险等。

一、操作风险

证券经纪业务中的操作风险主要出现在账户管理业务和证券管理业务环节。

（一）开户业务操作风险

在开户阶段，存在以下常见的业务操作风险：

1. 违反规定在法定营业场所之外办理客户账户管理相关业务。

2. 为客户开立账户时不按规定与客户签订"证券交易委托代理协议书"等相应文件，或者"证券交易委托代理协议书"中未载入规定的必备条款。

3. 在与客户签订"证券交易委托代理协议书"之前未按规定指定专人向客户讲解有关业务规则和合同内容，未按要求签署"风险揭示书"和"客户须知"。

4. 客户开立账户时未按规定程序进行身份识别，未充分了解客户的身份、财产与收入状况、证券投资经验和风险偏好，存在违反规定为客户开立账户的现象。

5. 未认真审核客户个人身份证明，未核实是否为客户本人合法有效证件并符合开户条件；机构客户未审核其营业执照、税务登记证、法人授权书等证件，未核实是否合法有效并符合开户要求。

6. 未查询账户情况，造成新增不合格账户。

7. 柜员录入错误，造成客户姓名或身份证号等重要信息不一致，或造成客户用他人账户进行证券交易；由于资产账户录入错误或新增币种选择错误造成客户无法正常交易；柜员录入客户重要信息时发生错误，致使第三方存管签约不成功。

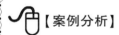【案例分析】

"红马甲"盗卖股票

2001年6月，股民吴某在国泰君安证券股份有限公司开设股东账户，并购买B股股票价值8.5万余美元。2002年3月，她突然发现账户上的股票不见了。经有关机关调查得知，是"君安"证券咨询员唐国政"操纵"所为。此人用假身份证明，以陈广新的名义在"大鹏"证券有限责任公司一营业部挂了4个从"君安"偷出的股东账户，用上午买进下午卖出的方法赚取差价。

从2001年8月至2002年1月，唐国政挪用"君安"B股股票价值人民币602万元，赔了70万元，导致其中70余万元不能归还。2002年3月14日，唐向警方自首。9月，唐国政被判处有期徒刑八年。南京市白下区法院判决"君安"和"大鹏"两家证券公司对吴某股票被盗买卖承担共同侵权责任，赔偿其全部损失人民币70.7万余元。

在本案例中，"大鹏"证券有限责任公司在唐国政以假证件开户时，未按照证监会及交易所的有关规定，未尽严格审核义务，即未严格审验开户证件的真伪，使唐国政犯罪行为得以实现，应当承担赔偿责任。

资料来源：http：//finance.sina.com.cn/t/20021220/1321292653.html。

思考题：证券公司在开户业务中应重点防范哪些风险？

（二）账户管理业务中其他业务操作风险

1. 授权代理业务操作风险主要包括：第一，代理人和被代理人没有双人临柜办理，授权书笔迹模糊、授权书真实性可疑；第二，授权代理关系不明确，代理范围、代理期限等不清晰；客户及代理人提供证件不齐全。

2. 账户维护业务操作风险主要包括：第一，对限制或解除限制业务做了错误操作；第二，操作渠道开通错误或资产账号录入错误；第三，开市期间设置费用分类，导致透支；第四，对费率组合进行修改，导致费用收取错误；第五，因错误更改客户资产账户类别而影响佣金收费。

3. 账户变更业务操作风险主要包括：第一，客户变更重要信息时未出具公安局证明、户口簿等有效身份证明材料；柜员录入错误，导致客户资料重要信息错误；第二，已签约账户重要资料修改，未注意存管银行业务规则，导致客户不能正常转账；第三，未认真审核客户证件或代理人资料便为其办理，引起纠纷。

此外，账户管理业务中可能还存在以下两种操作风险：第一，将客户的资金账户、证券账户提供给他人使用；第二，因操作错误而冻结了不应冻结的账户引起纠纷。

（三）证券管理业务操作风险

证券管理业务操作风险主要表现为：第一，柜员未审核是否是客户本人为其办理转撤业务，引起纠纷；第二，未执行大额转撤审批制度，违反操作规定；第三，录入转入券商席位号错误，或未分清是部分转托管还是全部转托管；第四，指定交易错误账号或未及时进行指定造成客户投诉；第五，冻结、解冻股份数量输入错误，造成损失或客户投诉；第六，股份存取或调整权限营运中心未及时取消权限，柜员违规操作。

【案例分析】

（一）基本案情

2001年6月14日，张先生与联合证券有限责任公司C证券营业部签订了"股票投资协议书"，约定这家营业部接受张先生委托进行证券交易，营业部为张先生开设了深市股票交易账户和资金账户，张先生先后在账户内存入资金400余万元。

8月13日至9月7日，张先生账户中却多次出现以他人名义进行的沪市股票交易，其中买股票的金额为544万元；后由于股票价格下跌，卖出金额仅为316万元，造成张先生亏损229万元。张先生认为，营业部在没有接受他委托的情况下，擅自同意他人使用账户内资金进行交易，给他造成了经济损失，因此要求营业部和上级单位联合证券有限责任公司停止侵权，赔偿经济损失，承担本案诉讼费。

（二）案例分析

张先生在这家营业部开设的是深市的股东卡，按照双方约定，营业部只能接受张先生委托进行深市股票交易，但张先生账户中却出现以他人名义购买的沪市股票；而且营业部没有证据证明股票买卖是依据张先生申请或是张先生本人购买的股票，因此涉案买卖股票行为只能是营业部所为，是由于工作人员疏忽大意，误指定了其他账户，造成他人账户内证券被盗卖的风险。

资料来源：http://www.doc88.com/p-347627328237.html。

思考题：证券管理业务中的风险属于哪种风险类型？

二、合规风险

（一）营销、咨询业务中的合规风险

第一，营销人员违规接受客户全权委托或者与客户约定分享投资收益，对客户证券买卖收益做出保证性承诺。

第二，营销人员未持有证券从业资格；因隐瞒身份或者虚假身份而被招聘带来的风险；因制度不完善，营销人员被辞退时引发劳资纠纷；向客户推荐的产品或者服务与所了解的客户情况不相适应；向客户提供投资建议，对证券价格的涨跌或者市场走势作出确定性的判断。

第三，在经纪业务营销活动中违反规定委托或招聘不具有受托资格的单位或个人进行招揽、客户服务或者产品销售活动。

第四，产品销售时，未对客户进行风险承受能力测试，未签署基金风险揭示书，售后亏损，引起纠纷；营销人员未取得基金销售资格从事基金销售；不具备投资咨询资格的营销人员向客户提供投资建议。

第五，客户服务过程中，未按要求进行客户回访，未及时处理客户投诉。

第六，不按规定建立并有效执行信息查询、客户回访及投诉处理制度，未对营销人员在客户开发、客户招揽过程中的违规行为进行有效管理。

第七，在法定营业场所之外设立交易场所为客户提供现场委托服务。

第八，营销人员或经纪人日常业务开拓中存在其他禁止性行为。

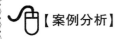【案例分析】

深圳某证券营业部营销人员接受客户全权委托案例

（一）基本案情

2008年11月18日，数十名客户聚集深圳某证券营业部，声称该营业部外部营销人员汤某与他们签订委托理财协议，投资损失惨重，要求证券营业部予以赔偿。其间部分客户采取了过激行为，严重影响了正常交易。据初步调查，营业部外部营销人员汤某与多名客户私下签订协议，约定汤某负责全权委托操作客户名下的股票，并承担全部投资损失和分享20%的投资收益，涉及资金1 000多万元，累计亏损600多万元。由于投资损失较大，汤某于2008年春节后离开营业部，去向不明。汤某无证券从业资格证书，2003年11月被聘为营业部业务经理，2007年5月与公司签订居间合同，作为外部营销人员从事客户开发工作。

（二）案例分析

很显然，营销人员代客操作、代客理财等违规行为是证券法律法规严令禁止的，但该公司依然出现此类违规事件，事后分析发现该公司在内控方面存在诸多缺陷。例如：部分营销人员合规意识淡薄，不遵守法律法规和公司内部规章制度；营业部引进营销人员时只注重营销人员业绩，未对其执业操守进行背景调查。所在营业部未能切实加强对营销人员执业行为的管理，公司总部缺少对营业部营销人员进行有效管理和监控的手段，未及时对客户进行回访。最终导致未及时发现营业部存在的相关问题及隐患，加之未将营销人员的合规培训、执业行为的合规性等合规指标纳入营销人员的绩效考核中，导致营销人员违规成本低。

资料来源：https://wenku.baidu.com/view/b1919f00cc17552707220876.html。

思考题：在证券营销咨询业务中都有哪些风险容易发生？

（二）其他业务中的合规风险

证券经纪业务中，其他业务环节的合规风险主要表现为：

第一，未经审批擅自开办业务或超范围经营证券业务。

第二，采用不正当竞争手段或其他违规行为开展业务。

第三，分支机构岗位设置安排违反公司岗位职责或风险控制要求。

第四，分支机构管理人员不按规定审核业务报表、核对重要交易和审批特殊疑难问题，或对应审核的业务审核不严造成差错，出现风险。

第五，因管理不善，被不法分子盗取客户资料，造成公司信誉或客户经济损失。

第六，分支机构未经批准擅自缩短营业时间。

第七，分支机构未按规定办理重大事项、重要业务的报批、报备手续。

第八，其他违反业务管理规章制度的行为。

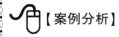【案例分析】

太原某证券营业部开展未经许可业务和进行不正当竞争案例

某证券公司太原体育路证券营业部为招揽客户，在制作的宣传材料中向投资者宣传股权投资、融资融券、资产证券化、股权质押融资等公司尚不具备条件或不允许开展的业务，并对投资者收益情况作出确定性判断。此外，该营业部为规避协会佣金报备标准，以数名客户之间存在"关联"为理由，对其中每一位客户执行以上述客户总资产为划分标准的佣金费率。

山西证监局就上述问题对该营业部负责人进行了谈话，要求营业部做出整改，规范营销，在整改完成之前应当暂停从其他营业部转户。该营业部现已将所有不符合协会佣金报备标准的客户佣金费率提升至规定标准，并为无法达成提升佣金费率协议的客户办理转销户手续。该营业部以虚假宣传误导投资者、以低佣金方式开展不正当竞争，扰乱了市场秩序。

资料来源：https：//wenku.baidu.com/view/b1919f00cc17552707220876.html。

思考题：证券公司的不正当竞争行为都有哪些？

三、管理风险

证券经纪业务中的管理风险主要表现为：

第一，培训力度不够或员工态度不端正，员工对产品不了解，误导客户投资，产生纠纷。

第二，未能对市场信息进行有效搜集，未能认真对目标客户进行评价分析，制订的营销方案浪费人力、物力、财力，不能取得效果，影响业务的开展。

第三，因制度制定不合理，不公平，不全面，无法有效加强营销人员管理，导致营销人员与公司或者营销人员之间发生冲突，影响团队士气，阻碍营销业务的开展。

第四，咨询产品配送时，对市场判断观点与实际大势不符，判断出现错误，造成客户不信任；配送咨询报告未提示风险，不符合监管机构要求。

第五，在清算交收过程中存在未能及时清算导致在交易所头寸透支，影响客户买卖证券。

第六，清算不及时，未能及时发现问题导致客户质疑、投诉，影响公司信誉和形象。

第三节 证券业经纪业务的风险防范措施

为有效控制经纪业务风险，必须坚持集中管理原则，对经纪业务中的交易及清算实行集中管理，对业务风险实行集中监控；要坚持前后台分离原则，对市场营销、咨询服务等前台业务与交易委托代理、清算交收等后台业务实行分离管理。为此，必须制定统一、完善、标准化的经纪业务规程，做到各项业务都有章可循，业务操作标准化、规范化，对经纪业务操作建立统一的事前审核、事中监控、事后复核机制。

一、操作风险防范措施

证券经纪业务的操作风险防范措施主要是加强员工培训，提高员工素质，加强和完善内部风险管理制度等方面。在具体业务中，操作风险主要体现在账户管理业务中。

（一）具体业务操作风险防范

1. 开户业务操作风险防范

开户是客户与证券公司发生证券代理关系的第一步，分为证券账户开户和资产账户开户。证券公司与客户签订证券交易委托代理协议，应当为客户开立资金账户，代理证券登记结算机构为首次进入证券市场的客户开立证券账户。为了有效控制开户业务操作风险，证券公司应建立严格的开户管理制度，具体应做到以下几点：

第一，经办人员应严格开立账户要求，仔细对客户的姓名或者名称、身份的真实性进行审查，详细登记客户身份基本信息并留存有效身份证件或者其他身份证明文件的复印件或者影印件。发现客户身份存疑的，应当要求客户补充提供居民户口簿或者有效期内的护照或者户籍所在地公安机关出具的身份证明文件原件等足以证实其身份的其他证明材料，无法证实的，应当拒绝为客户开立账户。

第二，按照客户身份不同，证券公司应明确境内个人客户、境外个人客户、境内机构客户、境外机构客户等不同身份客户需提交的开户资料，指导营业部按规定的流程办理开户业务，例如：

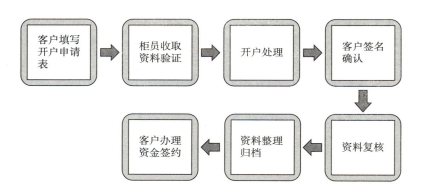

第三，明确要求营业部应确保客户开户资料齐全、要素填写完整。营业部经办人员应指导客户填写"开户申请表""风险提示书""证券交易委托代理协议书"等开户资料。

2. 销户业务操作风险防范。销户业务操作风险防范，主要包括以下内容：

第一，明确要求客户销户应按规定填写申请表。营业部经办人员应首先查询账户状态，必须确保有关账户属于正常账户方可办理销户业务。

第二，明确账户销户的必要条件，例如，账户已经解约，所有货币资金余额、资金可用数、利息积数、信用额度、负债及债权均为零，账户未存放非货币资产，没有在途业务等。

第三，明确要求代理销户应留有委托代理人身份证复印件及具有法律效力的委托书。

第四，制定明确的销户业务处理流程，指导营业部按要求办理业务，例如：

3. 账户维护业务操作风险防范

第一，经办人员应明确要求客户在开立资金账户时自行设置密码，提醒客户适时修改密码和增强密码强度。证券公司应在分支机构经营场所、公司网站、网上证券客户端及自助证券交易客户端提示客户加强身份证件、账号、密码的保护。

第二，客户在更改或取消代理人、重置或删除账户密码、修改姓名或身份证号码时均应提交书面申请，分支机构经办人员应留存相关证件或委托授权书的复印件，并履行必要的审批手续。

第三，客户在办理股票账户挂失、解挂、继承等业务时，应按规定填写申请表，分支机构经办人员应留存相关证明及证件的复印件。

第四，制定明确的销户业务处理流程，指导营业部按要求办理相关业务。

4. 清算交割业务操作风险防范

第一，清算岗位应相对独立，清算交割的处理应及时、完整。

第二，清算完毕后应将清算结果与登记公司及财务部门对账；清算报表及清算日志应按规定由相关人员签名确认且妥善保管。

第三，对清算异常事件及其处理情况应作出详细记录；透支情况发生后应及时查找原因并作出处理。

第四，明确要求不得对客户交易结算资金设置担保、抵押；同时应定期进行代买卖证券款、客户交易结算资金利息积数、三方存管及银证转账对账。

第五，佣金参数、利率及各种清算费用参数的设置应符合有关规定，参数的修改应有依据并履行必要审批手续；应按规定进行客户交易结算资金结息和扣减利息税，并核对利息和利息税金额的正确性。

（二）建立操作风险防范制度

除了在具体业务方面注意防范操作风险以外，还应该建立相应的制度防范操作风险。具体应包含以下两个方面的制度：

1. 建立柜员操作权限分类授权管理制度。至少做到：

第一，柜台交易系统的柜员组及柜员权限严格按照前后台分离要求进行设置，各柜员权限尽量控制在工作必需的要求之内。

第二，对电脑人员操作流水应设有检查机制以核实操作账号及操作原因。

第三，柜员组及柜员权限的临时授权或调整、报批类操作的临时授权应有书面记录和审批手续，操作完成后应及时收回。

第四，超级用户（管理员）及其等同用户的使用应执行双人监督和书面记录。

第五，人员的换岗或离职应及时取消相应的柜员代码，或调整柜员权限。

第六，用户权限的设置、调整、删除等应履行审批手续并留存书面记录。

2. 建立业务事故及差错处理制度。至少做到：

第一，对所有操作过失应有完整记录，对频率过高的现象应重点关注并分析原因。

第二，营业部在处理业务差错时应坚持时效性原则、先止损后问责的原则因过失给客户带来经济损失应妥善处理并加以改善，发生重大突发事件应及时处理。

第三，业务差错的确认与核销应相互分离。

二、合规风险防范措施

（一）具体业务的合规风险防范

1. 开户业务合规风险防范

第一，对于现场开户，证券公司应明确要求个人客户开户需本人亲临营业部柜台办理；对于非现场开户，证券公司应采取有效措施进行客户身份验证。如客户授权代理人办理开户的，代理人必须持有经公正或驻外使领馆证明的授权委托书原件；机构客户开户须授权代理人带齐有关资料临柜办理。

第二，根据客户财务与收入状况、证券专业知识、证券投资经验和风险偏好、年龄等情况，在与客户签订证券交易委托代理协议的同时应完成对客户的初次风险承受能力评估，以后至少每两年根据客户证券投资情况等进行一次后续评估，并对客户进行分类管理，分类结果应当以书面或者电子方式记载、留存。

2. 存管签约业务合规风险防范

第一，明确要求开立人民币资产账户后，需签约一家存管银行方可进行正常的资金存取。存量客户如需资金存取，也应要求必须签约一家存管银行，通过签约的存管银行账户进行资金存取。

第二，根据各证券公司及存管银行业务规则差异，目前签约方式大致包括两种：仅支持单银行端发起签约和同时支持银行、券商两端发起签约。但应明确要求在签约前，客户必须先到营业部完成开户并签署存管协议后方可办理签约手续。

3. 指定交易和转托管业务合规风险防范

第一，上海股票账户的指定交易应签订协议，投资者撤销指定交易应提交书面申请。

第二，深圳股票账户的转托管手续应完备，在接受客户申请并完成其账户交易结算后及时办理完毕。

第三，要求分支机构不得违反规定限制客户终止交易代理关系、转移资产。客户申请转托管、撤销指定交易和销户的，应当在接受客户申请并完成其账户交易结算后的两个交易日内办理完毕。

4. 营销咨询业务合规风险防范

第一，要求从事技术、风险监控、合规管理的人员不得从事营销、客户账户及客户资金存管等业务活动；营销人员不得经办客户账户及客户资金存管业务；技术人员不得承担风险监控及合规管理职责。

第二，提供网上查询、书面查询或者在营业场所公示等方式，保证客户在证券公司营业时间内能够随时查询证券公司经纪业务经办人员和证券经纪人的姓名、执业证书、证券经纪人证书编号等信息。

第三，对证券经纪业务人员的绩效考核和激励，不能简单与客户开户数、客户交易量挂钩，应当将被考核人员行为的合规性、服务的适当性、客户投诉的情况等作为考核的重要内容，考核结果应当以书面或者电子方式记载、保存。

第四，严禁营销人员在分支机构开立证券账户，严禁未取得证券从业资格营销人员开发客户的情况。

第五，日常监督中，通过监控营销人员下挂客户交易记录的 IP 地址、MAC 地址、电话、买卖趋同性等信息，及时分析营销人员是否存在代客理财或代客操作的行为。

第六，通过对同一地址多账户交易记录的客户进行回访，及时发现是否存在员工、营销人员代客操作的行为。

第七，加强对营销人员及经纪人的培训管理和职业道德教育，引导其严格按照《证券经纪人管理暂行规定》以及《中国证券业协会证券经纪人执业行为规范（试行)》中相关规定开展业务，杜绝出现禁止性行为。

（二）建立合规风险防范制度

1. 建立对异常代理行为重点监控制度

第一，经办人员在实际业务中应重点关注同一代理人代理多人资金账户的情况。

第二，明确要求分支机构员工或公司员工不得担任代理人、所有代理人姓名不得异常且应全部签订授权委托书。

2. 建立经纪业务检查稽核制度

第一，对营业部经纪业务开展情况及操作过程进行定期或不定期检查或稽核，发现问题及时督促整改。对违法违规行为应按制度规定追究有关责任人的责任。

第二，对分支机构负责人应当按要求进行强制离岗审计。

第三，当分支机构负责人离任的应当进行离任审计，离任审计结束前被审计人员不得离职；发现违法违规经营问题的，公司应当进行内部责任追究，并报当地监管部门或者司法机关依法处理。

3. 建立完善的信息公示制度

第一，在营业部营业场所显著位置悬挂其"证券经营机构业务许可证"及"营业执照"。

第二，在营业部显著位置张贴营业部经营范围、人员信息、从业人员行为规则、风险提示语、风险教育宣传资料等。

三、管理风险防范措施

（一）加强员工培训，提高员工职业素养

首先，我们应该加强对经纪业务负责人的培训，树立正确的经营思想。随着证券市场竞争的不断升级，生存压力、利益的诱惑等都可能使得负责经纪业务的负责人采

用不正当竞争手段，甚至是违法、违规手段提高经营业绩。因此，只有部门领导保持头脑清醒、强调规范经营、倡导理性投资，才能形成规范、稳健的经营风格，有效防范管理风险。

其次，我们应该加强基层员工的培训，强化业务基本功，提高员工职业素质。对员工要加强思想道德教育和制度约束，加强法制教育，避免员工为了个人或者小集团利益，蓄意违规；加强内部管理制度、风险管理措施的培训，避免违规操作；加强员工的业务培训，使员工充分了解业务内容，避免误导投资者，产生纠纷。

（二）建立健全规范、有效、全面覆盖的内部管理制度

证券经纪业务的管理风险防范离不开完善的制度，制度先行将最大限度限制经纪业务中非正常行为的产生，并使各类风险防范措施有章可循。我们应该建立健全规范、有效、全面覆盖的内部管理制度、业务操作规范、风险管理措施等，具体包括：

1. 建立完善的岗位责任制度和规范的岗位管理措施。
2. 建立标准化的业务操作规范和业务流程。
3. 建立证券经纪业务风险的不定期反馈机制。

（三）建立有效的监督系统

完善的内部管理制度，如果仅仅停留在文本上，是没有任何意义的，经纪业务的风险还是无法得到有效控制，制度的建立，关键在于执行，只有参与业务的每一个部门和员工都能严格按照制度要求去做，才能有效发挥制度控制风险的作用。因此，为保证制度的落实和执行，有必要建立有效的风险监督和防范体系，加强各级稽核部门的检查、监督职能，通过现场、非现场指标考核来落实各项制度。

📖 【本章小结】

证券经纪业务是指证券公司接受客户委托代客户买卖有价证券的业务。其具有市场参与主体数量多、交易对象品种多、证券公司角色单一、客户指令绝对权威、客户资料必须保密的特征。

证券经纪业务主要包括账户管理、资金管理、证券管理、交易委托、清算交割、投资者教育、营销管理和客户档案管理等内容。

证券经纪业务在各个业务内容中都具有相应的风险及相应的风险防范措施，掌握这些经纪业务各方面的风险及其防范措施对于防范及降低证券业风险具有非常重要的作用。

✍ 【复习思考题】

一、名词解释

证券经纪业务　清算交收风险　授权代理

二、选择题

1. 证券经纪业务账户管理的业务风险包括（　　　）。

A. 开户业务　　　　B. 授权代理　　　　C. 账户维护　　　　D. 账户变更

2. 证券经纪业务开户业务包括（　　　）。

A. 证券账户开户　　　　　　　　B. 资产账户开户

C. 授权代理账户开户　　　　　　D. 变更账户开户

3. 证券经纪业务的主要特征有（　　　）。

A. 市场参与主体数量多　　　　　B. 交易对象品种多

C. 证券公司角色单一　　　　　　D. 客户指令绝对权威

三、问答题

1. 什么是证券经纪业务？证券经纪业务的特征是什么？

2. 证券营销、咨询业务中存在哪些风险？

3. 开户业务的风险防范措施有哪些？

4. 反洗钱管理方面有哪些风险防范措施？

选择题答案

1. ABCD　　2. AB　　3. ABCD

第八章

证券业资产管理业务的风险

【教学目的和要求】

通过本章的学习，使学生掌握证券业资产管理业务的概念，了解证券业资产管理业务的起源和发展现状，证券业资产管理业务的基本特征和发展机遇。掌握证券业资产管理业务风险的内涵、证券业资产管理业务的风险类型和特征。了解证券业资产管理业务的各种风险类型的应对措施。

第一节　证券业资产管理业务概述

资产管理业务是指银行、信托、证券、基金、期货、保险等金融机构接受投资者委托，根据资产管理合同约定的方式、条件、要求及限制，对受托资产进行经营运作，为客户提供证券及其他金融产品的投资管理服务的行为。金融机构为委托人利益履行勤勉尽责义务并收取相应的管理费用，委托人自行承担投资风险并且获取收益。

一、资产管理业务的参与主体

目前，我国资产管理业务发展较快，突出体现在市场竞争主体增多、资产配置范围拓宽、产品服务模式丰富、业务经营形态转变等方面，形成了明显的混业经营、"泛资管"格局。目前我国资产管理业务的参与主体主要如下。

1. 商业银行。银监会于 2013 年 9 月赋予首批 11 家银行理财资产管理业务试点资格，标志着商业银行资产管理业务的正式实施。原则上，银行理财产品只能投资于货币市场、债券市场、信贷市场等，但是通过与信托、证券和基金等资产管理机构的合作，加之试点银行可以直接开展理财资产管理业务，使银行理财资金投向呈现多元化趋势。

2. 证券公司。2013 年 6 月，证监会公布了修改后的《证券公司客户资产管理业务管理办法》和《证券公司集合资产管理业务实施细则》。法规明确了证券公司资产管理的投资范围和运用方式。

3. 保险资产管理公司。2012 年 10 月，保监会发布《关于保险资产管理公司有关事项的通知》。明确保险资产管理公司除受托管理保险资金外，还可以受托管理养老金、企业年金、住房公积金等机构及合格投资者的资金。允许保险资产管理公司作为受托人，开展资产管理业务。

4. 基金公司。2012年9月，证监会出台新的《基金管理公司特定客户资产管理业务试点办法》，10月出台《证券投资基金管理公司子公司管理暂行规定》。旨在向基金公司全面开放资产管理业务，不仅明确基金公司可以针对单一或多个客户设立资产管理计划，投资于金融市场上标准化金融工具，而且允许其设立子公司开展专项资产管理计划。

5. 期货公司。2012年7月，证监会颁布《期货公司资产管理业务试点办法》，首次允许期货公司参与资产管理市场，从事资产管理业务。明确规定期货公司可以接受单一或多个客户的书面委托，运用客户委托资产进行投资，但其投资范围被限定在资本市场以及衍生金融市场上的金融工具。

6. 私募基金。2012年12月，新的《证券投资基金法》颁布，明确了私募基金的法律地位，允许私募基金管理机构采取信托型法律结构，募集合格投资者资金，投资于公开发行的股份公司股票、债券、基金份额，以及证监会规定的其他证券及其衍生品种，实际上赋予了私募基金管理机构专业领域私募信托业务经营牌照。

二、资产管理业务类型及投资范围

目前我国资产管理业务主要包括银行表外理财产品、证券公司资产管理计划、信托公司受托管理的信托资产、期货基金及其子公司资产管理计划、公募基金及其子公司资产管理计划、私募基金资产管理计划，以及保险资产管理计划。其中，券商、基金、信托、期货资管产品投资范围较广，风险较大，主要投资于股权、债券、商品市场以及各种衍生品市场等。而银行、保险资管产品则主要投资于固定收益、类固定收益类产品等风险较小、收益率稳定的标的。资产管理公司的主要业务及其投资范围如下。

1. 银行资管业务。商业银行资产管理业务又称银行理财业务，是商业银行发售理财产品筹集资金并按照产品约定进行投资运作、组合管理、信息披露、损益分配并提供其他理财咨询、受托投资、全权委托资产运作管理等服务的新兴业务。银行资管业务具有与银行传统业务完全不同的功能定位、运作规律和风险管理方式。银行资管产品以预期收益型产品为主，投资范围包括银行间固定收益类债券、挂钩衍生品的结构性产品、"非标债权"的融资项目、两融收益权、结构化信托的优先级、债权直投计划。

2. 证券公司资管业务。证券公司资产管理业务主要分为三大类，分别为集合资产管理、定向资产管理和专项资产管理。三大业务的主要投资范围包括：股票、债券、股指期货、商品期货等证券期货交易所交易的投资品种；央行票据、短期融资券、中期票据、利率远期、利率互换等银行间市场交易的投资品种；证券投资基金、证券公司专项资产管理计划、商业银行理财计划、集合资金信托计划等金融监管部门批准或

备案发行的金融产品。

3. 信托资管业务。监管部门提出了信托业务的"八大业务"，即债权信托、股权信托、标品信托、同业信托、资产证券化信托、财产权信托、慈善信托和事务信托。信托资管业务主要投资方向为非标债权融资、股票投资、未上市股权投资；一般不能直接投资于商业汇票；不能进行正回购操作。

4. 期货公司资产管理计划。期货资产管理业务分为两类：其一为定向资产管理业务，其二为集合资产管理业务。期货公司投资范围如下：期货、期权及其他金融衍生品；股票、债券、证券投资基金、集合资产管理计划、央行票据、短期融资券、资产支持证券等；中国证监会认可的其他投资品种。

5. 基金公司资产管理业务（包括基金公司及其子公司）。基金公司资管业务包括公募基金业务（"基金业务"）以及向特定客户募集资金的特定客户资产管理业务（"专户业务"）；基金子公司业务包括传统融资类业务（包括类信托业务和股权质押业务）、投资类业务、资产证券化业务和投资业务四类。证监会发布的《证券投资基金管理公司子公司管理暂行规定》规定其投资范围包括：现金、银行存款、股票、债券、证券投资基金、央行票据、非金融企业债务融资工具、资产支持证券、商品期货及其他金融衍生品；未通过证券交易所转让的股权、债权及其他财产权利。

6. 私募基金资管业务。私募基金主要分为私募证券投资基金和私募股权投资基金。投资范围包括股票、股权、债券、期货、期权、基金份额以及投资合同约定的如红酒、艺术品等其他投资标的。

7. 保险资管业务。保险资产管理公司主要从事两大业务板块：投行板块、资产管理业务板块。涉及的业务主要有八大方面：分别是投连险管理服务、保险资产管理计划、企业年金服务、公募业务、私募股权基金、基础设施不动产债权计划、增值平台服务以及第三方保险资产管理服务。保险资管投资范围限于银行存款、股票、债券、证券投资基金、央行票据、非金融企业债务融资工具及信贷资产支持证券、基础设施投资计划、不动产投资计划和项目资产支持计划等"非标"资产。

三、我国资产管理行业发展概况

中国资产管理行业发展历程，大致可以划分为四个阶段

（一）第一阶段（2007年之前）：以公募基金为主导

在这一阶段，资产管理行业主要以公募基金为主，受益于股权分置改革完成，资本市场资源配置功能逐步完善带来的股市财富效应，公募基金投资的基础资产主要是二级市场股票，产品结构以股票型基金和偏股型基金为主。在该阶段内，资产管理行业规模较小，投融资功能发挥不明显，受股票市场影响较大，行业细分领域竞争充分程度不高。

（二）第二阶段（2008—2012年）：银信合作快速扩张

2008年之后，资产管理各子行业逐渐兴起并发展起来，受益于国际金融危机后大量表外融资需求的产生，银行理财和信托业务规模扩张较快。银信合作业务是后来较

为流行的"非标"业务和影子银行业务的雏形，大量使用了资金池模式并具备刚性兑付属性，使得资产管理业务逐步偏离了"受人之托、代人理财、风险自担"的属性，将风险停留在金融机构体系内，给市场造成了一定的扭曲和潜在系统性风险。在这一阶段，资产管理行业逐步向"通道"延伸，在企业融资端形成对传统信贷业务的替代，推动其在金融行业中占比迅速提升，投融资功能得到较为显著的发挥。

（三）第三阶段（2013—2015 年）：大资管时代到来

在这一阶段，资产管理行业步入一轮放松大潮，行业门槛解除，牌照资源放开，各类资管子行业之间的竞合关系更加充分，行业创新不断，非标资产盛行，资产管理行业彻底沦为影子银行。所谓影子银行，即不是银行但其业务模式与银行类似的机构。从资金来源看，大部分均为银行理财资金，在刚性兑付的背景下，理财产品已被存款化，投资者购买理财产品，就跟持有存款一样，获得固定的利息收益，而从资金投向上看，投资各资管产品层层嵌套的非标准化债权资产，其实质就是为企业贷款。与银行表内存贷款业务面临严格的资本充足率、不良率、流动性、贷款投向限制等监管要求不同，银行借助表外理财及其他类型资产管理产品实现表外存贷款，不受资本充足率、不良率、流动性等监管指标约束，贷款投向也无明确禁止性规定，风险有可能失控，产业政策有可能失效。同时，由于非标资产多投资于地方融资平台、房地产企业行业，行业集中度较高，隐藏的信用风险较大，随着房地产调控政策不断加码、财政部严查政府违规债务，作为传统投资领域的房地产和政府融资平台风险也在不断集聚。行业集中度过高，使资金方极易受到行业生命周期和政策调整的影响。一旦发生不利变化，风险传染和集聚速度将远快于传统信贷业务，存在系统性风险隐患。

（四）第四阶段（2016—2017 年）：规范发展

针对我国资产管理业务发展过程中呈现出的刚性兑付、多层嵌套、池化运作、非标泛滥、影子银行和交叉金融产品的乱象，监管部门主动对资产管理行业中的不协调、不合理之处进行反思和整顿。2017 年 7 月召开的全国第五次金融工作会议提出，要设立国务院金融稳定发展委员会，强化人民银行宏观审慎管理和系统性风险防范职责。在此基础上，人民银行牵头制定的资产管理业务统一标准即将出台，在新监管框架下，资产管理各子行业发展既面临大机遇，也将迎接更多的挑战。

（五）第五阶段（2018 年至今）：统一监管新时代

2018 年 4 月 27 日，《关于规范金融机构资产管理业务的指导意见》正式对外公布。新规在设定资管产品最低投资要求、合格投资者资质标准和认购标准、禁止"资金池"业务、统一资管产品的风险准备金计提标准、统一负债杠杆比例、规范分级产品类型和杠杆比例、打破刚兑、消除多层嵌套和通道、资产组合集中度管理、设定过渡期和新老划断十个方面做出最新规定，标志着我国资管行业正式步入统一监管新时代。

第二节 证券业资产管理业务的风险

资产管理业务的飞速发展对于拓宽居民投资渠道、支持实体经济融资需求发挥了积极作用，但与此同时也面临着众多的问题，存在着许多不可忽视的风险。从大的角度来看，某些证券公司资管业务实质上是影子银行，借用银行信用带来货币的派生，而缺乏对这部分影子银行的统计监测，这就会影响货币政策的传导和实际效果。从小的方面来看，机构个体的层层加杠杆、资管产品的相互嵌套行为会放大机构自身的流动性、信用等风险，在风险因子的引发下，很可能会成为系统性风险。证券业资产管理行业的风险主要表现在以下几个方面：监管风险、流动性风险、通道业务风险、资金池业务风险、刚性兑付风险。

一、监管风险

金融监管风险是指在资本市场开放过程中由于金融监管水平落后或金融监管的无效性而给资本市场或整个金融体系带来的风险。证券公司在实施监管的过程中，因受市场环境、经济政策、产业政策、管理机制和上级考核制度变化等因素的影响，使之在经营策略和经营方式上发生了相应的变化，这就要求监管人员根据变化了的新情况实施有效的监管，对其财务成果的真实性以及经营的合法性、合规性，做出准确的分析、评价与判断。监管新规出台之前我国资产管理行业缺乏统一的监管标准，普遍存在着监管套利行为。在分业监管下，过去银、证、保"三会"对各自监管下的资管监管依据和标准不一致。各大类资管产品在产品准入、投资范围、募集推介、信息披露、资金资产托管、投资者适当性管理等方面，监管标准并不一致。部分机构通过产品结构调整、业务转移等途径，在不同属性的业务之间腾挪资产，将业务从监管较严的市场转向监管相对宽松的市场，变相规避监管规定。2018年监管新规出台之后，统一了监管标准，证券资产管理行业面临的监管风险得到了一定的释放。

二、流动性风险

对于证券公司来说，流动性风险是指现金流中断而无法兑付的现象。在刚性兑付前提下，一旦证券资产管理产品未达到预期收益水平，为确保投资者实现预期收益率，受托金融机构不得不使用自有资金或从金融市场、其他金融机构借入资金，来弥补收益缺口，由此就可能将金融资产管理产品的流动性风险引到证券公司自身。如果各类金融资产管理产品之间相互关联，这种流动性风险就会在链条上传导。由于证券公司的运营损失通常不会像银行那样大，更不会致其倒闭，系统性风险也相对有限，因此流动性风险是其面临的最主要风险。

三、通道业务风险

通道，是指资金方决定借助通道方设立通道载体，由资金方或资金方委托的第三方进行尽职调查及存续期管理，通道方仅承担账户管理、清算分配等其他事宜，来实现投资目标。简单来讲就是：资金方决定借助通道方设立通道载体，方便资金进出。通道方发行产品进行融资并收取通道费，融资方得到资金，但通常会有杠杆操作，实际投资方享受杠杆的收益和风险。券商资管的通道业务大概可分为两类：一是引入信托机构形成银证信三方合作；二是直接展开银证合作。但券商通道业务在发展的过程中变得越来越复杂，券商资管、基金子公司与信托三类机构在做通道时，往往会互相多层嵌套，中间的结构与层级越来越难看透，风险链条被越拉越长。由于通道业务自身结构性复杂，又偏受中小型券商资管公司青睐，中小公司风控能力不佳，常过于集中持有通道业务，存量的通道业务违约现象频发。如2014年中诚信托"诚至金开1号"陷入30亿元兑付危机；5月财通基金子公司发行的财通资产光耀扬州·全球候鸟度假地资管计划遭遇危机；7月中诚信托的"诚至金开2号"被曝出现兑付问题。

四、资金池业务风险

资金池业务是市场上对具备借新还旧、混同运作、募短投长、脱离标的资产的实际收益率进行分离定价、非公平交易等操作特征的各类资管产品的通称。资金池相当于现金总库，就是把募集的客户资金汇集起来形成一个"蓄水池"待用。这个池子有进水、出水两个口，新进资金是增量的水、到期资金是流出的水，而存续期间的资金交由管理方统一运作，如此循环往复。金融资金池涵盖整个金融行业，包括银行资金池、保险资金池、信托资金池、券商资金池以及基金资金池。其本质特征就是滚动发行、期限错配，以时间换空间。很多券商对资金池中的资金不断以旧换新，并且资金池中投资的实际资产不明确，一旦发生流动性问题，影响的是整个资金池的资金安全。

五、刚性兑付风险

刚性兑付是指当理财资金出现风险、产品可能违约或达不到预期收益时，作为发行方或渠道方的商业银行、信托公司、证券公司为维护自身声誉，通过寻求第三方机构接盘、用自有资金先行垫款、给予投资者价值补偿等方式保证理财产品本金和收益的兑付。证券公司等各类理财产品快速发展，目前主要以结构化产品的形式进行类刚性兑付，这种方式损害了经济的效率，很多信用不良的债权搭了刚性兑付的便车，能够以比较低的成本融资，而真正有信用的主体，却付出了更大的融资成本。同时由于证券公司刚性兑付现象的日益凸显，增加了金融体系的整体风险，导致理财产品的风险和收益不匹配，诱发投资者资产配置不合理调整，抬高了市场无风险资金定价，引发了资金在不同市场间的不合理配置和流动。

第三节 证券业资产管理业务的风险防范措施

一、统一监管标准

首先监管部门应该对证券公司资管产品提出与银行、信托、基金、保险等共同性的监管要求，以避免监管套利。同时完善政策工具，针对机构监管下的标准差异，要强化功能监管和穿透式监管。同类产品适用同一标准，实行公平、统一的市场准入和监管。

其次监管部门应该加强对证券公司资管产品的设立过程和产品存续期的表现的监管，及时披露资管产品的相关信息，有效保护投资者利益和维护市场稳定性。证券公司发行的资管产品有封闭期和存续期，在封闭期内，投资者不能赎回资产，因此证券公司资产管理业务的风险透明度不高，具有较大的隐蔽性，投资者不易发觉。为有效保护投资者权益，监管部门还应该进一步完善资管产品的退出机制，实现市场化发展，这样一旦某一资管产品出现较大问题后，可以及时结束产品的交易。退出机制一方面能够约束证券公司的行为，另一方面也能够倒逼证券公司提升资产管理效率，规范市场的发展，最终留在市场的资管产品一定是竞争力最强的，这种优胜劣汰的机制也有利于提升整个行业的运行效率。

二、完善风险评估体系，夯实风险控制能力

首先，证券公司要加强内部控制，确保资产管理业务运作和管理严格遵守法律法规，符合监管部门的要求。同时，要构建科学完善的风险管理体系，确保前台、中台、后台的分工明确并且相互制约，从而对资产管理业务开展过程的全方位风险防范。证券公司要进一步提高风险评估小组的风险识别和控制能力，尽可能从源头遏制风险的发生。

其次，证券公司要加强与外部监管部门的联系，接受监管机构和交易所的合规监控，严格遵守《证券公司风险控制指标管理办法》，保证公司充足的净资本和风险资本准备，加强公司抵御风险的能为，确保资产管理业务的长远发展。

三、加强流动性风险管控

首先证券公司要强化单独管理、单独建账、单独核算要求，使产品期限与所投资资产存续期相匹配，不得开展具有滚动发行、集合运作、分离定价特征的资金池业务。其次要建立健全独立的账户管理和托管制度，充分隔离不同资产管理产品之间以及资产管理机构自有资金和受托管理资金之间的风险。除此之外，逐步减少预期收益型产品的发行，向净值型产品转型，使资产价格的公允变化及时反映基础资产的风险。

四、消除多层嵌套，抑制通道业务

首先对证券公司开展资产管理业务实行平等准入，给予公平待遇。限制层层委托下的嵌套行为，强化受托机构的主动管理职责，防止其为委托机构提供规避投资范围、杠杆约束等监管要求的通道服务。其次压缩证券公司业务规模，提高其主动管理能力，让券商资产管理应回归本源，资本实力和主动管理能力将成为重要竞争力，对基于主动管理、以资产配置和组合管理为目的的运作形式，给出合理空间。

【案例分析】

2014 年初，规模高达 30 亿元的中诚信托"诚至金开 1 号"集合信托计划出现兑付风波。几经波折之后，投资者最终等到了接盘者，但原本 10% 的收益率在最后一年变成了 2.8%。之前中诚信托的投资者们几乎没有人相信"诚至金开 1 号"信托计划会打破一直以来的刚性兑付。随着到期的信托资产规模不断增加，再加上矿产行业的持续下行以及房地产市场的调整，2014 年信托业兑付风险事件频出。

"诚至金开 1 号"于 2011 年 2 月 1 日推出，分两期募集 30.3 亿元。对山西振富能源集团进行 3 年期股权投资，到期回购，预期收益率高达 10%。但在过去的三年时间内，山西振富及其下属公司共涉及 8 起诉讼等现状为信托计划的到期支付埋下了定时炸弹。此后，期待高收益回报的投资者却只等到了只能按照 2.8% 的收益率来分配和该信托计划 30 多亿元的信托财产或无法按期变现的公告。2014 年 1 月 27 日，中诚信托再次发布公告，称已与有意向的投资者达成一致，并要求投资者与客户经理联系。而这些有意向的投资者则需签出一份"授权委托书"，承诺将持有的该信托产品收益权转让给接盘者，退换本金和支付 2.8% 的利息。该信托计划最终被兜底。

"诚至金开 1 号"被认为是银信合作的产物，是典型的通道业务，即项目发起和资金安排均由合作银行负责，银行负责信托计划的推介和代理资金收付，还负责信托资金的保管，监管信托增资款的后续使用。

资料来源：http://finance.sina.com.cn/trust/20141231/002221200253.html。

思考题："刚性兑付"给金融机构之间的交叉产品和合作业务带来哪些风险？

【本章小结】

资产管理业务是指银行、信托、证券、基金、期货、保险等金融机构接受投资者委托，根据资产管理合同约定的方式、条件、要求及限制，对受托资产进行经营运作，为客户提供证券及其他金融产品的投资管理服务的行为。

资产管理业务的参与主体包括商业银行、证券公司、保险资产管理公司、基金公司、期货公司、私募基金。

资产管理业务的风险类型包括监管风险、流动性风险、通道业务风险、资金池业务风险、刚性兑付风险。

【复习思考题】

一、名词解释

资产管理业务　流动性风险　刚性兑付风险　产品嵌套风险

二、选择题

1. 资产管理业务的参与主体不包括（　　　）。

A. 商业银行　　　B. 证券公司　　　C. 保险资产管理公司　　　D. 中央银行

2. 主要投资于固定收益、类固定收益类产品等风险较小、收益率稳定的标的是（　　　）。

A. 银行资管业务　　　　　　　　B. 证券公司资管业务

C. 信托资管业务　　　　　　　　D. 保险资管业务

3. 现金流中断而无法兑付的现象是（　　　）。

A. 监管风险　　　B. 流动性风险　　　C. 产品嵌套风险　　　D. 通道业务风险

4. 未在银行间市场及证券交易所市场交易的债权性资产是（　　　）。

A. 刚性兑付　　　B. 非标业务　　　C. 产品嵌套　　　D. 通道业务

三、问答题

1. 简述资产管理业务的风险类型。

2. 简述资产管理业务的风险防范。

选择题答案

1. D　2. AD　3. B　4. B

第九章

证券业投资咨询业务的风险

【教学目的和要求】

通过本章的学习，使学生掌握证券业投资咨询业务的概念，了解证券业投资咨询业务的起源和发展现状，证券业投资咨询业务的基本特征和发展机遇。掌握证券业投资咨询业务风险的内涵、证券业投资咨询业务的风险类型和特征。了解证券业投资咨询业务的各种风险类型的应对措施。

第一节　证券业投资咨询业务概述

在多数经济发达的国家或地区，证券投资咨询业务通常称为投资顾问业务，是指通过对有价证券投资价值的分析判断，以分析报告、报刊、书籍、开办证券投资讲座及其他形式，向他人提供买卖有价证券的建议并因此而获取报酬的活动。

证券投资咨询业务大体可分为三种类型：一是通过合同或契约，代表特定客户对有价证券的投资组合进行管理，即代客理财；二是通过合同或契约，以发送投资分析报告等形式，向特定客户提供有价证券的投资咨询建议，即理财顾问；三是通过公开发表投资分析报告、出版报刊及书籍，开办证券投资讲座等形式，向社会公众提供关于某些特定有价证券投资价值的判断和建议。

我国目前的证券投资咨询业务基本属于上述第二、第三两类。《证券、期货投资咨询管理暂行办法》中第一章第二条规定：所谓证券、期货投资咨询是指从事证券、期货投资咨询业务的机构及其投资咨询人员以下列形式为证券、期货投资人或者客户提供证券、期货投资分析、预测或者建议等直接或者间接有偿咨询服务的活动。包括五个方面：即接受投资人或者客户委托，提供证券、期货投资咨询服务；举办有关证券、期货投资咨询的讲座、报告会、分析会等；在报刊上发表证券、期货投资咨询的文章、评论、报告，以及通过电台、电视台等公众传播媒体提供证券、期货投资咨询服务；通过电话、传真、电脑网络等电信设备系统，提供证券、期货投资咨询服务；中国证券监督管理委员会认定的其他形式。

1. 证券投资顾问业务。按照《证券投资顾问业务暂行规定》，证券投资顾问业务是指证券公司、证券投资咨询机构接受客户委托，按照约定，向客户提供涉及证券及证券相关产品的投资建议服务，辅助客户做出投资决策，并直接或者间接获取经济利益的经营活动。投资建议服务内容包括投资的品种选择、投资组合以及理财规划建议等。

2. 发布证券研究报告业务。按照《发布证券研究报告暂行规定》，发布证券研究报告是指证券公司、证券投资咨询机构对证券及证券相关产品的价值、市场走势或者相关影响因素进行分析，形成证券估值、投资评级等投资分析意见，制作证券研究报告，并向客户发布的行为。

本章所提及的证券投资咨询业务主要指证券投资顾问业务。

中国的证券投资咨询行业是伴随证券市场的建立而产生，且伴随着证券市场的发展而不断壮大起来的。经过近年的快速发展，不论在行业规模、经营理念及方法还是规范程度方面，都有很大的提高，证券投资咨询服务已经成为中国证券市场不可或缺的一部分。随着市场上投资工具不断丰富以及投资渠道日益扩展，投资者对于资讯信息的及时性、专业性、准确性的要求也在不断提高，进一步推动了证券投资咨询行业的发展。

自《证券、期货投资咨询管理暂行办法》正式施行以来，证券投资咨询行业逐步走向正规，行业规模稳步提升，专业性获得越来越多的认可。在放松管制、加强监管的监管环境下，证券投资咨询业功能不断优化发展，行业创新能力不断提升，为我国实体经济发展的助力显著增强，服务投资客户的效果获得广泛认可；证券投资咨询业务范围继续扩大，创新业务发展迅速，资产管理业务规模继续大幅增长。

第二节　证券业投资咨询业务的风险

一、系统性风险

系统性风险包括政策风险、经济周期性波动风险、利率风险、购买力风险等。由于投资咨询行业主要提供信息服务为主，而市场需求依托于经济形势与资本市场的繁荣状况，以致难以有效应对市场行情波动带来的影响，具有较大的风险。具体面对的系统性风险表现如下。

（一）政策风险

指政府有关证券市场的政策发生重大变化或是有重要的举措、法规出台，引起证券市场的波动，从而给投资者带来的风险，如货币政策、财政政策、行业政策、地区发展政策等发生变化，导致市场价格波动而产生风险。在市场经济条件下，由于受价值规律和竞争机制的影响，各企业争夺市场资源，都希望获得更大的活动自由，因而可能会触犯国家的有关政策，而国家政策又对企业的行为具有强制约束力。另外，国家在不同时期可以根据宏观环境的变化而改变政策，这必然会影响到企业的经济利益。因此，国家与企业之间由于政策的存在和调整，在经济利益上会产生矛盾，从而产生政策风险。

（二）经济周期性波动风险

指证券市场行情周期性变动而引起的风险。这种行情变动不是指证券价格的日常波动和中级波动，而是指证券行情长期趋势的改变。股票行情变动受多种因素影响，但决定性的因素是经济周期的变动。经济周期是指社会经济阶段性的循环和波动，是经济发展的客观规律。经济周期的变化决定了企业的景气和效率，从而从根本上决定了股票行情的变化趋势。股票行情随经济周期的循环而起伏变化。

（三）利率风险

市场价格的变化随时受市场利率水平的影响。一般来说，市场利率提高时，会对股市资金供求方面产生一定的影响。

（四）购买力风险

由于物价的上涨，同样金额的资金，未必能买到过去同样的商品。这种物价的变化导致了资金实际购买力的不确定性，称为购买力风险，或通胀风险。在证券市场上，由于投资证券的回报是以货币的形式来支付的，在通胀时期，货币的购买力下降，也就是投资的实际收益下降，也存在给投资者带来损失的可能。

二、市场竞争风险

在市场竞争中，竞争的基本动机和目标是实现最大化收入。但是，竞争者的预期利益目标并不是总能实现的，这种实际实现的利益与预期利益目标发生背离的可能性，就是竞争者面对的风险。在证券咨询行业市场竞争中，不确定性因素很多，虽然每个竞争者都期望实现其预期利益目标，但总不能全都成功，必然会有某些竞争者在竞争中败下阵来，承受竞争的损失。由于我国证券咨询行业随着资本市场的快速发展，越来越多的金融中介机构加入到资本市场的服务领域，投资咨询服务市场竞争愈演愈烈。目前，从事证券咨询行业的主体主要包括具有独立法人资格的投资咨询服务公司和证券公司下属的投资咨询部。各类财经资讯媒体、炒股软件平台、企业咨询类公司也竞相引入投资咨询业务模块，加剧了投资咨询行业的竞争风险。此外，证券公司的营业部、咨询服务机构与专业投资咨询机构的业务存在一定的重叠，使得行业内部同质化竞争激烈。

随着中国金融市场不断发展和投资品种逐步增多，资本市场对外开放的步伐加快，投资者对金融信息服务的需求不断增加，国内外知名企业不断加大人力、资金和技术方面的投入，投资咨询行业面临市场竞争加剧的风险。

三、知识产权风险

知识产权风险是指企业在生产经营活动中可能会遇到的并且会给企业带来不利影响的知识产权法律、管理、纠纷以及侵权事项。企业知识产权风险有时间性、地域性、独占性、不稳定性、防范难度大以及纠纷处理周期长、程序复杂等特点。企业处理知识产权纠纷会让企业陷入不利局面，耗时废财，会对企业的发展造成一定的影响，投资咨询行业的产品和服务以信息资讯服务为主，目前通常通过互联网和移动终端以电子形式呈现。然而电子信息产品具有很强的复制性和快速的传播性，投资咨询分析的研究报告，可能面临被客户篡改并在网络平台上传播的隐患。我国针对电子信息产品的网络监管尚不健全，知识产权保护建设有待进一步完善，公司产品面临严重的盗版和知识产权风险。

四、人才流失的风险

在知识经济时代，人才已经超过金融资本成为新的稀缺资源，企业之间的竞争已不再是财力和物力的竞争，而是知识和人才的竞争，在投资咨询行业更是如此。由于投资咨询行业是知识密集型行业，人才和技术是企业的核心竞争力，人才成为企业最宝贵和最重要的资源，是保证公司持续发展的最根本动力。据统计，在我国证券投资咨询行业，一些公司人员流失率达50%，人才年化周转率达90%。在行业快速发展的背景下，核心技术人员相对稀缺且流动性高，人才的流失会影响企业的产品质量和市场竞争力，同时会带走企业的客户或技术秘密，对证券公司的正常经营造成极大的风险。

五、道德风险

道德风险是20世纪80年代西方经济学家提出的一个经济哲学范畴的概念，即"从事经济活动的人在最大限度地增进自身效用的同时做出不利于他人的行动。"或者说是：当签约一方不完全承担风险后果时所采取的使自身效用最大化的自私行为。道德风险亦称道德危机，通常是由信息不对称问题引起的。由于证券咨询行业人员所掌握的信息要比普通投资者全面和准确，当其为追求自身利益最大化而采取内幕交易、欺诈客户、操纵股票、弄虚作假、信息披露不实等损害客户利益的行为时，就会给投资者带来利益损失的可能，也会给公司的信誉造成不好的影响。具体来说，证券咨询行业道德风险表现形式有：

1. 内幕交易。内幕交易是指内幕信息的知情人员或者非法获取内幕信息的人员，在涉及证券的发行、交易或者其他对证券的价格有重大影响的信息尚未公开前，买卖该证券，或者泄露该信息，以获得利益或减少损失的行为。具体来说，证券公司在掌握了内幕信息之后，利用该信息进行证券交易，或者向部分投资者泄露该信息，使其利用该信息买卖证券。而信息劣势者没有内幕信息，在投资时，很可能做出错误的决定，给自身带来损失。

2. 欺诈客户。证券公司作为提供承销、经纪、投资咨询等服务的中介机构，利用其受雇地位或提供服务的便利，损害委托人、被管理人或被代理人的利益而进行证券交易，或以虚假陈述诱导顾客委托其代为买卖证券，并以此获取经济利益或避免损失。

3. 操纵价格。操纵价格是指证券公司为了获取利益或者减少损失，利用其资金、信息优势或者滥用职权操纵市场，影响证券市场价格，制造证券市场的假象，诱导投资者在不了解事实真相的情况下做出证券投资决定，扰乱市场秩序的行为。

第三节　证券业投资咨询业务风险防范措施

一、加强监管

1. 完善监管体制，落实监管责任。证券公司在总部层面设置一级部门或者二级部门，实施相对集中的证券投资顾问业务管理和风险控制。证券投资顾问服务应当以证券公司的名义向客户提供，以公司为主体与客户签订服务协议或者营业部根据公司制定的范本与客户签订服务协议，均应当明确证券公司为投资顾问服务的责任主体。

2. 规范投资顾问业务流程。对投资顾问人员的资格管理、投资顾问产品开发、考核激励和风险控制等环节实行流程化、标准化和量化管理；公开投资顾问执业资格及基本经历、推荐产品的基本特征和风险性质、投资顾问与其推荐的产品有无关联关系等基本信息，供投资者决策判断，实现投资者和客户之间的信息对等和公平；限制违规投资顾问业务，将其核心或重点客户所持有的股票列为观察名单，对投资顾问的对外咨询行为进行监督。

3. 建立合规检查、评价与问责机制。对于投资顾问的对外咨询行为，证券公司业务主管部门应当设立必要的检查、监督和考核机制，确保其执业操守、敬业精神和执业纪律。

4. 强化投资顾问业务监管信息化管理。按照监管条例要求，证券公司在开展投资顾问业务时，建立相应的 IT 系统，对关键业务进行电子化管理，如投资顾问队伍管理、投资建议内容和范围、服务留痕和适当性管理。

二、提高证券投资顾问素质

1. 严格控制准入标准。除取得证券投资咨询资格外，证券公司还要对投资顾问能力进行测评。可通过一些竞赛活动如模拟炒股、荐股比赛、模拟组合与大盘基准比较等比赛活动选拔出具有良好投资意识、投资能力和道德的人才。

2. 根据投资顾问职业要求有针对性地开展培训。证券公司可以调动一切内外部资源，采取授课、交流、活动、竞赛等丰富多彩的形式激发投资顾问的学习热情，不断提高其专业水准；加大对培训的投入，培养证券投资顾问专业专注的素质，同时建立投资顾问的职级评定、晋级及淘汰制度，使投资顾问在执业过程中不断加强专业水平和服务能力。

3. 完善证券投资顾问考核制度。对证券投资顾问的考核除了业绩外，合规性、客户满意度都是证券公司要参考的重要内容。

4. 支持股权激励。对管理层进行股权激励和员工持股激励，将有效缓解人才流失的困境，股权是员工与公司利益绑在一起的有效方式，有利于提升人才管理效能，留住有竞争力的人才，实现持续的核心竞争力。

三、做好客户分类

要做到有针对性的服务，首先是对客户进行合理分类。投资顾问的主要工作是对签约产品客户推送相应等级的资讯，对客户进行"心理按摩"等服务。可以通过问卷调查、投资顾问与客户交流等方式搜集基础数据进行分析，得出更进一步的分类。证券公司可在客户详尽分类、提供个性化服务的基础上制定收费标准。低等级的产品仅通过群发短信、邮件等形式提供新股申购提示、市场点评等广普化资讯；中等级的产品加入部分深度研究报告；高等级的产品配备一对一服务的投资顾问。

四、创新投资者教育形式

首先，要引导投资者建立稳健投资理念，降低投资者对于投资收益不切实际的高预期，帮助投资者进行合理的投资品选择。其次，投资顾问要向投资者详细介绍其所建议的投资品种，充分揭示或有风险。最后，避免合规风险，让投资者自主决策。投资顾问要与投资者进行充分交流，要让投资者理解到，影响证券价格的因素有很多，投资顾问的分析和指导是建立在专业基础之上的，但预测结果仍然具有不确定性，投资者要注重投资顾问分析的逻辑和建议的理由，并结合自己的风险承受能力选择具体投资品种，损益由个人承担。

五、加快丰富金融产品

证券公司应提高理财类产品创新能力、加快新业务产品创新进程、扩大证券公司代销金融产品范围、积极改善证券公司改革开放创新发展的社会环境等。证券公司开展和推广创新业务，能为投资顾问解决业务单一的窘境，同时更好地为客户提供全面理财服务，使其资产保值增值，也为证券公司带来更多的收益。

【案例分析】

在中国证券业协会最新公布的《非法仿冒证券公司、证券投资咨询公司等机构黑名单》中，曝光了228个非法仿冒机构网站、含有非法内容的网页、博客等。中国证监会也正在修改完善相关规章制度，加强对非法推荐股票的监管。据中国证监会披露，一位陕西的投资者在购买了某荐股软件后，又缴纳了1.5万元的"会员费"，接受所谓的"荐股服务"。在遭遇投资损失后，他被告知软件版本不够高，需要再次缴纳1.6万元升级费。此后，这位投资者再次缴费升级，再次投资遇损，这些"老师"们却电话停机，消失无踪。最终，监管机构调查发现，此案受害者较多，仅其中一个账户涉案金额就达 30 多万元。

中国股市历来不乏"股神"的传说，这些"股神"到底是什么人？据监管部门有关人士介绍，有的是专业的诈骗团伙，有的是与市场"庄家"勾结、利用股民"抬庄"的"托儿"，还有的是专业投资咨询机构的营销人员违规拉客户。有人总结了"股神"荐股牟利的几种手段：首先是推销"荐股软件"，以免费使用的方式拉客户，随后就以升级等各种名义，诱骗投资人购买软件以便享受"荐股服务"；其次是冒充正规券商或持牌机构，从非法渠道获取公民个人信息，通过电话、短信、邮件等方式拉拢投资者上套；最后是设立"牛股"公众号、微博等吸引关注，在各种 QQ 群、微信群，通过所谓的"专家""老师"指导，赚取高额"服务费"。此外还有性质恶劣的"荐股割韭菜"，典型案例就是"汪建中操纵证券市场案"。汪建中的手法就是提前买入，逢低建仓，发布推荐报告，再拉高股价抛出股票获利。

资料来源：http://jjckb.xinhuanet.com/2017-11/17/c_136758993.html。

思考题：导致投资者上当的原因是什么？

📖【本章小结】

证券投资咨询业务是指通过对有价证券投资价值的分析判断，以分析报告、报刊、书籍、开办证券投资讲座及其他形式，向他人提供买卖有价证券的建议并因此而获取报酬的活动。

证券投资咨询业务的风险包括系统性风险、市场竞争风险、知识产权风险、人才流失风险、道德风险。

✍【复习思考题】

一、名词解释

系统性风险　合规风险

二、选择题

1. 我国目前的证券投资咨询业务基本属于（　　）。

A. 代客理财　　　　　　　　　B. 理财顾问

C. 公开发表投资分析报告　　　D. 开办证券投资讲座

2. 证券投资咨询业务的种类包括（　　）。

A. 代客理财　　　　　　　　　B. 证券投资顾问业务

C. 发布证券研究报告业务　　　D. 理财顾问

3. 证券业投资咨询业务面临的系统性风险包括（　　）。

A. 政策风险　　　　　　　　　B. 经济周期性波动风险

C. 利率风险 D. 购买力风险

4. 证券业投资咨询业务面临的道德风险不包括（　　　　）。

A. 内幕交易 B. 欺诈客户

C. 操纵价格 D. 合规风险

三、问答题

1. 简述证券投资咨询业务的风险。

2. 如何避免证券投资咨询业务的风险？

选择题答案

1. AB　2. BC　3. ABCD　4. D

第十章

证券业投资银行业务的风险

【教学目的和要求】

通过本章的学习，使学生掌握证券业投资银行业务的概念，了解证券业投资银行业务的起源和发展现状，证券业投资银行业务的基本特征和发展机遇。掌握证券业投资银行业务风险的内涵、证券业投资银行业务的风险类型和特征。了解证券业投资银行业务的各种风险类型的应对措施。

第一节　证券业投资银行业务概述

一、投资银行定义及分类

在投资银行的发展研究中，美国金融学家、国际投资银行家罗伯特·劳伦斯·库恩在《投资银行文库》中对投资银行的定义，按照业务范围的大小，主要分为了以下四种：

1. 最广泛定义：所有金融业务，甚至可以包括国际承销业务、零售业务、海上保险、不动产投资等业务。

2. 次广泛定义：所有资本市场的经营活动，包括证券承销、财务并购、公司理财、资产管理、风险投资等，但不包括抵押、保险产品相关业务。

3. 较狭义定义：只限于某些资本市场业务，侧重证券承销和财务并购，但与上一定义相比，不包括风险资本、基金管理和风险管理等创新业务，也不包括支持零售业务的研究。

4. 狭义定义：仅指在一级市场上的证券承销等资本筹措和二级市场的交易经纪业务。

我国对投资银行的界定主要指经营资本市场业务的金融机构，包括证券公司、创业投资公司、基金管理公司、信托投资公司、期货经纪公司等各种从事投资银行业务的金融机构，本教材主要指证券公司的投资银行业务。

二、投资银行的业务概述

经过一百年的发展，现代投资银行已经突破了证券发行与承销、证券交易经纪、证券私募发行等传统业务框架，企业并购、项目融资、风险投资、公司理财、投资咨询、资产及基金管理、资产证券化、金融创新等都已成为投资银行的核心业务组成。

1. 证券承销：证券承销是投资银行最本源、最基础的业务活动。投资银行承销的证券品种范围很广，包括该国中央政府、地方政府、政府机构发行的债券，企业发行的股票和债券，外国政府和公司在该国和世界发行的证券，国际金融机构发行的证券等。

2. 证券交易经纪：投资银行在二级市场中扮演着做市商、经纪商和交易商三重角色。此外，投资银行还在二级市场上进行无风险套利和风险套利等活动。

3. 证券私募发行：证券的发行方式分为公募发行和私募发行两种，前面的证券承销实际上是公募发行。私募发行又称私下发行，就是发行者不把证券售给社会公众，而是仅售给数量有限的机构投资者，如保险公司、共同基金等。

4. 兼并与收购：企业兼并与收购已经成为现代投资银行除证券承销与经纪业务外最重要的业务组成部分。投资银行可以以多种方式参与企业的并购活动，在并购中往往还包括垃圾债券的发行、公司改组和资产结构重组等活动。

5. 项目融资：投资银行在项目融资中的主要工作是项目评估、融资方案设计、有关法律文件的起草、有关的信用评级、证券价格确定和承销等。

6. 公司理财：公司理财实际上是投资银行作为客户的金融顾问或经营管理顾问而提供咨询、策划或操作。

7. 基金管理：投资银行与基金有着密切的联系。首先，投资银行可以作为基金的发起人，发起和建立基金；其次，投资银行可作为基金管理者管理基金；最后，投资银行可以作为基金的承销人，帮助基金发行人向投资者发售受益凭证。

8. 财务顾问：投资银行的财务顾问业务是投资银行所承担的对公司尤其是上市公司的一系列证券市场业务的策划和咨询业务的总称。主要指投资银行在公司的股份制改造、上市、在二级市场再筹资以及发生兼并收购、出售资产等重大交易活动时提供的专业性财务意见。

9. 资产证券化：资产证券化是指经过投资银行把某公司的一定资产作为担保而进行的证券发行，是一种与传统债券筹资十分不同的新型融资方式。

10. 金融创新：同许多其他领域一样，金融领域充满创新。期货、期权、掉期等产品或工具都是创新的结果。通过金融创新工具的设立与交易，投资银行进一步拓展了投资银行的业务空间和资本收益。

11. 风险投资：风险投资是指对新兴公司在创业期和拓展期进行的资金融通，表现为风险大、收益高。投资银行涉足风险投资有不同的层次：第一，采用私募的方式为这些公司筹集资本；第二，对于某些潜力巨大的公司有时也进行直接投资，成为其股东；第三，更多的投资银行是设立"风险基金"或"创业基金"向这些公司提供资金来源。

三、我国投资银行业务发展情况

随着中国资本市场的发展，证券公司在国内的资本市场中扮演投资银行的角色。我国最开始出现投资银行是在 20 世纪 80 年代初，截至 2017 年底，投资银行的数量提升至 130 多家，其中专门从事证券业务的机构达到 300 多家。在 1995 年的时候，中国建设银行和国际上的 5 家金融机构一共出资 1 亿美元建立起了中国国际金融有限公司（CICC），之后 CICC 成为中国第一家中外合资的投资银行。

整体来看，我国的投资银行发展时间经历了不同阶段，例如，数量增长时期、蓄势整理时期、大规模重组规范发展时期，但是对比与国外投资银行的发展还有所欠缺，为了深入拓展国民经济，努力发展资本市场，需要不断完善和发展。

（一）收入结构仍较为集中，受市场和政策影响较大

中国投资银行呈现出业务结构雷同，业务品种单一，主要集中在经纪、承销和自营三项业务，企业并购、资产证券化、创新业务、国际化业务等其他业务还有待开拓。我国现行证券公司在整个资本市场中一共承担了三种角色，即一级市场的承销商、二级市场的经纪商、二级市场的交易商，其中一级市场的承销商属于证券公司经济利润的主要来源。综合形式的证券公司资金收入结构中，全部收入的绝大多数都是来自自营承销的收入，经纪业务在整个收入中的利润占比达到 50%。面对很多新型的投资业务发展，例如，基金发起、项目融资、兼并和收购等活动的开展还不够广泛，对于金融创新引发的很多新型金融业务，例如，期权业务、掉期业务、资产证券化业务等发展的关系很少，只有很少部分的国内大的投资银行中涉及相关知识，但是由于实力不足，经验不足等因素，很多业务的发展一直都不够成熟。

（二）综合实力相对较弱、抗风险能力差

截至 2016 年底，我国前 129 家证券公司总资产规模约 5.79 万亿元人民币，与国外单个投资银行数千亿资本资产规模比较相差甚远。与银行业相比，证券公司的资本实力仍然较弱，对国内金融体系的影响力相对不足，中外投资银行的资本资产规模差距巨大。我国目前从事投行业务的主体主要有专业的证券公司、兼营的信托公司和一些财务公司等。这些公司的共同特点是数量多、规模小、资本不足，抗风险能力和竞争能力差，由于这些原因，在每一次系统风险来临时，破产、关闭、合并重组等都不乏其例。国际投行业的发展历程表明：为数不多的现代化大型投行占主导地位，成为行业龙头与支柱，是投行行业成熟的重要标志。

（三）风险控制与合规建设仍待提高

2016 年，投资银行业务出现了一些合规风险事件，如欣泰电气欺诈发行、博元投资信息披露违法。在 IPO 加速审核、常态化发行的同时，监管口径并没有放松，全年处罚数量和金额创历史新高，市场进入人数达到历史峰值。合规事件与处罚达新高反映出目前发行人、上市公司合规意识淡薄，保荐机构及各中介机构履行职责不到位的现象，风险控制意识与手段、合规管理与建设仍待提高。

（四）市场空间有限，投行业务竞争加剧

在投资银行业务收入构成中，传统保荐业务和承销业务占比较高，收入也相对丰厚。随着市场融资规模增速变慢，获得客户成本升高，市场竞争也将更加激烈，投资银行通道业务竞相压价和过度竞争，出现了低价揽承、大项目基本不赚钱的现象。

第二节　证券业投资银行业务的风险

一、系统性风险

系统性风险会导致证券公司的发行与承销业务受到较大影响，具体影响表现在以下几个方面。

（一）法律环境风险

国家为了资本市场的健康发展，会在不同阶段采用不同的发行制度，进而产生一系列法律法规。如1990年至2000年，我国公司IPO采用的是审批制度，在这种制度下，发行上市的整个过程是完全处于计划中的。2001年3月以来，采用的核准制的发行方式，申报的材料需得到证监会的审批，保荐机构对上市公司所披露的信息承担保荐责任，企业就可以上市发行股票。2016年1月1日起，证监会又明确新股发行将执行新的制度，投资者申购新股时无须再预先缴款，小盘股将直接定价发行，发行审核将会更加注重信息披露要求，发行企业和保荐机构需要为保护投资者合法权益承担更多的义务和责任。正是由于证监会出于对二级市场影响考虑、新股发行制度改革等诸多原因，历史上IPO曾经历过数次暂停和重启。据统计，在A股历史上，共有9次暂停IPO，9次重启。在2015年最后一次IPO重启时证监会提出取消新股申购预缴款制度、简化发行审核条件、突出信息披露要求、强化中介机构责任等新股发行制度改革措施。

IPO的每一次暂停都会影响证券公司发行与承销业务的顺利进行，都会考验承销机构的风险控制制度建设，给整个投资银行业带来系统性的风险。

（二）行业风险

行业政策上的变化会使得投资银行的风险充满不确定性。随着技术的不断发展与进步，为了国家经济平稳较快的发展，国家会颁布一些产业政策，鼓励某些具有创新性和前景性的企业发展。而产业经济的发展需要资本市场的不断支持，因此，资本市场应该围绕着产业机构调整的方向，鼓励这些企业在资本市场上融资，使其不断壮大。例如2008年国际金融危机以后，我国政府从2009年起连续出台了钢铁、汽车等十大产业振兴规划，目的就是为了应对当时的经济衰退，保证经济平稳增长和就业水平，因此资本市场就要配合这一政策，投资银行承销保荐这些企业的风险相对其他行业会小。而目前，这十大行业中特别是钢铁行业属于传统行业而且是重污染行业，因此投资银行承销保荐这些企业的风险比较大。

（三）市场风险

由于 IPO 承销业务的周期较长，市场的不确定性会使承销机构承担着很大的风险。如公司从决定上市到最后成功上市一般都会至少经历两年的时间，在此期间拟发行人可能因为市场环境发生变化、业绩下滑而导致不符合《中华人民共和国证券法》的发行要求，遇到这样的情况，证券公司只能暂停申报材料，前期投入的成本也无法立刻收回。

二、监管风险

监管风险是指由于法律或监管规定的变化，影响投资银行政策运营的风险。我国投资银行的监管体制参照美国投资银行发展初期的体制，由中国证监会统一行使监管权，证券业协会、上海深圳证券交易所作为自律组织机构起到辅助监督作用，属于集中型的监管体制。但我国投资银行监管起步较晚，监管机构在风险的应变机制上普遍经验不足，使得监管体制的运行效率比较低，而且监管手段落后，各监管部门之间监管职能不明确，不能有效对金融机构日常经营中的风险进行监管。往往以事后监管为主，忽视了事前的预防性监管，加上我国证券市场的参与主体以中小投资者为主，中小投资者的消极化、恐慌的情绪很容易相互影响，一旦出现类似于美国的金融危机，风险的蔓延速度可能会更快，进一步增大了监管的难度。

三、政府部门支持风险

一般来说，高质量的公司申请上市是政府部门所支持的，这些公司上市一方面提高了上市公司的知名度，促进拟上市公司的经济效益，带动当地的就业；另一方面政府的 GDP 也会得到一定的增长，保证该地区经济稳定增长。因此，符合一定条件的企业申请上市都是得到当地政府部门的支持，政府部门的高度支持，对券商 IPO 承销业务风险性的下降有一定的帮助。反之，政府部门不支持的公司上市可能会遇到种种障碍，使投资银行面临发行失败的风险。

四、中介机构风险

中介机构风险指证券公司在承销过程中由于相关利益者多并且关系复杂而产生的风险。比如参与公司上市的中介机构有投资银行、会计师事务所、律师事务所、资产评估事务所、土地评估事务所等，同时公司在上市过程中需要得到税务、工商、环保部门的相关证明文件，涉及的利益相关者比较多，问题也变得复杂起来。比如一些会计师事务所迫于业务及未来再次合作的压力，可能不会根据他们的理性做出合规性的判断，甚至出具虚假的审计报告。这些错误的审计报告会直接导致证券承销商面临着各种发行环节的风险。

五、审核风险

我国公司在 IPO 发行之前，涉及的监管部门有证券监督管理机构，公司在申报上市材料之前所做的尽职调查工作，准备上市材料，都是为了能够使公司的各方面情况符合《公司法》《证券法》及证监会颁发的法律法规，能够使该公司的申报材料通过中国证监会的审核，拿到公司上市发行的资格。因此，证监会是决定拟上市公司能否上市的一道重要关口，投资银行及拟上市公司所做的一切准备都是为了通过这道关口。在我国目前的审批制下，公司发行股票、配售股票等都须经国家证监会审核，如果由于国家产业政策、企业经济效益、材料制作等原因引起审核通不过，就会前功尽弃。

六、内部操作风险

内部操作风险是指由于企业内部经营和管理不善而造成的风险，有以下几个方面：

1. 项目决策风险：证券公司在筛选或审核项目时，由于主、客观等多种不确定因素的存在，导致决策活动不能达到预期目的的可能性及其后果，一旦决策选择不当，意味着证券公司战略上的失败，会对其未来开展业务造成极大的负面影响。

2. 企业管理风险：管理风险是指管理运作过程中因信息不对称、管理不善、判断失误等影响管理的水平。

3. 内部控制风险。内部控制风险是指因缺乏全面的内部控制制度和完整的风险控制体系、不能及时控制交易欺诈违规等现象而产生的损失。

七、人才风险

人才风险指投资银行由于专业人才匮乏、跳槽频繁而产生的风险。投资银行在进行公司上市前的尽职调查过程中，涉及财务、法律等方面的知识，这就要求项目人员必须具备财务法律方面的知识才能把项目做好。如果由于员工业务能力不足造成项目定价过高，承销的股票或者债券出现投资者认购不足导致发行失败，此时证券公司就将承担经济上和名誉上的双重损失。专业人才的稀缺直接导致我国投资银行的创新型业务展开的进程很慢，在发展中面临着人才匮乏的风险。此外，投行人员跳槽频繁、离职率高，也是制约投资银行发展的重要原因。

第三节　证券业投资银行业务的风险防范措施

一、加强投行从业人员的风险防范意识

（一）建立良好的风险管理文化

投资银行可采取定期组织培训等手段加强风险管理理念，强化员工的风险管理意识，培养操作风险管理文化。将风险管理文化贯穿到投行所有业务的流程中，形成良好的风险管理文化氛围及风险防范道德环境，从源头上杜绝发生操作风险的可能性。

（二）提升公司风险管理处罚力度

投资银行还应完善处罚约束机制，加大风险管理的处罚力度。投资银行风险管理部门应该对每个项目开展深入调研，对在承接、尽职调查与持续督导阶段操作风险中

表现欠佳的项目，按规定进行处罚；对问题整改不到位或重复问题屡次发生的项目组及个人，加大处罚力度，使其从根本上意识到问题的严重性。极其严重者可以采取辞退或者降职降薪等手段，在保证公司整体风险管理环境的同时，也对其他员工起到警示作用。

二、注重投行业务操作风险管理组织架构建设

（一）设立独立的操作风险管理部门

在投行内部设立操作风险管理部门，负责制定与操作风险有关的政策，对操作风险管理实行统一分工与协调；操作风险管理部门应保证在管控过程中的独立性，而非附属与某一相关部门管控下；在操作风险管理部门内部应采用垂直管理模式，即下级单位可越级报告，以保证在紧急情况下，高级管理人员能快速知晓情况，确保信息的畅通，及时对情况进行处理。

（二）建立科学的操作风险管理决策机制

决策层与执行层和监控层应严格分开，在决策层内部也应形成层次化的决策体系，特别是对投行业务总领导和风险管理者之间应有明确的职能划分，其中投行业务总领导应偏重于投行业务的经营战略制定的有效性，风险管理者则需偏重于风险政策制定，包括确定风险管理指导思想和风险限制指标等。

（三）完善投行业务操作风险管理流程设计

1. 提高投行业务操作风险识别能力。投行业务应以现阶段可能存在的操作风险与未来潜在的操作风险为核心，在业务承接阶段就树立操作风险管理意识并具备操作风险识别能力。团队成员在整个识别过程中应考虑如下因素：公司对操作风险态度如何，所要求的操作风险容忍度是多少；所承接的项目具体情况如何，该情况所带来的操作风险有哪些；针对该特定承接项目是否会引发特别的操作风险；在承接项目过程中需要采取何种措施来应对当前及潜在的操作风险。

2. 建立投行操作风险预测预警机制。高效完善的风险预测预警机制，可以帮助其在日后业务实施阶段能及早发现所存在的风险，为决策者做出正确判断提供一定依据，及时采取措施，避免损失。投资银行可以借助计算机技术开发操作风险预警与监控平台，来提高操作风险预警能力。对于不同层级的操作风险，制订与之对应的应对方案，保证合理预警的同时成本最低。

3. 构建投行业务操作风险量化模型。投资银行应在业务实际操作过程中摸索出加快改进操作风险计量的方法、技术和手段，以提高公司操作风险管理的技术含量。投资银行可运用计算机创新技术，加快系统平台和风险管理体系建设，通过定量测算和定性分析，正确评估操作风险的具体状况，为操作风险防范和管理提供依据。

三、加强监管

我国目前投资银行业务中还存在着大量的违规行为，缺乏专门针对不同投行业务的监督法律规范，《证券法》虽已出台，但是还比较笼统，还未涉及许多具体的投资银

行业务，因此需要对原有的投资银行监管法律进行修订或者制定《投资银行监管法》。在制定法律法规时，对投资银行的管理主体、设立条件、业务范围、行业原则、检查和稽核作出明确的规定；采用市场化的政策，放宽进入门槛，允许公平竞争，严把公司治理关。此外，为规范投资银行的业务操作，要有针对性的严格的法律规范对投资银行涉嫌作假、欺诈的行为进行严厉的处罚，用法律手段约束投资银行的职业行为，构建一个良好的市场投资环境。

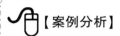【案例分析】

雷曼兄弟的破产

2008年9月15日，美国第四大投资银行雷曼兄弟按照美国公司破产法案的相关规定提交了破产申请，成为了美国有史以来倒闭的最大金融公司。拥有158年历史的雷曼兄弟公司是华尔街第四大投资银行。2007年，雷曼在世界500强排名第132位，2007年年报显示净利润高达42亿美元，总资产近7 000亿美元。2008年9月9日，雷曼公司股票一周内股价暴跌77%，公司市值从112亿美元大幅缩水至25亿美元。第一个季度中，雷曼卖掉了1/5的杠杆贷款，同时又用公司的资产作抵押，大量借贷现金为客户交易其他固定收益产品。第二个季度变卖了1 470亿美元的资产，并连续多次进行大规模裁员来压缩开支。然而雷曼的自救并没有把自己带出困境。华尔街的"信心危机"，金融投机者操纵市场，一些有收购意向的公司则因为政府拒绝担保没有出手。雷曼最终还是没能逃脱破产的厄运。

在这一轮由次级贷款问题演变成的信贷危机中，众多金融机构因资本金被侵蚀和面临清盘的窘境，这其中包括金融市场中雄极一时的巨无霸们。贝尔斯登、"两房"、雷曼兄弟、美林、AIG皆面临财务危机或被政府接管、或被收购或破产收场，而它们曾是美国前五大投行中的三家，全球最大的保险公司和大型政府资助机构。在支付危机爆发后，贝尔斯登、雷曼兄弟和美林在次贷危机中分别减值32亿美元、138亿美元及522亿美元，总计近700亿美元，而全球金融市场减记更高达5 573亿美元。

资料来源：http://jtxt.tlu.edu.cn/s/74/t/363/96/83/info38531.html。

思考题：雷曼兄弟的破产给我们带来哪些启示？

【本章小结】

投资银行是与商业银行相对应的一类金融机构，主要从事证券发行、承销、交易、企业重组、兼并与收购、投资分析、风险投资、项目融资等业务的非银行金融机构，是资本市场上的主要金融中介。

投资银行业务包括证券发行与承销、证券交易经纪、证券私募发行、企业并购、项目融资、风险投资、公司理财、投资咨询、基金管理、资产证券化、金融创新等。

投资银行面临系统性风险、监管风险、政府部门支持风险、中介机构风险、审核风险、内部操作风险、人才风险等。

【复习思考题】

一、名词解释

投资银行　证券承销　资产证券化　风险投资　内部操作风险

二、选择题

1. 下列不属于投资银行业务的是（　　　）。

A. 证券承销　　　　B. 发放贷款　　　　C. 兼并与收购　　　　D. 证券私募发行

2. 投资银行业务的系统性风险不包括（　　　）。

A. 法律环境风险　　B. 行业风险　　　　C. 监管风险　　　　　D. 市场风险

3. 由于法律或监管规定的变化，影响投资银行政策运营的风险是（　　　）。

A. 政府部门支持风险　　　　　　　　B. 中介机构风险

C. 审核风险　　　　　　　　　　　　D. 监管风险

4. 由于企业内部经营和管理不善而造成的风险是（　　　）。

A. 政府部门支持风险　　　　　　　　B. 中介机构风险

C. 审核风险　　　　　　　　　　　　D. 内部操作风险

三、问答题

1. 投资银行的功能有哪些?

2. 我国投资银行目前存在的问题有哪些?

3. 简述投资银行业务的风险。

4. 简述投资银行业务的风险防范措施。

选择题答案

1. B　2. C　3. D　4. D

第十一章

证券业监管

【教学目的和要求】

通过本章的学习，使学生了解证券业监管的意义。掌握证券业监管的原则和手段，掌握证券业监管的内容。了解我国证券业监管的基本情况，了解证券业安全相关法律法规。

第一节　中国证券业监管概述

证券监管是指以保护投资者合法权益为宗旨，以矫正和改善证券市场的内在问题（市场失灵）为目的，政府及其监管部门通过法律、经济、行政等手段对参与证券市场各类活动的各类主体的行为所进行的引导、干预和管制。证券监管的明确目标在于严厉打击证券市场上的违法违规交易，以求保护投资者的合法权益不受侵害，从而维护投资者对证券市场的长期信心。

一、证券监管的意义

（一）加强证券市场监管是保障广大投资者合法权益的需要。投资者是证券市场的重要参与者，他们参与证券交易、承担投资风险是以获取收益为前提的。为保护投资者的合法权益，必须坚持"公开、公平、公正"的原则，加强对证券市场的监管。

（二）加强证券市场监管是维护市场良好秩序的需要。为保证证券发行和交易的顺利进行，一方面，国家要通过立法手段，允许一些金融机构、中介机构和个人在国家政策法令许可的范围内买卖证券并取得合法收益；另一方面，在现有的经济基础和条件下，市场也存在着蓄意欺诈、垄断行市、操纵交易和哄抬股价等多种弊端。为此，必须对证券市场活动进行监督检查，对非法证券交易活动进行严厉惩处、以保护正当交易，维护证券市场的正常秩序。

（三）加强证券市场监管是发展和完善证券市场体系的需要。完善的市场体系能促进证券市场筹资和投资功能的发挥，有利于稳定证券市场，增强社会投资信心，促进资本合理流动，从而推动金融业、商业和其他行业以及社会福利事业的顺利发展。

（四）准确和全面的信息是证券市场参与者进行发行和交易决策的重要依据。一个发达、高效的证券市场也必定是一个信息灵敏的市场，它既要有现代化的信息通信设备系统，又必须有组织严密的科学的信息网络机构；既要有收集、分析、预测和交换信息的制度与技术，又要有与之相适应的、高质量的信息、管理人才。这些都只有通过相关的统一组织管理才能实现。

二、证券监管原则

（一）公开、公平、公正原则

公开原则，要求证券市场上的各种信息向市场参与者公开披露，任何市场参与者不得利用内幕信息从事市场活动。这里的信息包含各种财务信息、交易信息、行为信息、政策信息乃至监管信息等与市场参与者利益相关的所有信息。公开原则是实现市场公平和公正的必要条件，也是证券法律的精髓所在。而且，公开性与信息的透明度是证券市场监管与证券市场效率之间的微观结合点。信息的公开程度直接关系到市场效率的高低。

公平原则，要求证券市场上的参与者拥有均等的市场机会、均等的交易机会和均等的竞争机会，不存在任何歧视或特殊待遇。市场经济条件下的市场公平，在本质上反映了商品交换的等价有偿性。证券市场上，统一的市场规则、均等的市场机会、平等的主体地位与待遇、以价值规律为基础的证券交易形式，就是公平。公平原则的首要要求是信息的完全性和对称性，即所有投资者拥有同质的及时信息。公平原则的内容也涉及地位公平、税负公平、权利公平、利益公平；公平的对象主要是社会公众，也包括其他市场参与主体。机会均等和平等竞争是证券市场正常运行的前提。

公正原则，要求证券监管者公正无私地进行市场管理和对待市场参与者。公正原则的内容包括立法公正、执法公正、仲裁公正。公正原则是有效监管的生命，是监管者以法律框架实现市场所有参与者之间的平衡与秩序的关键，并构成对管理者、立法者、司法者权利的赋予与制约。

可以说，"三公"原则是市场经济的三大原则，是证券监管活动必须奉行的基本原则，也是各国证券市场管理的核心和灵魂所在。

（二）保护投资者利益原则

从资金来源看，证券市场发展的关键在于投资者对市场的信心。要确保投资者信心，必须切实保护投资者的利益。由于普通投资者一般处于信息和资金劣势，为消除市场竞争中的不对称性，要求监管者尽力消除证券市场上的欺诈、操纵、内幕消息等问题，保证投资者利益免受侵害。

（三）诚实信用原则

证券监管者在制定和实施各项法律、法规、制度的时候，必须以要求市场参与者达到诚实信用为原则：作为证券市场筹资者，必须真实、准确、完善地公开财务信息；作为证券市场的中介机构，在提供市场信息与服务时不得存在欺诈或严重误导行为；作为证券市场投资者，不得散布虚假信息、垄断或操纵市场价格、扰乱市场正常秩序。

（四）依法管理原则

依法管理并非否定经济调控方式和行政管理方式在一定客观条件下的必要性，而是强调依法治市的管理原则。依法管理有两层含义：一是要求证券法律、法规、制度的完善与具体；二是要求执法的严格和有力。一个无法可依、执法不严或以人治代替法制的证券市场必然出现动荡甚至危机。

（五）政府监管与自律管理相结合的原则

政府证券监管机构必须注重政府监管与自律管理的有机结合，由此出发建立完整的证券市场监督管理体系。即使在自律管理具有悠久传统且发挥重大作用的英国等西方国家，政府监管也正成为整个证券监管框架中不可或缺的主旋律。对于新兴证券市场，更应强调政府的集中、统一的监管地位，在此基础上构建自律组织的权责和职能。

三、证券监管手段

（一）法律手段

国家通过立法和执法，以法律规范形式将证券市场运行中的各种行为纳入法制轨道，证券发行与交易过程中的各参与主体按法律要求规范其行为。运用法律手段管理证券市场，主要是通过立法和执法抑制和消除欺诈、垄断、操纵、内幕交易和恶性投机现象等，维护证券市场的良好运行秩序。涉及证券市场管理的法律、法规范围很广，大致可分两类。一类是证券监管直接有关的法规，除证券管理法、证券交易法等基本法律外，还包括各国在上市审查、会计准则、证券投资信托、证券金融事业、证券保管和代理买卖、证券清算与交割、证券贴现、证券交易所管理、证券税收、证券管理机构、证券自律组织、外国人投资证券等方面的专门法规，几乎遍及证券市场的所有领域。另一类是涉及证券管理、与证券市场密切相关的其他法律，如公司法、银行法、票据法、破产法、财政法、反垄断法等。这样，形成一个以证券基本法为核心，专门证券管理法规或规则相补充，其他相关法律相配套的证券法律体系。

我国证券市场的法律、法规分为四个层次，其法律效力依次递减：

第一个层次是指由全国人民代表大会或全国人民代表大会常务委员会制定并颁布的法律，包括：

（1）《中华人民共和国证券法》。《中华人民共和国证券法》是为规范证券发行和交易行为，保护投资者的合法权益，维护社会经济秩序和社会公共利益，促进社会主义市场经济的发展制定的。于1998年12月第九届全国人民代表大会通过的，之后进行过三次修正。

（2）《中华人民共和国证券投资基金法》。《中华人民共和国证券投资基金法》是为了规范证券投资基金活动，保护投资人及相关当事人的合法权益，促进证券投资基金和证券市场的健康发展制定的，由中华人民共和国第十届全国人民代表大会常务委员会第五次会议于2003年10月28日通过，并于2013年进行了修正。

第二个层次是指由国务院制定并颁布的行政法规，包括：

（1）《证券公司监督管理条例》。《证券公司监督管理条例》是为了加强对证券公司的监督管理，规范证券公司的行为，防范证券公司的风险，保护客户的合法权益和社会公共利益，促进证券业健康发展，根据《证券法》和《公司法》制定的。《证券公司监督管理条例》对证券公司的设立、组织机构、业务规则与风险控制、监督管理等方面进行了明确规定。

（2）《证券公司风险处置条例》。《证券公司风险处置条例》是为了控制和化解证券公司风险，保护投资者合法权益和社会公共利益，保障证券业健康发展，根据《证券法》和《企业破产法》制定的。《证券公司风险处置条例》对证券公司的停业整顿、托管、行政重组、撤销和破产清算等方面作出了明确规定。

（3）《证券、期货投资咨询管理暂行办法》。《证券、期货投资咨询管理暂行办法》是为了加强对证券、期货投资咨询活动的管理，保障投资者的合法权益和社会公共利益制定的。对从事证券、期货投资咨询业务的机构、人员、业务规则、法律责任等作出了明确规定。

第三个层次是指由证券监管部门和相关部门制定的部门规章及规范性文件，包括：

（1）《证券发行与承销管理办法》。《证券发行与承销管理办法》是为规范证券发行与承销行为，保护投资者合法权益，根据《证券法》和《公司法》制定的，对于证券发行定价与配售、证券承销、信息披露等方面作出明确规定。

（2）《上市公司信息披露管理办法》。《上市公司信息披露管理办法》是为了规范发行人、上市公司及其他信息披露义务人的信息披露行为，加强信息披露事务管理，保护投资者合法权益，根据《公司法》和《证券法》等法律、行政法规制定的。对上市公司的招股说明书、定期报告、临时报告等有关信息披露的内容、方式等作出了明确规定。

第四个层次是指由证券交易所、中国证券业协会及中国证券登记结算有限公司等自律组织制定的行业自律规则。

（二）经济手段

政府以管理和调控证券市场（而不是其他经济目标）为主要目的，采用间接调控方式影响证券市场运行和参与主体的行为。在证券监管实践中，常见的有以下两种经济调控手段。

1. 金融信贷手段。金融货币政策对证券市场的影响颇为显著。在股市低迷之际放松银根、降低贴现率和存款准备金率，可增加市场货币供应量从而刺激股市回升；反之则可抑制股市暴涨。运用平准基金开展证券市场上的公开操作可直接调节证券供求与价格。金融货币手段可以有效地平抑股市的非理性波动和过度投机，有助于实现稳定证券市场的预期管理目标。

2. 税收政策。由于以证券所得税和证券交易税（即印花税）为主的证券市场税收直接计入交易成本，税率和税收结构的调整直接造成交易成本的增减，从而可产生抑制或刺激市场的效应并为监管者所利用。

（三）行政手段

政府监管部门采用计划、政策、制度、办法等对证券市场进行直接的行政干预和管理。与经济手段相比较，运用行政手段对证券市场的监管具有强制性和直接性的特点。例如，对证券交易所、证券经营机构、证券咨询机构、证券清算和存管机构等实行严格的市场准入和许可证制度；交易过程中的紧急闭市等。

行政手段存在于任何国家证券市场的监管历史中。区别是在市场发育早期使用行政方式管理多些，到成熟阶段时行政方式用得少些。早期证券市场受社会经济诸方面条件制约，往往是法律手段不健全而经济手段低效率，造成监管不足的局面，故需行政手段的积极补充。然而，证券市场毕竟是市场经济高度发达的伴生物，其充分的市场经济特性必然要求伴随市场的成熟与完善，要逐步减少行政干预，因为过多的不恰当的行政干预容易形成监管过度，扭曲市场机制。

四、证券监管对象

证券监管的对象涵盖参与证券市场运行的所有主体，既包括证券公司等证券金融中介机构，也包括工商企业和个人。对于证券监管对象的设定可以从不同角度加以阐述，以证券市场参与主体的性质进行区分，一般包括：

（1）工商企业。指进入证券市场筹集资金的资本需求者，也包括在证券交易市场参与交易的企业法人。

（2）基金。既包括被作为交易对象的上市基金，也包括作为重要市场力量的投资基金（仅从不同角度看待）。

（3）个人。大致包含两类：一类主要指证券市场上的投资者即资金供给者；另一类指各种证券从业人员。

（4）证券金融中介机构。主要指涉及证券发行与交易等各类证券业务的金融机构，它既可以是专业的证券公司，也可以是银证合一体制下的商业银行和其他金融机构。

（5）证券交易所或其他集中交易场所。证券交易所是提供证券集中交易的场所，并承担自律管理职能的特殊主体。它既包括传统的有形市场，也包括以电子交易系统为运作方式的无形市场。

（6）证券市场的其他中介机构。包括证券登记、托管、清算机构以及证券咨询机构、会计师事务所、律师事务所、资产评估机构等。

五、我国的证券业监管

我国证券市场经过多年的发展，逐步形成了以国务院证券监督管理机构、国务院证券监督管理机构的派出机构、证券交易所、行业协会和证券投资者保护基金公司为一体的监管体系和自律管理体系。

（一）国务院证券监督管理机构

我国证券市场监管机构是国务院证券监督管理机构。国务院证券监督管理机构依法对证券市场实行监督管理，维护证券市场秩序，保障其合法运行。国务院证券监督管理机构由中国证券监督管理委员会及其派出机构组成。

1. 中国证券监督管理委员会。中国证券监督管理委员会（简称"中国证监会"）是国务院直属机构，是全国证券、期货市场的主管部门，按照国务院授权履行行政管理职能，依照相关法律、法规对全国证券、期货市场实行集中统一监管，维护证券市场秩序，保障其合法运行。中国证监会成立于1992年10月。

2. 中国证监会派出机构。中国证监会在上海、深圳等地设立9个稽查局，在各省、自治区、直辖市、计划单列市共设立36个证监局。其主要职责是：认真贯彻、执行国家有关法律、法规和方针、政策，依据中国证监会的授权对辖区内的上市公司，证券、期货经营机构，证券、期货投资咨询机构和从事证券业务的律师事务所、会计师事务所、资产评估机构等中介机构的证券业务活动进行监督管理；依法查处辖区内前述监管范围的违法、违规案件，调解证券、期货业务纠纷和争议，以及中国证监会授予的其他职责。

（二）证券自律组织

证券自律管理，也称行业自我管理，是指证券行业中的企业按照一致的意愿，自行对各成员在证券业务方面进行管理，以促进行业的公平、有序发展。

自律管理不可替代的地位，源于相对政府监管，其所具有的比较优势和特殊作用。一般来说，自律性监管之所以行之有效，主要原因有四点：首先，自律管理与行政监管具有互补性。其次，自律管理具有灵活性。再次，自律管理具有专业性。自律组织来自市场、接近市场、了解市场，拥有直接的市场经验，并储备了大量的专业人士，在自律管理中能够发挥专业优势。最后，实行自律管理满足了证券市场监管的多层次性需要。

境外证券市场发展的实践告诉我们，自律制度成功的关键，在于处理好政府监管和自律管理之间的关系。这种关系应该是互为依存、相互补充的。随着证券市场的发展，在世界范围内，政府主导下的监管模式和自律主导下的监管模式正在发生改变，一个基本趋势是：出于证券市场监管及时性、有效性需要，自律组织和政府机关在分工监管的基础上，相互协作和补充，自律管理和政府监管被紧密结合在一起。其中，政府更多地作为法律的执行者、政策的支持者、违法行为的查处者，而证券交易所和其他自律组织更多地作为市场运作的组织者、市场秩序的一线监管者、违规行为的发现者。

第二节　证券业监管内容

关于证券业监管的内容，一种较为权威的国际通行划分方式是法博齐（Fabozzi）和莫迪利安尼（Modigliani）所指出的，从证券监管活动覆盖面出发，认为政府应从四个方面对证券业进行监管。

一、信息披露监管

信息披露监管，即要求证券发行人对现实或潜在购买者提供有关交易证券的公开财务信息。2007年1月，中国证监会发布了《上市公司信息披露管理办法》，对证券发行人及其他信息披露义务人的信息披露行为进行规范。

（一）信息披露的意义

制定证券信息披露制度的目的是通过充分、公开、公正的制度来保护公众投资者，使其免受欺诈和不法操纵行为的损害。各国均以强制方式要求信息披露，信息披露的意义在于：

（1）有利于价值判断。从投资者角度看，投资获利是唯一的目的，要从种类繁多的有价证券中选择最有利的投资机会，投资者必须对发行公司的资信、财力及其公司的营运状况有充分了解。投资者只有取得有关发行人真实、完整、准确的信息，才能合理地作出投资决策。

（2）防止信息滥用。公平的证券市场是投资者都有均等获得信息的权利和投资获益机会的市场。证券的发行是公司股权或债权转移的过程，也是风险分化的过程。如果没有信息公开制度，发行人可能散布虚假信息、隐匿真实信息、滥用信息操纵市场，或以其他方式欺骗投资者而转嫁风险，使得证券市场无法显示证券的真正价值。

（3）有利于监督经营管理。信息公开包括公司财务信息的公开。以企业会计准则约束企业会计核算，有利于发行公司的管理规范化。信息公开制度的实施，还可以扩大发行公司的社会影响，提高其知名度。

（4）防止不正当竞争。在公司制度的演化过程中，所有权与经营权相分离。为保证经营权的合理行使，维护股东和公司债权人的利益，一些国家的公司法规定董事负有勤勉义务、忠实义务和竞业禁止义务。所谓竞业禁止义务，是指公司董事在为自己或第三人从事属于公司营业范围的交易时，必须公开有关交易的重要事实，并须得到股东大会的许可。这是由于董事从事竞业行为时可能夺取公司的交易机会，牺牲公司利益，或者利用职务上的便利，对公司造成损害。因此，以法律规定董事承担竞业禁止义务，公开与公司有关的信息，成为维护公司和股东权益的重要手段之一。

（5）提高证券市场效率。信息公开是提高证券市场效率的关键因素。证券发行与证券投资是实现社会资源配置的过程，这一过程主要依靠市场机制进行调节。证券的发行，包括发行时间、发行品种、发行数量等，主要取决于市场的要求及投资者的投资能力。证券投资是一个选择过程，如果企业资信良好、实力雄厚、管理甚佳、盈利丰厚，其发行的证券必为广大投资者所青睐。因此，为使投资者科学地选择投资证券，实现资源的合理配置，必须建立完备的信息公开系统。

（二）信息披露的基本要求

（1）全面性。这一要求是指发行人应当充分披露可能影响投资者投资判断的有关资料，不得有任何隐瞒或重大遗漏。

（2）真实性。这一要求是指发行人公开的信息资料应当准确、真实，不得有虚假记载、误导或欺骗。

（3）时效性。这一要求是指向公众投资者公开的信息应当具有最新性、及时性。公开资料反映的公司状态应为公司的现实状况，公开资料交付的时间不得超过法定期限。

（三）信息披露的内容

信息披露内容主要包括证券发行的信息披露和持续信息公开。

（1）证券发行的信息披露，是指证券公开发行时对发行人、拟发行的证券以及与发行证券有关的信息进行披露。该类信息披露文件主要有招股说明书、募集说明书、上市公告书等。

（2）持续信息公开，是指证券上市交易过程中发行人、上市公司对证券上市交易及与证券交易有关的信息要进行持续的披露。该类信息披露文件主要有上市公司定期报告（包括中期报告和年度报告）和上市公司临时报告（即重大事件公告）。

二、证券活动监管

证券活动监管是指对证券交易者和证券市场交易的有关规定。具体包括：

（一）操纵市场

证券市场中的操纵市场，是指某一组织或个人以获取利益或者减少损失为目的，利用其资金、信息等优势，或者滥用职权，制造证券市场假象，诱导或者致使投资者在不了解事实真相的情况下作出证券投资决定，扰乱证券市场秩序的行为。

1. 操纵市场行为

（1）通过单独或者合谋，集中资金优势、持股优势联合或者连续买卖，操纵证券交易价格；

（2）与他人串通，以事先约定的时间、价格和方式相互进行证券交易或者相互买卖并不持有的证券，影响证券交易价格或者证券交易量；

（3）以自己为交易对象，进行不转移所有权的自买自卖，影响证券交易价格或者证券交易量；

（4）以其他方式操纵证券交易价格。

2. 对操纵市场行为的监管

（1）事前监管。是指在发生操纵行为前，证券管理机构采取必要手段以防止损害发生。为实现这一目的，各国证券立法和证券管理机构都在寻求有效的约束机制。如美国《证券交易法》第二十一条赋予证券管理机构广泛的调查权，以约束种类繁多的市场危害行为。

（2）事后救济。是指证券管理机构对市场操纵行为者的处理及操纵者对受损当事人的损害赔偿。主要包括两个方面：第一，对操纵行为的处罚，根据我国《证券法》规定，操纵证券交易价格或者制造证券交易的虚假价格或者证券交易量，获取不正当利益或者转嫁风险的，没收违法所得，并处违法所得一倍以上五倍以下的罚款；构成犯罪的，依法追究刑事责任。证券经营机构的操纵行为被查实后，证券管理机构可以暂停或取消其注册资格，取消其交易所会员资格，或对其交易数量加以限制，或令其停止部分或全部交易。第二，操纵行为受害者可以通过民事诉讼获得损害赔偿。

（二）欺诈行为

欺诈客户是指以获取非法利益为目的，违反证券管理法规，在证券发行、交易及相关活动中从事欺诈客户、虚假陈述等行为。

1. 欺诈客户行为

（1）证券经营机构将自营业务和代理业务混合操作；

（2）证券经营机构违背代理人的指令为其买卖证券；

（3）证券经营机构不按国家有关法规和证券交易场所业务规则的规定处理证券买卖委托；

（4）证券经营机构不在规定时间内向被代理人提供证券买卖书面确认文件；

（5）证券登记、清算机构不按国家有关法规和本机构业务规则的规定办理清算、交割、过户、登记手续；

（6）证券登记、清算机构擅自将顾客委托保管的证券用作抵押；

（7）证券经营机构以多获取佣金为目的，诱导顾客进行不必要的证券买卖，或者在客户的账户上翻炒证券；

（8）发行人或者发行代理人将证券出售给投资者时，未向其提供招募说明书；

（9）证券经营机构保证客户的交易收益或者允诺赔偿客户的投资损失；等等。

2. 对欺诈客户行为的监管。为了禁止证券欺诈行为，维护证券市场秩序，保护投资者的合法权益和社会公共利益，国务院于1993年9月2日发布了《禁止证券欺诈行为暂行办法》（以下简称《办法》）。《办法》对我国证券发行、交易及相关活动中的内幕交易、操纵市场、欺诈客户、虚假陈述等行为进行了明确的界定并制定了相应的处罚措施。《办法》规定，禁止任何单位或个人在证券发行、交易及其相关活动中欺诈客户。证券经营机构、证券登记或清算机构以及其他各类从事证券业的机构有欺诈客户行为的，将根据不同情况，限制或者暂停证券业务及其他处罚。因欺诈客户行为给投资者造成损失的，应当依法承担赔偿责任。

（三）内幕交易

所谓内幕交易，又称知内情者交易，是指公司董事、监事、经理、职员、主要股东、证券市场内部人员或市场管理人员，以获取利益或减少经济损失为目的，利用地位、职务等便利，获取发行人未公开的、可以影响证券价格的重要信息，进行有价证券交易，或泄露该信息的行为。

1. 内幕交易的行为主体。《证券法》第六十八条规定，下列人员为知悉证券交易内幕信息的知情人员：发行股票或者公司债券的公司董事、监事、经理、副经理及有关高级管理人员；持有公司百分之五以上股份的股东；发行股票公司的控股公司的高级管理人员；由于所任公司职务可以获取公司有关证券交易信息的人员；证券监督管理机构工作人员以及由于法定职责对证券交易进行管理的人员；由于法定职责而参与证券交易的社会中介机构或者证券登记结算机构、证券交易服务机构的有关人员；国务院证券监督管理机构规定的其他人员。

2. 内幕信息。《证券法》第六十九条规定，在证券交易活动中，涉及公司的经营、财务或者对该公司证券的市场价格有重大影响的尚未公开的信息，为内幕信息。下列各项信息皆属内幕信息：本法第六十二条第二款所列重大事件；公司分配股利或者增资计划；公司股权结构的重大变化；公司债务担保的重大变更；公司营业用主要资产的抵押、出售或者报废一次超过该资产的百分之三十；公司的董事、监事、经理、副经理或者其他高级管理人员的行为可能依法承担重大损害赔偿责任；上市公司收购的有关方案；国务院证券监督管理机构认定的对证券交易价格有显著影响的其他重要信息。

3. 内幕交易的行为方式。内幕交易的行为方式主要表现为：行为主体知悉公司内幕信息，且从事有价证券的交易或其他有偿转让行为，或者泄露内幕信息或建议他人买卖证券等。

4. 对内幕交易的监管。《证券法》第七十条规定：知悉证券交易内幕信息的知情人员或者非法获取内幕信息的其他人员，不得买入或者卖出所持有的该公司的证券，或者泄露该信息或者建议他人买卖该证券。《禁止证券欺诈行为暂行办法》规定，禁止任何单位或个人以获取利益或减少损失为目的，利用内幕信息进行证券发行、交易活动。

内幕交易行为包括：

（1）内幕人员利用内幕信息买卖证券或者根据内幕信息建议他人买卖证券；

（2）内幕人员向他人泄露内幕信息，使他人利用该信息进行内幕交易；

（3）非内幕人员通过不正当的手段或者其他途径获得内幕信息，并根据该信息买卖证券或者建议他人买卖证券等。

根据《禁止证券欺诈行为暂行办法》规定，内幕人员和以不正当手段或者其他途径获得内幕信息的其他人员违反法律规定，泄露内幕信息，根据内幕信息买卖证券或者建议他人买卖证券的，将根据不同情况予以处罚，并追究有关人员的责任。

三、对金融机构监管

（一）对证券公司的监管

1. 以诚信与资质为标准的市场准入制度。建立和完善包括机构设置、业务牌照、从业人员特别是高级管理人员在内的市场准入制度，通过行政许可把好准入关，防范不良机构和人员进入证券市场。设立证券公司必须满足法律法规对注册资本、股东，高级管理人员及业务人员、制度建设、经营场所、合规记录等方面的设立条件；在准入环节对控股股东和大股东的资格进行审慎调查，鼓励资本实力强、具有良好诚信记录的机构参股证券公司。

2. 以净资本为核心的经营风险控制制度。为完善证券公司经营风险的识别、计量和预警机制，防范投资者合法权益因证券公司经营失败受到侵害，2006 年 7 月，中国证监会发布实施了《证券公司风险控制指标管理办法》，并于 2008 年根据实践情况对该办法进行了修订。该办法建立了以净资本为核心的风险控制指标体系和风险监管制度。这一制度具有三个特点：一是建立了公司业务范围与净资本充足水平动态挂钩机制；二是建立了公司业务规模与风险资本动态挂钩机制；三是建立了风险资本准备与净资本水平动态挂钩机制。在日常监管中，以资本充足为监管重点，加强对证券公司风险控制指标生成过程的检查，通过建立监控系统加强风险控制指标的实时监控和预警，并对风险控制指标不符合规定的公司及时采取相应的监管措施，促使证券公司各项控制指标持续达标。

同时，以证券公司风险管理能力为基础，以财务状况和合规程度为依据，对证券公司进行评价和分类，并对不同类别的证券公司适用不同的监管措施，建立"区别对待，优胜劣汰"的动态分类监管机制，促使证券公司不断完善和深化内部风险控制机制，坚持在风险可测、可控、可承受前提下创新发展。根据《证券公司分类监管规定》，中国证监会根据证券公司评价计分的高低，将证券公司分为 A（AAA、AA、A）、B（BBB、BB、B）、C（CCC、CC、C）、D、E 5 大类共 11 个级别。

3. 合规管理制度。2008 年 7 月，中国证监会发布实施了《证券公司合规管理试行规定》，要求证券公司全面建立内部合规管理制度。合规管理是指证券公司制定和执行合规管理制度，建立合规管理机制，培育合规文化，防范合规风险的行为。而合规是指证券公司及其工作人员的经营管理和执业行为符合法律、法规、规章及其他规范性文件、行业规范和自律规则、公司内部规章制度，以及行业公认并普遍遵守的职业道德和行为准则。

证券公司应设立合规总监和合规部门，强化对公司经营管理行为合规性的事前审查、事中监督和事后检查，有效预防、及时发现并快速处理内部机构和人员的违规行为，迅速改进、完善内部管理制度，保障合规总监的独立性，保障其履行职责所必需的知情权和调查权。证券公司的合规管理应当覆盖公司所有业务、各个部门和分支机构、全体工作人员，贯穿决策、执行、监督、反馈等各个环节。对公司合规管理有效性的全面评估，每年不得少于一次。

4. 客户交易结算资金第三方存管制度。客户的交易结算资金应当存放在商业银行，以每个客户的名义单独立户管理。证券公司不得将客户的交易结算资金和证券归入其自有财产。禁止任何单位或者个人以任何形式挪用客户的交易结算资金和证券。证券公司破产或者清算时，客户的交易结算资金和证券不属于其破产财产或者清算财产。非因客户本身的债务或者法律规定的其他情形，不得查封、冻结、扣划或者强制执行客户的交易结算资金和证券。

5. 信息报送与披露制度。证券公司信息公开披露制度要求所有证券公司实行基本信息公示和财务信息公开披露。通过现场检查和非现场检查、行政监督、年报审计等多种手段和措施，确保证券公司披露信息真实完整，将信息强制性披露与自主性披露结合起来，提高证券公司经营活动和财务状况的透明度，有助于投资者了解证券中介机构的状况及其变化，在自主识别机构风险的基础上选择证券公司，并加强对证券公司的监督。

（二）对各类证券服务机构的监管

1. 律师事务所从事证券法律业务的管理。中国证监会与司法部于2007年3月9日发布《律师事务所从事证券法律业务管理办法》（以下简称《办法》），调整范围是律师事务所及其指派的律师从事证券法律业务。证券法律业务是指律师事务所接受当事人委托，为其证券发行、上市和交易等证券业务活动提供的制作、出具法律意见书等文件的法律服务。

律师事务所及其指派的律师从事证券法律业务，应当遵守法律、行政法规及相关规定，遵循诚实、守信、独立、勤勉、尽责的原则，恪守律师职业道德和执业纪律，严格履行法定职责，保证其所出具文件的真实性、准确性、完整性。律师事务所应当建立健全风险控制制度，加强对律师从事证券法律业务的管理，提高律师证券法律业务水平。中国证监会及其派出机构、司法部及地方司法行政机关依法对律师事务所从事证券法律业务进行监督管理。律师协会依照章程和律师行业规范对律师事务所从事证券法律业务进行自律管理。

鼓励具备下列条件的律师事务所从事证券法律业务：内部管理规范，风险控制制度健全，执业水准高，社会信誉良好；有20名以上执业律师，其中5名以上曾从事过证券法律业务；已经办理有效的执业责任保险；最近两年未因违法执业行为受到行政处罚。

鼓励具备下列条件之一，并且最近两年未因违法执业行为受到行政处罚的律师从事证券法律业务：最近3年从事过证券法律业务；最近3年连续执业，且拟与其共同承办业务的律师最近3年从事过证券法律业务；最近3年连续从事证券法律领域的教学、研究工作，或者接受过证券法律业务的行业培训。

律师被吊销执业证书的，不得再从事证券法律业务。律师被中国证监会采取证券市场禁入措施或者被司法行政机关给予停止执业处罚的，在规定禁入或者停止执业期间不得从事证券法律业务。同一律师事务所不得同时为同一证券发行的发行人和保荐机构、承销的证券公司出具法律意见，不得同时为同一收购行为的收购人和被收购的上市公司出具法律意见，不得在其他同一证券业务活动中为具有利害关系的不同当事人出具法律意见。律师担任公司及其关联方董事、监事、高级管理人员，或者存在其他影响律师独立性的情形的，该律师所在律师事务所不得接受所任职公司的委托，为该公司提供证券法律服务。

2. 注册会计师、会计师事务所从事证券、期货相关业务的管理。财政部和中国证监会对注册会计师、会计师事务所执行证券、期货相关业务实行许可证管理。注册会计师、会计师事务所执行证券、期货相关业务，必须取得证券、期货相关业务许可证。

（1）会计师事务所申请证券资格的条件：

①依法成立3年以上。

②质量控制制度和内部管理制度健全并有效执行，执业质量和职业道德良好。

③注册会计师不少于80人，其中通过注册会计师全国统一考试取得注册会计师证书的不少于55人，上述55人中最近5年持有注册会计师证书且连续执业的不少于

35 人。

④有限责任会计师事务所净资产不少于 500 万元，合伙会计师事务所净资产不少于 300 万元。

⑤会计师事务所职业保险的累计赔偿限额与累计职业风险基金之和不少于 600 万元。

⑥上一年度审计业务收入不少于 1 600 万元。

⑦持有不少于 50% 股权的股东，或半数以上合伙人最近在本机构连续执业 3 年以上。

⑧不存在下列情形之一：在执业活动中受到行政处罚、刑事处罚，自处罚决定生效之日起至提出申请之日止未满 3 年；因以欺骗等不正当手段取得证券资格而被撤销该资格，自撤销之日起至提出申请之日止未满 3 年；申请证券资格过程中，因隐瞒有关情况或者提供虚假材料被不予受理或者不予批准的，自被出具不予受理凭证或者不予批准决定之日起至提出申请之日止未满 3 年。

（2）注册会计师申请证券许可证的条件：

①所在会计师事务所已取得证券许可证，或者符合《注册会计师执行证券、期货相关业务许可证管理规定》第六条所规定的条件并已提出申请。

②具有证券、期货相关业务资格考试合格证书。

③取得注册会计师证书 1 年以上。

④不超过 60 周岁。

⑤执业质量和职业道德良好，在以往 3 年执业活动中没有违法违规行为。

3. 证券、期货投资咨询机构的管理。国务院证券委员会于 1997 年 12 月发布《证券、期货投资咨询管理暂行办法》。中国证监会及其授权的地方派出机构负责对证券、期货投资咨询业务的监督管理。

（1）申请证券、期货投资咨询从业资格的机构具备的条件：

①分别从事证券或者期货投资咨询业务的机构，有 5 名以上取得证券、期货投资咨询从业资格的专职人员；同时从事证券和期货投资咨询业务的机构，有 10 名以上取得证券、期货投资咨询从业资格的专职人员；其高级管理人员中，至少有 1 名取得证券或者期货投资咨询从业资格。

②有 100 万元人民币以上的注册资本。

③有固定的业务场所和与业务相适应的通信及其他信息传递设施。

④有公司章程。

⑤有健全的内部管理制度。

⑥具备中国证监会要求的其他条件。

（2）证券、期货投资咨询人员申请从业资格具备的条件。从事证券、期货投资咨询业务的人员，必须取得证券、期货投资咨询从业资格并加入一家有从业资格的证券、期货投资咨询机构后，方可从事证券、期货投资咨询业务。证券、期货投资咨询人员申请取得证券、期货投资咨询从业资格，必须具备下列条件：

①具有中华人民共和国国籍。

②具有完全民事行为能力。

③品行良好、正直诚实，具有良好的职业道德。

④未受过刑事处罚或者与证券、期货业务有关的严重行政处罚。

⑤证券投资咨询人员具有从事证券业务两年以上的经历，期货投资咨询人员具有从事期货业务两年以上的经历。

⑥通过中国证监会统一组织的证券、期货从业人员资格考试。

⑦中国证监会规定的其他条件。

（3）行为规范。证券、期货投资咨询机构及其投资咨询人员，应当以行业公认的谨慎、诚实和勤勉尽责的态度，为投资人或者客户提供证券、期货投资咨询服务。

证券、期货投资咨询机构及其投资咨询人员，应当完整、客观、准确地运用有关信息、资料向投资人或者客户提供投资分析、预测和建议，不得断章取义地引用或者篡改有关信息、资料；引用有关信息、资料时应当注明出处和著作权人。证券、期货投资咨询机构及其投资咨询人员，不得以虚假信息、市场传言或者内幕消息为依据向投资人或者客户提供投资分析、预测或建议。

证券、期货投资咨询人员在报刊、电台、电视台或者其他传播媒体上发表投资咨询文章、报告或者意见时，必须注明所在证券、期货投资咨询机构的名称和个人真实姓名，并对投资风险作充分说明。证券、期货投资咨询机构向投资人或者客户提供的证券、期货投资咨询传真件必须注明机构名称、地址、联系电话和联系人姓名。

（4）禁止性行为。我国《证券法》规定，投资咨询机构及其从业人员从事证券服务业务不得有下列行为：

①代理委托人从事证券投资。

②与委托人约定分享证券投资收益或者分担证券投资损失。

③买卖本咨询机构提供服务的上市公司股票。

④利用传播媒介或者通过其他方式提供、传播虚假或者误导投资者的信息。

⑤法律、行政法规禁止的其他行为。因以上行为给投资者造成损失的，依法承担赔偿责任。

4. 资信评级机构从事证券业务的管理。中国证监会于2007年3月23日通过的《证券市场资信评级业务管理暂行办法》对资信评级机构从事证券市场资信评级业务应当遵守的业务规则、监督管理和法律责任作出了具体规定。申请证券评级业务许可的资信评级机构，应当具备下列条件：

①具有中国法人资格，实收资本与净资产均少于人民币2 000万元。

②具有符合《证券市场资信评级业务管理暂行办法》规定的高级管理人员不少于3人；具有证券从业资格的评级从业人员不少于20人，其中包括具有3年以上资信评级业务经验的评级从业人员不少于10人，具有中国注册会计师资格的评级从业人员不少于3人。

③具有健全且运行良好的内部控制机制和管理制度。

④具有完善的业务制度，包括信用等级划分及定义、评级标准、评级程序、评级委员会制度、评级结果公布制度、跟踪评级制度、信息保密制度、证券评级业务档案管理制度等。

⑤最近5年未受到刑事处罚，最近3年未因违法经营受到行政处罚，不存在因涉嫌违法经营、犯罪正在被调查的情形。

⑥最近3年在税务、工商、金融等行政管理机关以及自律组织、商业银行等机构无不良诚信记录。

⑦中国证监会基于保护投资者、维护社会公共利益规定的其他条件。

取得中国证监会证券评级业务许可的资信评级机构从事证券评级业务，应当遵循独立、客观、公正的原则。证券评级机构从事证券评级业务，应当遵循一致性原则，对同一类评级对象评级，或者对同一评级对象跟踪评级，应当采用一致的评级标准和工作程序。评级标准有调整的，应当充分披露。同时，《证券市场资信评级业务管理暂行办法》要求证券评级机构从事证券评级业务，应当制定科学的评级方法和完善的质量控制制度，遵守行业规范、职业道德和业务规则，勤勉尽责，审慎分析。证券评级机构与评级对象存在利害关系的，不得受托开展证券评级业务；证券评级机构应当建立回避制度，建立清晰合理的组织结构，合理划分内部机构职能，建立健全"防火墙"制度，从事证券评级业务的业务部门应当与其他业务部门保持独立；应当建立评级委员会制度、复评制度、评级结果公布制度、跟踪评级制度、证券评级业务信息保密制度及证券评级业务档案管理制度等。

5. 资产评估机构从事证券、期货业务的管理

（1）资产评估机构申请。《关于从事证券期货相关业务的资产评估机构有关管理问题的通知》（以下简称《通知》）规定，资产评估机构申请证券评估资格，应当符合下列条件：

①资产评估机构依法设立并取得资产评估资格3年以上，发生过吸收合并的，还应当自完成工商变更登记之日起满1年；

②质量控制制度和其他内部管理制度健全并有效执行，执业质量和职业道德良好；

③具有不少于30名注册资产评估师，其中最近3年持有注册资产评估师证书且连续执业的不少于20人；

④净资产不少于200万元；

⑤按规定购买职业责任保险或者提取职业风险基金；

⑥半数以上合伙人或者持有不少于50%股权的股东最近在本机构连续执业3年以上；

⑦最近3年评估业务收入合计不少于2 000万元，且每年不少于500万元。

（2）资产评估机构申请证券评估资格，应当不存在下列情形之一：

①在执业活动中受到刑事处罚、行政处罚，自处罚决定执行完毕之日起至提出之日止未满3年；

②因以欺骗等不正当手段取得证券评估资格而被撤销该资格，自撤销之日起至申

请之日未满 3 年;

③在申请证券评估资格过程中，因隐瞒有关情况或者提供虚假材料被不予受理或者不予批准的，自被出具不予受理凭证或者不予批准决定之日起至提出申请之日未满 3 年。

关于对从事证券业务的资产评估机构的日常管理，《通知》指出，财政部、中国证监会应当建立资产评估机构从事证券业务诚信档案。对具有证券评估资格的资产评估机构从事证券业务违反规定的，财政部、中国证监会可以采取出具警示函并责令其整改等措施;对资产评估机构负责人、直接负责的主管人员和其他直接责任人员，可以实行监管谈话、出具警示函等措施，对情节严重的，可以给予一定期限不适宜从事证券业务的惩戒，同时记入诚信档案，并予以公告。

四、对外国参与者监管

对外国参与者监管的内容主要是限制外国公司在国内市场上的作用以及其对金融机构所有权的控制。

对外国参与者的监管，主要是对合格境外机构投资者（QFII）的监管。2002 年 12 月，中国人民银行和中国证监会联合发布了《合格境外机构投资者境内证券投资管理暂行办法》，QFII 试点正式启动。2006 年 8 月中国证监会、中国人民银行和国家外汇管理局联合发布了《合格境外机构投资者境内投资管理办法》。《合格境外机构投资者境内投资管理办法》对合格境外机构投资者的资格条件、投资运作等方面做了明确规定。

（一）资格条件

申请合格投资者资格，应当具备下列条件:

（1）申请人的财务稳健，资信良好，达到中国证监会规定的资产规模等条件;

（2）申请人的从业人员符合所在国家或者地区的有关从业资格的要求;

（3）申请人有健全的治理结构和完善的内控制度，经营行为规范，近 3 年未受到监管机构的重大处罚;

（4）申请人所在国家或者地区有完善的法律和监管制度，其证券监管机构已与中国证监会签订监管合作谅解备忘录，并保持着有效的监管合作关系;

（5）中国证监会根据审慎监管原则规定的其他条件。

申请合格投资者资格和投资额度，申请人可以通过托管人分别向中国证监会和国家外汇局报送文件。

（二）投资运作

（1）合格投资者在经批准的投资额度内，可以投资于中国证监会批准的人民币金融工具。

（2）合格投资者可以委托在境内设立的证券公司等投资管理机构，进行境内证券投资管理。

（3）合格投资者的境内股票投资，应当遵守中国证监会规定的持股比例限制和国家其他有关规定。

（4）境外投资者履行信息披露义务时，应当合并计算其持有的同一上市公司的境内上市股和境外上市股，并遵守信息披露的有关的法律法规。

（5）证券公司等机构保存合格投资者的委托记录、交易记录等资料的时间应当不少于20年。

（6）合格投资者的境内证券投资活动，应当遵守证券交易所、证券登记结算机构的有关规定。

（三）资金管理

（1）合格投资者经国家外汇局批准，应当在托管人处开立外汇账户和人民币特殊账户。

（2）合格投资者外汇账户和人民币特殊账户的收支范围应当符合国家外汇局的有关规定。

（3）合格投资者应当在国家外汇局规定的时间内汇入本金，汇入的本金应当是国家外汇局批准的可兑换货币，金额以批准额度为限。

合格投资者未在国家外汇局规定的时间内汇满本金的，应当向中国证监会和国家外汇局作出书面解释，并以实际汇入金额为批准额度；已批准额度和已实际汇入金额的差额，在未经国家外汇局批准之前不得汇入。

（4）合格投资者可以在国家外汇局规定的期限届满之日起向国家外汇局申请汇出资金，国家外汇局另有规定的除外。

（5）国家外汇局可以根据我国经济金融形势、外汇市场供求关系和国际收支状况，按照中国人民银行的安排，对合格投资者本金的汇入汇出时间、金额以及汇出资金的期限予以调整。

📖【本章小结】

证券监管是指以保护投资者合法权益为宗旨，以矫正和改善证券市场的内在问题（市场失灵）为目的，政府及其监管部门通过法律、经济、行政等手段对参与证券市场各类活动的各类主体的行为所进行的引导、干预和管制。

证券监管要遵循"三公"原则、保护投资者利益原则、诚实信用原则、依法管理原则、政府监管与自律管理相结合原则。

证券监管的手段包括法律手段、经济手段、行政手段。

我国的证券业政府监管部门为中国证券监督管理委员会及其派出机构，自律管理部门包括证券交易所、证券业协会和证券投资者保护基金。

证券监管的内容包括：信息披露监管、证券活动监管、内幕交易监管、对金融机构监管、对外国参与者监管等。

证券业安全法规由法律、法规、部门规章和规范性文件及自律规则四个层次构成。

【复习思考题】

一、名词解释

证券监管　证券自律管理　信息披露

二、选择题

1. 证券监管原则有（　　）。

A. 公开、公平、公正原则　　　　　　B. 保护投资者利益原则

C. 诚实信用原则　　　　　　　　　　D. 依法管理原则

2. 证券监管手段不包括（　　）。

A. 法律手段　　　　B. 经济手段　　　　C. 行政手段　　　　D. 道义劝告

3. 信息披露的基本要求不包括（　　）。

A. 全面性　　　　　B. 真实性　　　　　C. 时效性　　　　　D. 监管风险

4. 信息披露的意义有（　　）。

A. 有利于价值判断　　　　　　　　　B. 防止信息滥用

C. 有利于监督经营管理　　　　　　　D. 提高证券市场效率

三、问答题

1. 证券监管原则有哪些？

2. 证券监管手段有哪些？

3. 信息披露的基本要求是什么？

4. 对证券活动监管的内容包括哪些？

5. 对外国参与者投资运作监管包括哪些内容？

选择题答案

1. ABCD　2. D　3. D　4. ABCD

第三篇
保险业安全

第十二章

保险业风险与安全概述

【教学目的和要求】

通过本章的学习使学生了解保险公司的主要业务、保险业面临的风险和保险业安全。明确保险展业、投保、核保、承保以及理赔的业务流程并且能进行相关的业务操作。掌握保险业面临的主要风险，明确保险业安全的界定，掌握保险业安全与国家经济安全的关系。

第一节 保险公司的主要业务

保险业是指将通过契约形式集中起来的资金，用于补偿被保险人的经济利益业务的行业。保险公司是销售保险合约、提供风险保障的公司，是采用公司组织形式的保险人。我国保险公司的业务经营主要有展业、投保、核保与承保、理赔以及保险客户服务等环节。

一、保险展业

（一）保险展业的含义

保险展业也称推销保险单，它是保险展业人员引导具有保险潜在需要的人参加保险的行为，也是为投保人提供投保服务的行为，它是保险经营的起点。保险展业由保险宣传和销售保险单两种行为构成。通过保险宣传使对保险不甚了解的消费者加深对保险的理解，树立风险保障的观念，进而产生购买保险的动机；销售保险单是将潜在的投保需求转化为现实的购买行为，也就是投保行动的实现形式。

（二）保险展业的具体内容

1. 保险展业的准备工作。开展保险业务前，应事先对保险市场环境、潜在顾客状况、保险公司自身优势和劣势以及保险商品的特点进行全面的分析，制定出展业规划和策略。做到知己知彼，才能取得预期的展业效果。其具体的准备工作有：

（1）调查背景情况，制定展业规划；

（2）了解潜在顾客的情况；

（3）确定展业宣传对象；

（4）做好展业前的各项准备。

2. 开展展业宣传。做好各项展业准备工作之后，展业人员要制定合适的展业计划和策略，进行展业宣传。保险展业宣传对于保险业务的顺利开展和增强国民的保险意识具有十分重要的作用。只有更多的人了解和认识保险，才能吸引更多的个人、家庭和企业投保。保险要为社会所认识和接受，就必须依靠宣传，展业宣传要结合当地特点和保险案例并充分利用报纸、广播、电视、网络等各种媒体，开展多样化的宣传活动。同时，展业活动要把握有利时机，争取有关部门的支持与配合。

3. 制订保险方案。通过多样化的展业宣传活动后，保险公司和代理人应从加大产品内涵、提高保险公司服务水平的角度出发，为有意投保的组织或个人提供科学、完善的保险方案。由于不同的投保人所面临的风险特征、风险概率、风险程度不同，因而对保险的需求也各不相同，这就要求展业人员从投保人的实际情况及风险评估的结果出发向投保人介绍相关险种、条款，以及其所能提供的增值服务，耐心、细致地帮助投保人合理设计投保方案。投保方案中主要应包括投保人的情况介绍、保险标的的风险评估、保险方案的总体建议、适用的保险条款及条款解释、保险金额或赔款限额、赔偿处理的程序及要求和保险人的服务承诺等内容。

二、保险投保

投保亦称购买保险，是指对保险标的具有保险利益的自然人或法人，向保险人申请订立保险合同的行为。投保人通过保险业务人员或保险中介购买保险后，就与提供这种保险的保险公司建立了一种较为长期的关系。

（一）保险公司有义务为投保人提供投保指导服务

首先，在保险活动中，投保人需要保障的基本权利有：得到准确保险信息的权利；保证安全的权利；可自由选择保险险种的权利；有申诉、控告所遭受不良待遇的权利；要求开发和改进险种的权利；获得良好售后服务的权利。

其次，投保人在投保时有要求良好服务的权利，要求保险人应该做到：帮助投保人分析自己所面临的风险；帮助投保人确定自己的保险需求；帮助投保人估算可用来投保的资金；帮助投保人制订具体的保险计划。

（二）投保人有充分享受自由选择投保的权利

1. 选择保险中介人。

2. 选择保险公司

（1）注意保险公司的类型。

（2）注意保险公司提供的险种与价格。

（3）考虑保险公司的偿付能力和经营状况。考察保险公司偿付能力的方法有两种：一是查看保险监管部门或评级机构对保险公司的评定结果，二是对保险公司的年终报表进行直接分析。

（4）要考虑保险公司提供的服务。投保人选择保险公司时，要从两个方面注意其获得的服务：一是从其代理人那里获得的服务，二是从该公司本部那里获得的服务。

三、保险核保与承保

（一）保险核保

1. 核保的含义。保险核保是指保险人对投保申请进行审核，决定是否接受承保这一风险，并在接受承保风险的情况下，确定保险费率的过程。在核保过程中，核保人员会按标的物的不同风险类别给予不同的费率，保证业务质量，保证保险经营的稳定性。核保是承保业务中的核心业务，而承保部分又是保险公司控制风险、提高保险资产质量最为关键的一个步骤。

2. 核保的主要内容。保险核保是十分重要的环节，保险公司除了要大量承揽业务以外，还要保证业务的质量，否则就会出现风险，使保险公司赔付率上升，影响公司的正常经营，严重的还会影响公司的偿付能力，甚至带来社会危害。因此，保险公司都十分重视对核保的管理。保险核保的主要内容包括审核投保人的资格、审核保险标的、审核保险费率。

（二）保险承保

1. 保险承保的含义。保险承保是保险人对愿意购买保险的单位或个人所提出的投保申请进行审核，做出是否同意接受和如何接受的决定过程。保险业务的要约、承诺、审核、订费等订立保险合同的全过程，都属于承保业务环节（如图 12 - 1 所示）。进入承保环节，就进入了保险合同双方就保险条款进行实质性谈判的阶段。

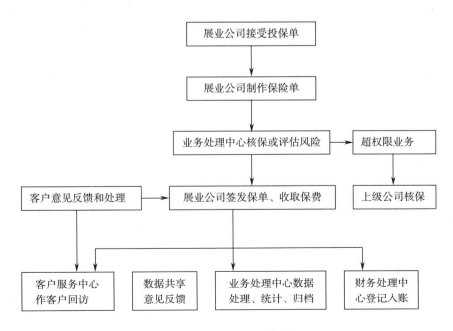

图 12 - 1　保险承保的流程

2. 保险承保的具体程序

（1）接受投保单。投保单是保险经营过程中的一份重要单证，是投保人要约的证明，是保险人承诺的对象，是确定保险合同内容的依据。在保险经营业务中普遍存在三种问题容易导致保险合同的纠纷：一是没有投保单，尤其是在续保业务中；二是保险公司业务人员代投保人填写投保单；三是投保单填写的内容不完整。

（2）核保。核保人员根据投保规则和总公司的核保规定进行风险选择，得出核保结论，提出处理意见。审核的内容包括保险标的及其存放地址、运输工具行驶区域、保险期限等。不能承保的，将保险费和投保资料退还给业务员，由业务员将保险费退还投保人并负责解释工作；可以正常承保或附带条件承保的，例如有的需要补充提供材料或体检的，要做好相关业务处理工作，然后将投保材料和处理意见交给专门负责缮制保单的内勤人员。

（3）作出承保决策。如果投保金额或标的风险没有超出保险人承保权限，则保险人接受业务。超出保险人承保权限，那么保险人无权决定是否承保，只能请求上一级主管部门提出意见。

（4）缮制单证。缮制单证是指保险人接受业务后填制保险单或保险凭证的过程。保险单或保险凭证是载明保险合同双方当事人的权利与义务的书面凭证，是被保险人向保险人索赔以及保险人处理赔案的主要依据。缮制单证是承保工作的重要环节，缮制的单证质量好坏与否，直接关系到保险合同当事人双方的义务和权利能否正常履行与实现。

（5）复核签章，手续齐备。为保证保险双方当事人的合法权益和保险合同的法律效力，承保活动中的每种单证上都要求复核签章。例如投保单上必须有投保人的签章；验险报告中必须有具体承办业务员的签章；保险单上必须有投保人、保险公司及其负责人的签章；保险费收据上必须有财务部门及其负责人的签章；批单上必须有制单人与复核人的签章等。

（6）递送保单，收取保费。业务内勤将保单、批单正本、明细表、保险证，以及保费收据、填写发送单证和收付款项流转签收簿交外勤人员签收并送交保户，并收取保险费。

（7）归档、装订和保管。各种保险单证和附属材料，均是重要的档案，必须按规定编号、登记、装订牢固，实行专柜专人管理，并符合防火、防盗、防潮和防蛀的要求。

四、保险理赔

（一）保险理赔的含义

保险理赔，是指在保险标的发生保险事故而使被保险人财产受到损失或人身生命受到损害时，或保单约定的其他保险事故出现而需要给付保险金时，保险公司根据合同规定，履行赔偿或给付责任的行为，是直接体现保险职能和履行保险责任的工作。简单地说，保险理赔是保险人在保险标的发生风险事故后，对被保险人提出的索赔请求进行处理的行为。在保险经营中，保险理赔是保险补偿职能的具体体现。保险理赔是保险经营的重要内容和最后环节，也是广大保险客户最为关心的问题。

（二）保险理赔的程序

保险理赔是保险经营最重要的环节，这一环节工作的好坏直接关系到保险经济补偿作用的发挥，关系到保险公司自身的经济效益、发展潜力及客户的切身利益，从而关系到保险公司的公众形象和社会信誉。保险理赔的程序一般包括的步骤如图12－2所示。

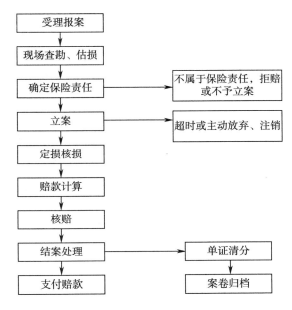

图12－2　保险理赔的业务流程

1. 出险通知。保险标的发生保险事故后，被保险人要立即通过口头或函电方式通知保险公司，一般要求在24小时内报案。理赔人员在接到出险通知后，应及时填写"出险登记簿"。

2. 损失检验。保险公司接到损失通知后，应立即派员勘查现场，对受损标的进行检验，以便准确取得损失的原因、受损情况和受损程度等材料，从而判断是否属于保险责任。

3. 审核各项单证。除保险单的有关单证需首先审查以外，对其他有关单证也必须予以审核。

（1）保险单的有效性。主要审核保险事故是否发生在保单有效期内；事故发生的地点是否在承保范围内；投保人或被保险人是否认真履行了有关告知、保证、缴费、危险通知等义务。如果保单是无效的，就不需受理该案件。

（2）审核各种索赔单证的有效性。重点是审核每一相关单证的真实性和有效性。如人身保险中理赔人员要审核缴费凭证、被保险人或受益人的身份证、死亡案件中的死亡证明等单证是否真实有效。又如海上保险业务中除了审核保险单外，还要审核损失证明是否合法，货物的发票、提单与保单是否一致。

4. 核实损失原因。主要审核事故造成的损失是否由保险风险引起，损毁的是否为保险标的，其损失是否在承保责任范围之内并构成索赔条件等。在损失检验和审核各项单证的基础上，对审核中发现的问题，根据案情可考虑进一步核实原因，包括赴现场实地调查和函电了解，或向专家、检验部门复证。

5. 核定损失和计算赔款。核定损失是指在现场查勘的基础上，根据被保险人提供的损失清单和施救费用清单，对照有关的账册、报表、单据等，逐项核实受损标的的品种、数量、价值、损失程度和损失金额等，还要查清修理费用和施救费用是否合理，为计算赔款提供真实依据。

关于保险赔偿金额的计算，因保险合同种类的不同有所区别。通常人身保险合同多采取定额给付的方式，即保险事故发生时，保险人按照双方事先约定的金额给付。财产保险的保险赔款要根据损失情况，分别按照保险标的的损失、施救费用、残值、免赔额等项目来进行计算。

6. 赔偿或给付保险金。保险公司就赔偿金额与被保险人或受益人达成协议后，应及时支付赔款或给付保险金。若被保险人对赔款金额有异议，应协商处理，不能达成一致的，可以通过仲裁机构或法院进行仲裁或诉讼解决。

7. 损余处理和代位求偿。保险公司在支付赔款后，清理有关赔案的文件和单证，归档处理，以便日后查阅。在结案时，保险理赔人员还要注意追偿。如果涉及第三者责任，被保险人在取得赔偿后应填写权益转让书，把对第三者责任方追偿的权利转移给保险公司，并主动协助其代位追偿权的实现。

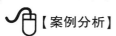【案例分析】

超载发生事故能获得赔偿吗

某厂与某保险公司签订了机动车保险合同，投保险种为车辆损失险、第三者责任险等。在保险期限内，该厂驾驶员驾驶所投保的车辆发生重大交通事故，赔偿被害人15.6万余元。该投保车辆核定载重量为10吨，发生事故时，该车却载重至48吨。主管部门依据《道路交通事故处理办法》作出交通事故责任认定书，认定驾驶员因违章超载刹车失效，造成事故，负全部责任。事后，该厂依据机动车保险合同向保险公司索赔，保险公司拒赔。该厂诉至法院，要求保险公司承担赔偿责任。

资料来源：于明霞，郑祎华. 保险原理与实务［M］. 北京：化学工业出版社，2015：245.

思考题：1. 根据资料，分析保险公司是否应该进行保险理赔？

2. 以小组为单位，讨论机动车辆保险核保的要素，然后进行机动车辆保险理赔业务的模拟演练。

五、保险客户服务

（一）保险客户服务的含义

保险客户是指保险公司产品的消费者，包括保单持有人、被保险人和受益人等。保险客户服务是指保险人通过畅通有效的服务渠道，为客户提供产品信息、品质保证、合同义务履行、客户保全、纠纷处理等项目的服务以及基于客户的特殊需求和对客户的特别关注而提供的附加服务内容。保险客户服务不仅包括对现有客户的服务，也包括对潜在客户的服务。

（二）保险客户服务的主要内容

保险客户服务是保险公司经营活动最重要的内容之一。保险公司提供优质客户服务的能力对建立和保持积极、持久和紧密有力的保险客户关系是十分重要的。保险客户服务以实现客户满意最大化、维系并培养忠诚保险客户、实现客户价值与保险公司价值的共同增长为目标。保险客户服务的主要内容有：

1. 提供咨询服务。顾客在购买保险之前需要了解有关的保险信息，如保险行业的情况、保险市场的情况、保险公司的情况、现有保险产品、保单条款内容等。保险人可以通过各种渠道将有关的保险信息传递给消费者，而且要求信息的传递准确、到位。在咨询服务中，保险销售人员充当着非常重要的角色，当顾客有购买保险的愿望时，一定要提醒顾客阅读保险条款，同时要对保险合同的条款、术语等向顾客进行明确的说明。尤其对责任免除、投保人、被保险人义务条款的含义、适用的情况及将会产生的法律后果，要进行明确的解释与说明。

2. 风险规划与管理服务。首先，帮助顾客识别风险，包括家庭风险的识别和企业风险的识别。其次，在风险识别的基础上，帮助顾客选择风险防范措施。对于保险标的金额较大或承保风险较为特殊的大中型标的，应向投保人提供保险建议书。保险建议书要为顾客提供风险评估服务，并从顾客利益出发，设计专业化的风险防范与化解方案，方案要充分考虑市场因素和投保人可以接受的限度。

3. 接报案、查勘与定损服务。保险公司坚持"主动、迅速、准确、合理"的原则，严格按照岗位职责和业务操作实务流程的规定，做好接客户报案、派员查勘、定损等各项工作，全力协助客户尽快恢复正常的生产经营和生活秩序。在定损过程中，要坚持协商的原则，与客户进行充分的协商，尽量取得共识，达成一致意见。

4. 核赔服务。核赔人员要全力支持查勘定损人员的工作，在规定的时间内完成核赔。核赔人员要对核赔结果是否符合保险条款及国家法律法规的规定负责。核赔部门在与查勘定损部门意见有分歧时，应共同协商解决，赔款额度确定后要及时通知客户；如发生争议，应告知客户解决争议的方法和途径。对拒赔的案件，经批复后要向客户合理解释拒赔的原因，并发出正式的书面通知，同时要告知客户维护自身权益的方法和途径。

5. 客户投诉处理服务。保险公司各级机构应高度重视客户的抱怨、投诉。通过对客户投诉的处理，发现合同条款和配套服务上的不足，提出改进服务的方案和具体措施，并切实加以贯彻执行。

第二节 保险公司面临的风险

一、资产风险

资产风险是指保险公司在经营过程中，债权变成坏账、投资收益下降或资产的市价下跌，而产生损失的风险。

债权变成坏账是指保险业资金运用中的投资业务，因借款人没有按时缴付本息所致。一般保险公司的贷款有不动产抵押、有价证券质押及寿险保单质押贷款。当坏账情况发生时，保险人就需将担保品加以拍卖处理，以保全其债权，但仍不能完全保证其不受损失。

投资收益的下降将明显地影响着公司的经营业绩。投资业绩的好坏通过用投资收益率来表示，收益率越低，表明公司运用投资资产的效率越差。由于我国的金融市场不完善，可以提供的投资渠道和投资产品有限，并且我国证券市场的系统风险较大，因此不利于寿险公司的长期投资和投资风险的分散化，投资风险较大；保险业高速发展时期推行的大量趸缴的投资型产品不容易产生稳定的现金流，并往往会掩盖保险业的潜在风险，最终可能导致现金流出现风险而影响保险公司的偿付能力，公司的偿付能力越低，公司所面临的破产的风险就越高。

资产贬值导致资本不足的风险实际是相关市场的风险，也与宏观环境有关。保险公司的资产包括股票、债券、银行存款、直接投资等。各种市场价格的波动，相关企业经营效果的好坏都会影响资产的实际价值。这种风险会使保险公司的资产实际价值减小，从而资本和盈余减少，造成偿付能力不足。

二、负债风险

负债类风险主要表现为定价风险、巨灾风险和准备金风险等。

定价风险亦即保险费率风险，是指因被保险人索赔频率和数额的不确定性、保险公司投资收入的不确定性以及保险公司运营成本的不确定性导致保险公司保费收入不足，危及财务稳定和偿付能力的风险。影响保险费厘定的因素包括保单成本、保险公司的利润要求、政府保险监管部门对保险费率的管制政策、保险市场竞争等。在实践中，由于风险事故发生的不确定性、纯费率计算的基本假设本身的局限性、统计资料处理过程中出现的偏差，以及随着时间的推移、新的风险因素增加等，都将导致损失分布的波动，再加上某些特殊的巨灾风险在费率厘定时无法充分体现出来，所有这些因素都将影响到保险理论费率厘定的准确性。

巨灾风险是指因重大自然灾害，疾病传播，恐怖主义袭击或人为事故而造成巨大损失的风险。近年来由于世界环境不断恶化，自然灾害更加频繁，同时社会财富的价值更高、集中度也更高，因此每次巨灾所造成的损失对整个保险业来说都是沉重打击。我国保险公司对巨灾风险的承保责任不大，但随着国内对巨灾保险需求的日渐增强，保险公司承保巨灾风险只是时间问题。目前我国对巨灾风险转移机制并不十分完善，一旦发生巨灾会让我国保险业遭受重创，因此它应该是非寿险公司重视的一种系统性风险。

在保险业开始时期或激烈竞争时期，很容易出现保险定价不足和责任准备金提取不足的情况，这会导致保费收入难以覆盖风险，长期累积下来必定会影响保险公司的偿付能力和经营的稳定性。保险公司负债的主要项目是各种责任准备金，责任准备金具体指保险公司为了承担因承诺保险业务而引起的将来的负债或已有的负债而提取的基金。包括未决赔款准备金、寿险责任准备金、长期健康责任准备金。各种保险责任准备金是保险公司的主要负债，在资产负债表内披露。保险公司因责任准备金制度不健全、提存方法不合理或者没有准确提取和提足各项准备金而影响保险公司偿付能力和经营稳定的风险就是准备金风险。产险公司和寿险公司因其经营的风险特性不同，对准备金的提取要求也有所差异，相应地，准备金风险发生的领域也就不同，而未到期责任准备金则是寿险公司资产负债表中最大负债，寿险公司的准备金风险主要体现为未到期责任准备金的提取不足。鉴于产险公司和寿险公司准备金风险差异，对准备金风险管理的侧重点也就有所不同。保险准备金风险既源自保险公司精算技术的缺乏、偿付能力管理的能力有待提高、对长尾责任风险的管理不力和保险实务中理赔程序的变化等内部因素，也根源于保险监管部门对保险公司责任准备金的监管不力、通货膨胀等外部原因。

三、资产负债匹配风险

资产负债匹配风险源于目前须给保单所有人的现金给付可能超过当前来自保费或投资的现金收入。造成的结果是保险公司必须低价变卖资产或举债以应付现金短缺，这种情况即使在账面上的投资足以应付负债时也会发生。资产负债匹配风险大致可以分为总量的不匹配风险和结构的不匹配风险。

总量的不匹配风险是指资产与负债在总量方面应当保持大致的平衡，资产小于负债就会出现我们常说的"资不抵债"即亏损的情况；资产大于负债过多，杠杆效应不能很好地发挥，公司的盈利能力下降，不能够更好地发展。

结构的不匹配风险是指由于保险公司经营的特殊性，保险人面对的是具有不确定性的风险。因此，保险公司的资产应当保持一定的流动性，以保证对被保险人的支付。特别是财产险公司，承保的大部分是短期性业务，负债的期限大多在一年左右，而投资一般以长期投资居多。因此，如何合理地估计到期负债及合理分配投资比例将成为产险公司面临的重要问题。

资产负债匹配风险主要体现在价值波动风险和流动性风险上。价值波动风险是指由于市场利率及通货膨胀的变化对保险公司的资产和负债两者的影响程度不同而导致保险公司负债价值超过资产价值的风险。流动性风险是指保险公司在需要资金周转时所面临的资产无法及时变现的风险，这种风险可由新业务大量减少和保单大量退保，或短时间内的大量索赔而引起。我国的利率市场化正处于探索阶段，汇率变化也越来越和国际接轨，随着更多投资连结类产品的投入市场，我国保险业也将面临更多的这方面的市场风险，保险产品特别是寿险产品的长期性特征使得这些潜在的变化对保险公司的资产负债匹配构成很大威胁。

四、经营管理风险

保险公司经营风险包括承保风险、理赔核赔风险、投保人的道德风险等。

承保是保险经营环节中的重要一环，承保质量的高低直接影响保险公司的经营稳定性。为了追求规模以期迅速发展壮大，提高市场竞争地位，一些保险公司盲目降低费率，对承保标的的风险控制过于宽松，特别当遇到风险系数较大的标的时，如果没有一个严格的风险控制体系，将可能给整个公司带来巨大的风险损失。

理赔核赔是保险经营的另一重要环节。严格把好这一环节是对全体投保人负责，也是对保险公司的稳定经营负责。目前对于财产保险公司，由于标的的多样化及复杂性，导致理赔核赔的难度很高且成本较大。

道德风险指保险合同主体或关系人为图谋赔款或保险金，有意促成保险事故发生的风险。如虚构保险标的、谎报保险事故、夸大保险事故、故意制造保险事故、违反如实告知义务等。

五、并购重组风险

随着保险业开放，保险业并购重组主要包括三个方面：第一，我国保险公司之间出于增加自身竞争实力而产生的并购重组行为；第二，我国保险公司通过并购重组国外保险公司实现"走出去"战略；第三，外国保险公司通过并购重组我国保险公司达到在我国保险市场增加渗透力度，扩大保险份额和保险服务领域的目的。保险业的并购重组虽然能增强公司竞争力、扩大市场份额、整合各自优势，但也面临着风险。不同的公司有着不同的资本结构、人力资源、企业文化，能否对其进行整合以及整合效果将决定着保险公司并购重组的成败。同时伴随着全球金融综合经营的大趋势，保险公司将更多地参与到银行、证券、信托等其他金融行业的并购重组当中，这对于现在还处于分业经营的中国金融业来说，不可避免地会产生政策风险和监管风险，以及由于综合经营而带来的行业间的风险传递。

六、竞争风险

在市场竞争中，竞争的基本动机和目标是实现最大化收入。但是，竞争者的预期利益目标并不是总能实现，实际上，竞争本身也会使竞争者面临不能实现其预期利益目标的危险，甚至在经济利益上受到损失。这种实际实现的利益与预期利益目标发生背离的可能性，就是竞争者面对的风险。在市场竞争中，不确定性因素很多，必然会有某些竞争者要承受竞争风险带来的损失。竞争风险的大小主要取决于三个基本因素：市场竞争的规模、市场竞争的激烈程度和市场竞争的方式。竞争双方投入的竞争力量和成本越大，竞争规模越大，市场风险就越大；市场竞争的激烈程度，主要表现为企业间在争夺市场占有率、提高销售额和盈利率等方面的抗衡状态。市场竞争越激烈，竞争双方所面临的风险就越大；市场竞争的方式是竞争双方在竞争时所采取的手段和策略，一般可以划分为价格竞争和非价格竞争两类。一般地说，价格竞争较为激烈，特别是竞争双方轮番降价，经常会造成两败俱伤。

国际金融、保险创新使得传统的分业经营模式被打破，中国保险业不仅要面临外资保险公司的迅速发展的竞争压力，同时也要面对其他金融机构的激烈竞争。金融、保险机构之间的业务相互交叉、高度融合、产品替代率远大于从前，这种竞争虽然有助于提高保险效率，但在另一方面削弱了单个保险公司的市场份额和利润空间，从而降低了整个保险行业抵御风险的能力。为了在竞争中求生存，各保险公司不断针对潜在保险需求推出新产品，以提高竞争力。保险创新产品的风险控制需要先进的精算技术和丰富的历史数据，如果缺乏对市场风险的分析以及历史数据的搜集，就易造成产品竞争方面的被动以及未来理赔的不确定性。

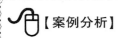【案例分析】

宁波市公共巨灾保险台风理赔案

2015年7月和9月，受超强台风"灿鸿""杜鹃"影响，宁波市普降暴雨，大量居民房屋被淹，宁波市公共巨灾保险共接到约13.36万户受灾村（居）民报案。灾害发生后，由人保财险牵头，太保财险、平安财险、国寿财险、阳光财险、大地财险组成的共保体加强内部协调，积极与政府部门联动，迅速组织人力物力开展查勘定损，放弃国庆长假，两次台风仅用约18天就完成现场查勘工作，并通过赔款公示、支付到户确保依法合规，维护广大居民权益，共计支付赔款7667万元。同时，通过两次巨灾理赔，完善了巨灾保险政府基层组织与保险公司协同机制，积累了高效开展巨灾保险理赔服务经验。我国自然灾害频繁，巨灾保险的建立对于完善我国巨灾管理体系、确保社会生产生活稳定、促进保险业的发展有重要意义。宁波市公共巨灾保险充分证明了巨灾保险的实际意义，对保险行业在自然灾害中发挥风险管理职能作了有益尝试，有力推动了我国巨灾保险的发展。

资料来源：http://www.howbuy.com/news/2016-03-15/4171368.html。

思考题： 1. 根据资料，分析巨灾风险属于以上哪种风险？

2. 试述对于频繁发生的巨灾风险，我国财产保险公司都采取了哪些应对措施。

第三节　保险业安全概述

保险业面临着来自多方面的风险，我国保险业在国际竞争、外资控制、风险管理、监管体系等诸多方面逐步暴露出一些不良问题，整个保险业平稳、安全、持续的发展态势受到挑战。而保险业又表现出较强的安全损害传导特性，该产业的不安全问题势必波及危害包括金融产业在内的许多产业，甚至危及整个国家的产业安全，因此建立保险业安全体系势在必行。

一、保险业安全对国家金融环境的影响

保险业是现代金融体系的重要支柱，防范化解保险风险，是构筑牢固的经济社会安全网的关键环节之一。准确评估保险业风险防范面临的形势，客观分析保险业风险防范化解工作的现状，采取切实有力的措施防范化解风险，是保险业必须面对的重大历史性课题。我国保险业发展环境正在发生复杂而深刻的变化，给保险业风险防范工作带来了越来越多的不确定因素。

一是经济全球化的挑战。风险跨国家、跨区域、跨行业传递的可能性越来越大，发展中国家的金融体系很容易因为外部投机冲击和风险传递而受到损害。

二是利率市场和汇率形成机制改革的挑战。目前保险公司投资组合基本属于利率敏感型产品，利率市场化将直接影响保险公司的投资收益，并且随着保险资金境外投资渠道的逐步放开，保险公司的投资还面临汇率变动风险。因此，利率市场化和汇率形成机制改革的推进，将改变保险产品的定价基础，加大保险产品定价的难度，增加保险产品与其他金融产品的相互替代性，进而使保险产品销售面临更加激烈的竞争。

三是金融综合经营趋势逐步深化的挑战。当前，国内金融综合经营逐步发展，金融综合经营在产生规模经济和范围经济效应的同时，也大大提高了金融风险跨市场传递的可能性。

四是保险业投资渠道不断拓宽的挑战。随着保险业投资渠道的进一步放宽，保险资金将开始涉足许多全新的领域。

从国际保险市场发展规律和近年来我国保险市场发展趋势看，保险业与国民经济发展具有高度相关性。当前保险业发展的积极条件和有利因素在不断增多，形势好于预期。但是，困难和挑战犹存。当前我国保险业"防风险、调结构、稳增长"的任务依然艰巨。比如在非寿险领域，与进出口相关的货运险等业务受到经济下行的影响较明显，增速下降幅度最大。

二、保险业发展与安全对国家经济发展的作用机理分析

（一）保险业为国民经济提供风险管理途径

统计数据显示，2017 年，中国全行业共实现原保险保费收入 36 581.01 亿元，同比增长 18.16%。其中，财产险公司和人身险公司分别增长 13.76% 和 20.04%；赔付支出 11 180.79 亿元，同比增长 6.35%。保险业资产总量 16.75 万亿元，较年初增长 10.80%。保险业务规模快速增长，增速创 2008 年以来新高。

1. 保险业发展是维护国家产业安全的重要保障。服务经济社会发展大局，维护国家产业安全，是保险业的使命和责任。只有发展，产业需求才会不断扩大，产业安全

才能有保障。保险能大大减轻意外事件给企业和居民生产生活带来的冲击。保险业近些年服务经济社会发展的作用日益突出。例如，在巨灾保险方面，我国近些年在各地相继启动巨灾保险试点，2015 年我国首只巨灾债券在北美成功发行，宁波"灿鸿""杜鹃"台风保险赔付 8 000 万元，广东"彩虹"台风赔付 7.5 亿元，"东方之星"事件赔付 7 380.6 万元；在出口信用方面，出口信用保险通过提供风险保障和融资便利，有力地支持了国内企业"走出去"，在境外油气和矿产资源开发、基础设施建设和境外开发区建设等方面取得了积极进展。

2. 保险业的发展也会对金融市场的发展产生重大影响

一是保险业的发展改变了经济中的资金结构，长期资金供给相对增加，因而增加了对长期证券的需求，降低了长期证券的发行成本，刺激证券供给。这样，既利于金融市场的深化和稳定，又降低了公司的融资成本，进一步促进了公司投资，尤其是长期投资，最终促进经济长期稳定的发展。

二是保险业的发展促进了金融市场的创新、竞争和效率。资本市场的竞争和效率通过专业化和自由出入制度进一步得到加强，拥有大量长期资金的保险业可以进入一级市场，打破垄断，促进一级市场的竞争。

三是保险业的发展改善了资本市场规制，促进资本市场提高透明度，改善公司的治理结构。

四是保险业的发展促进国内金融市场的深化和流动性，从而为境外投资者传递国内金融市场稳健的信息，促进境外投资者跨境交易；在吸收外资的同时，也促进了国内金融市场的国际化。

3. 保险业的安全隐患影响社会稳定及经济的平稳运行。一个国家的发展水平越高，保险业在保障人民生产、生活方面发挥的作用就越大。随着我国经济社会的进步和保险业发展水平的提高，越来越多的风险将通过保险机制得到保障和补偿。如果保险业的安全隐患不能得到及时有效的分化化解，那么，在出现重大灾害事故时保险业就有可能无力赔付，从而影响社会的稳定和经济的运行。

（二）保险业是国民经济转型发展的新要求

1. 中国经济国际竞争力的提高要求保险业提高国际竞争力。首先，提升我国国际竞争力。以中国为代表的亚洲经济体继续保持平稳较快发展的势头，必将在世界经济舞台上扮演重要的角色。其次，积极参与全球保险市场的竞争，提高自身国际化的水平。要尽快提升自身综合经营管理水平，切实把本土化的优势和国际化经验结合起来，积极参与全球保险市场竞争，提高国际化水平；要切实搞好企业自身的管理国际化、运作市场化、决策科学化、制度规范化、人才专业化。

2. 保险公司作为投资主体在金融投资市场上的地位不断上升。保险资金在投资市场上天生就是上帝的宠儿，因为现金流每年稳定成长、可用周期相当长、投资的范围也因新保险法的出台在不断地放宽，资产负债比、投资产品比例的限制再加上投资渠道等优势，稳健的投资风格在中长期的投资中往往是最后的赢家。在全球惯例中对购买保险的客户独特的税收优惠政策，都将使保险资金越来越大，成为金融投资市场的主力军。

3. 维护国家经济安全要求加强改进保险监管。第一，要坚持防范风险不放松，着力维护保险市场的健康稳定。这既要善于在变化的形势中捕捉和把握难得的发展初遇，又要增强忧患意识和风险意识，把困难估计得更充分一些，把应对措施考虑得更周密一些，防止由于估计不足和准备不够陷于被动。要从维护行业稳定、金融稳定、社会稳定的高度，对面临的风险点进行全面排查。当前，要重点关注和防范五个风险，即防范资本金不足和偿付能力不达标的风险、防范资产管理的风险、防范公司管理和内控不到位的风险、防范境外金融风险跨境传递的风险、防范综合经营的风险。

第二，要加强市场行为监管，着力规范保险市场秩序。加大现场检查力度，提高市场行为监管的针对性和有效性。在财产险方面，以提高数据真实性和规范车险市场为重点；在人身险方面，以整治销售误导和规范银保业务为重点；在保险中介方面，以保险公司中介业务合规性检查为重点；在综合性检查方面，以加强总公司检查为重点。

第三，要加强法人机构监管，着力提高保险监管效率。加强偿付能力监管，对偿付能力不达标的公司采取更严格的监管措施。加强保险资产管理监管，加强制度建设，调整投资政策，强化风险管控，加强基础建设。加强保险公司治理监管，强化保险公司股权管理，进一步完善公司监管责任人制度，继续做好保险公司法人机构属地化监管试点。加强高管人员监管，严格高管人员准入和任职的条件，强化高管人员责任追究制度。继续推进分类监管，改进法人机构分类监管指标，加强对中小保险公司的分类指导。

（三）我国保险业面临新变革

中国经济回升向好的趋势不断得到巩固，但也仍然面临不少困难和问题。特别是中国经济正在进行结构调整，保险业面临着重大而深刻的变革，我国保险业的发展也将出现新的趋势。

1. 我国保险行业盈利模式的变革。随着中国保险资金渠道的不断拓宽，尤其是2006 年和 2007 年资本市场爆发式的增长，许多保险公司获得了巨大的投资收益，加上市场竞争的日趋激烈，现金流承保的理念开始盛行，依靠承保业务和其资金依靠投资收益获取利润的盈利模式得到业界不少公司的认同。力求实现低保险费和高投资之间的良性循环更是成为不少管理人员推崇的盈利模式。保险业渐渐由过去较多依靠承保利润发展为投资收益，尤其是产险和再保险。单纯地追求投资收益的利润模式造成了保险业效益的不确定性和不稳定性，是不稳健、不可持续的。保险公司已经普遍开始进行结构调整，重视承保利润和投资收益的双实现。

2. 我国保险社会背景的变革。全社会保险意识比较薄弱，理财观念比较陈旧，老百姓有钱就存到银行去。我国保险资产占金融资产的比重非常低，而银行资产占金融资产的比重超过 90%，保险资产比重的上升空间很大。近年来金融危机和自然灾害的发生，一方面给民众上了一堂风险意识教育课，全社会保险意识显著增强，人们意识到只有拥有必要的保险才能抵御不期而至的风险；另一方面也给我们传统的理财模式和观念带来了较大的冲击，大家意识到不能把钱都存到银行里，也不能都投到高回报和高风险的股市里，必须科学合理地配置。具有保障功能和投资功能的保险产品，无疑是个人理财和资产配置的重要渠道。

就我国来说，随着出口拉动作用的减弱，消费在经济增长"三驾马车"当中的作用将会明显地体现出来。扩大内需将是未来一个时期内持久的政策选择，而转变消费模式、鼓励适度消费、促进消费升级将是广大消费者必然的需求。一方面，保险业能够有效发挥对社会保障的补充作用，有利于解除人们对未来生活的后顾之忧，从而促进当前消费的扩大；另一方面，保险产品本身也是人们提高消费水平实现消费升级的重要组成部分，还可以带来保险信誉的扩大和消费的增加。

3. 保险公司的产品趋势及销售渠道发生改变。近几年回归保险本质的传统型保障、大病保险、分红型寿险、信托类返还型分红寿险和养老金成为市场的主旋律，这是保险公司帮客户进行中长期投资、锁定储蓄、规避遗产税等简单易行的方式。寿险顾问、电话营销、银行代销、保险中介、网络销售、团险部的人员销售个险，全方位的销售渠道在保险公司中逐步形成，这增加了客户了解保险的几率。

📖【本章小结】

保险公司的业务主要包括展业、投保、核保与承保、理赔以及客户服务。展业是保险经营的起点。投保、核保和承保是保险经营的重要环节，承保质量的好坏，反映了保险经营管理水平的高低，直接关系到保险公司的经营业绩。保险理赔是保险经营的最后环节，是保险损失补偿职能的具体体现。保险客户服务是保险公司经营活动最重要的内容之一。保险公司提供优质客户服务的能力对建立和保持积极、持久和紧密有力的保险客户关系是十分重要的。

保险公司面临的风险主要有资产风险、负债风险、资产负债匹配风险、经营管理风险、并购重组风险以及竞争风险。资产风险是指保险公司在经营过程中，债权变成坏账、投资收益下降或资产的市价下跌，而产生损失的风险；负债风险主要表现为定价风险、巨灾风险和准备金风险等；资产负债匹配风险源于目前须给保单所有人的现金给付可能超过当前来自保费或投资的现金收入；经营管理风险包括承保风险、理赔核赔风险、投保人的道德风险等；保险业的并购重组在增强公司竞争力、扩大市场份额、整合各自优势等方面之外，也面临着并购重组的风险；保险创新使得传统的分业经营模式被打破，中国保险业不仅要面临外资保险公司的迅速发展的竞争压力，同时也要面对其他金融机构的激烈竞争。

保险业是现代金融体系的重要支柱，防范化解保险风险，是构筑牢固的经济社会安全网的关键环节之一。保险业的较好发展将促进国家经济发展，而保险业的安全隐患危及国家经济安全；国家经济发展对保险业发展提出了新要求；受国际金融环境的影响，我国保险业面临新变革、新趋势。

【复习思考题】

一、名词解释

保险核保　保险客户服务　资产负债匹配风险　并购重组风险

二、选择题

1. 关于缮制单证，下列叙述错误的是（　　）。

A. 单证的缮制要及时，手写或采用计算机打印，做到内容完整、数字准确、不错不漏无涂改

B. 保单上注明缮制日期、保单号码，并在保单的正副本上加盖公、私章

C. 如有附加条款，将其粘贴在保单的正本背面，加盖骑缝章

D. 要开具"交纳保费通知书"，并将其与保单的正、副本一起送复核员复核

2. 关于复核签章，下列表述错误的是（　　）。

A. 任何保险单均应按承保权限规定由有关负责人复核签发

B. 验险报告不在复核之列

C. 复核时要注意审查单证是否齐全，保险费计算是否正确等

D. 保单经复核无误后必须加盖公章，并由负责人及复核员签章，然后交由内勤人员清分发送

3. 在财产保险的核保过程中，对于保险标的物所处环境的审查不包括（　　）。

A. 查明建筑物的主体结构及所使用的材料等

B. 检验其所处的环境是工业区、商业区还是居民区

C. 房屋是否属于高层建筑，周围是否通畅，消防车能否靠近等

D. 附近有无诸如易燃、易爆的危险源，救火水源如何以及与消防队的距离远近

4. 正处在危险状态中的财产意味着该项财产必然或即将发生风险损失，这样的财产通常属于（　　）。

A. 一般可保财产　　B. 加费可保财产　　C. 条件可保财产　　D. 不可保财产

5. 保险人在保险标的发生风险事故后，对被保险人或受益人提出的索赔要求进行处理的行为称为（　　）。

A. 保险处理　　　　B. 支付赔款　　　　C. 保险理赔　　　　D. 保险核保

6. 下列关于理赔过程中保险人和被保险人之间的权利和义务关系的叙述，错误的是（　　）。

A. 保险人可以任意扩大保险责任范围来提高保险公司的信誉

B. 保险人和被保险人之间的权利和义务关系是通过保险合同建立起来的

C. 对保险人而言，实际上是保险人履行合同中所约定的赔偿或给付义务的过程

D. 对被保险人而言，则是实现保险权利、享受赔偿或领取保险金的过程

7. 保险业面临的主要风险不包括（　　）。

A. 资产风险　　　　B. 负债风险　　　　C. 客户服务风险　　　D. 竞争风险

三、问答题

1. 保险公司的业务主要有哪些?

2. 保险展业的方式有哪些?

3. 保险核保的内容有哪些?

4. 保险理赔的原则和程序有哪些?

5. 保险业面临的风险主要有哪些?

6. 简述保险业安全与国家经济安全的关系。

选择题答案

1. A　2. B　3. A　4. D　5. C　6. A　7. C

第十三章

传统保险业务的风险与安全

【教学目的和要求】

通过本章的学习，使学生明确承保及承保风险的概念，掌握影响承保风险的因素、承保风险的表现形式、控制承保风险的方法。熟悉理赔风险产生的原因及危害。了解保险防灾的内容和保险防灾方法。

第一节　保险承保的风险与安全

一、影响承保的风险因素

保险人在承保时主要面临实质风险、道德风险、心理风险、法律风险四种风险因素。

（一）实质风险因素

实质风险因素是影响承保风险的重要因素之一。实质风险因素是指某一标的本身所具有的足以引起风险事故发生或增加损失机会或加重损失程度的因素，例如建筑物的结构、占用性质、防火措施及外部环境等。保险人在评估投保单时需将各种实质性风险因素考虑进来。

（二）道德风险因素

道德风险是指人们以不诚实或故意欺诈的行为促使保险事故发生或夸大索赔金额，以便从保险中获得额外利益的风险因素。投保人的道德风险主要来源于两方面：第一，投保人丧失道德观念；第二，财务上出现困难。为了控制道德风险的产生，保险人在承保时要将保险金额控制在适当的额度内，注意保险金额与投保人的财务状况是否相一致，防止超额投保现象的发生。

例如，月收入 2 000 元的投保人，为他人购买保险金额 200 万元的人寿保险，这种情况下，为了避免道德风险的产生，保险人要对投保人进行必要的调查。首先，要查清投保人对被保险人是否具有法律上承认的保险利益；其次，要对投保人的收入来源及以往的保险情况进行调查；再次，应对保险金额征得被保险人的书面同意。经过全面的调查以后才能决定是否承保。

（三）心理风险因素

心理风险又称行为风险或态度风险，是指由于人们的粗心大意和漠不关心，增加了风险事故发生的机会并扩大损失程度的风险因素。例如，投保人在投保了财产保险后，就不再注意防火；投保了盗窃险后，就不再谨慎防盗。

与道德风险相比较，心理风险更不易控制，从法律角度或是保险条款中都很难对心理风险加以限制。实务中，保险人通常采取以下两种方式对心理风险进行控制：第一，规定免赔额（率）。免赔额分为绝对免赔和相对免赔。绝对免赔是指在计算赔偿金额时，不论损失大小，保险人均扣除约定的免赔额。相对免赔是指损失在免赔额以内，保险人不予赔偿，损失超过免赔额时，保险人就全部损失金额进行赔偿。第二，实行限额承保。这种方式针对某些风险，采用低额或者不足额的保险方式，规定被保险人自己承担一部分风险。保险标的发生全部损失时，被保险人最多能够获得保险金额的赔偿，保险标的发生部分损失时，保险人按照保险金额与保险标的实际价值的比例对被保险人进行赔偿。

（四）法律风险因素

法律风险是指影响保险人收取与损失风险相称的保险费的法律环境或监管环境。具体的表现形式包括：第一，主管当局强制保险人使用一种过低的保险费标准；第二，要求保险人提供责任范围广的保险；第三，限制保险人使用可撤销保险单和不予续保的权利，以及法院可能做出有利于被保险人的判决。

二、承保风险的表现形式

（一）承保费率与保险责任不匹配

保险业经营遵循大数法则，保险精算人员基于既定的死亡率、疾病发生率，结合保险公司期望的利润率进行产品定价。保险公司收取的保险费应当能够履行对投保人所负担的赔款并建立各种准备金，以及支付保险企业在经营上的支出。如果保险公司为了追求市场份额，无原则下调承保费率，导致承保费率低于产品设计之初的精算假设，会导致公司赔付成本增加，经营风险增大，最终陷入亏损经营的局面。

例如，某保险公司的团体航空意外险，定价为 20 元/人的保险费在实际承保时只按 4 元/人收取，费率下浮达到 80%，大幅降费承保，既使公司自身经营面临着巨大的风险，又影响了保险行业在销售者心中的公信力，对整个行业的发展造成较大的隐患。

（二）突破条款规定承保

保险条款是保险人和投保人之间订立的保险合同的重要组成部分，是保险人履行保险责任的重要载体之一。在实际经营过程中，保险公司为了承揽保单，满足投保灵活多样的需求，擅自变更报备的保险条款，以批单、特别约定等方式给予投保人条款约定以外的其他利益，尤其在团体保险中，这种现象比较明显，具体表现为：

第一，承保人群突破了条款规定的投保范围。保险定价基于特定人群的风险发生概率，当实际的承保人群突破产品设计的投保范围时，实际的风险发生率会偏离预期的风险发生率，不符合保险经营的基本规律，造成巨大的经营风险。例如，贷款者意外伤害保险，是为了防止贷款人在贷款期间身故或残疾而无法偿还金融机构贷款而推出的保险，其被保险人应为在金融机构取得贷款的自然人。在实务操作中有些法人单位进行贷款，贷款人为法人，被保险人主体不明确。但因为该类业务贷款额度高，对应的保费收入也相当可观，保险公司为了承揽该类业务，会将贷款金额拆分，将单位高管甚至家属均作为被保险人，扩大了承保范围，增加了保险公司的经营风险。

第二，以特别约定方式扩大或缩小保险责任。保监会要求保险公司应销售经核准备案的保险条款，而通过特别约定方式扩大或缩小保险责任，其实质为修改保险条款，突破了保险精算基础，导致经营风险发生。如果特别约定表述有歧义，还会造成后续的理赔纠纷甚至给保险公司带来诉讼风险，尤其是缩小保险责任承保，涉嫌侵害被保险人权益，不利于发挥保险的保障功能。

第三，以协议方式承诺给客户条款之外的特殊收益。此种承保方式多见于团体分红保险等享有分红收益的产品。为了满足客户追逐团体分红保险高收益的要求，保险公司会在保单和条款之外与客户签订补充协议，承诺在一定期限内给客户相应的高收益率，将正常的保障型保险产品操作成理财型保险产品，背离了保险产品最基本的保障功能。一旦承诺客户的收益率无法实现将可能出现客户退保风潮，影响保险公司的稳定经营。

（三）超能力承保

保险公司获取保单的能力与其资本金配置、风险管控、经营服务等多项经营管理指标密切相关，当保险公司为了片面追求保费规模，无视自身承保能力和承保技术，盲目承保与自身风险控制能力不相匹配的风险，会导致赔付成本无法控制，给公司健康发展带来沉重负担。

（四）核保审核不严格

核保人员进行风险评估和风险管控是保险公司控制承保风险的重要措施之一。如果保险公司内部核保管理制度不健全，会导致保险公司风险识别和管控能力不足，从而不能准确地进行风险评估与定价，无法起到应有的风险管控作用，人为增加了公司经营风险。

（五）承保流程不规范

承保的流程包括接受投保申请、审核验险、接受业务和缮制单证等步骤。规范承保流程要求保险公司按照契约管理规定，对投保进行受理、核保、保单缮制和送达。如果保险公司违反契约管理规范，会导致系统外手工单、无名保单、假保单现象发生，严重损害投保人和被保险人权益。

（六）承保单证管理不规范

承保单证是指保险公司在承保业务处理及服务环节所涉及的与客户权益有关的单证，按签发后是否即时产生法律效力又可分为有价单证和非有价单证。其中有价单证一经填写、打印后即时生效，成为保险公司承担经济责任的重要凭证。基于上述特性，有价业务单证一般由保险公司总公司统一设计、印制，由分支机构进行领用、发放和核销。

目前承保单证管理不规范主要表现为：分支机构未经总公司同意私自印制承保单证，未按要求建立单证管理台账，没有准确记录单证的领用、发放、回销。尤其是和中介代理机构合作的业务，对承保单证在代理机构的使用过程和使用情况缺乏必要的管控，致使有价单证作废回销不及时，损坏甚至丢失情况严重，存在极大的风险隐患。

三、控制承保风险的方法

（一）避免逆向选择

所谓逆向选择，从保险人的角度来看，是指那些有较大风险的投保人试图以平衡的保险费率购买保险。或者说，最容易遭受损失的风险就是最可能投保的风险。保险人控制逆向选择的方法是对不符合承保条件者不予承保，或者有条件地承保。

例如，当投保人就自己易遭受火灾的房屋投保财产保险时，保险人会提高承保的保险费率；当投保人患有超出正常危险的疾病，保险人会拒绝其投保定期死亡保险的要求，从而在一定程度上控制投保人的逆向选择。

在实践中，可以通过以下几个方面来避免逆向选择的发生：第一，完善保险相关法律法规，健全失信惩罚机制，为解决我国保险业中的逆向选择问题提供法律制度保证；第二，建立全国统一的信用信息共享系统，完善个人信用评级制度；第三，加强核保检验工作，抑制来自投保人的逆向选择；第四，完善和发展保险技术，设计避免逆向选择出现的保险契约。

（二）控制承保能力

承保能力是指保险人能够承保业务的总量。保险人承保能力通常用承保能力比率（承保保险费与偿付能力额度之比）进行度量。保险人的承保能力限制了保险公司签发新保单的能力。因为卖出的新保单会增加保险人的费用，从短期来看，会降低保险公司的偿付能力；从长期来看，如果新保单所产生的保险费超过了损失和费用的支付，新保单会增加保险公司的偿付能力。所以，有计划地增长新保单的销售，能够保障保险公司承保能力稳定而有序的增长。

保险人保证承保的能力的途径包括以下几个方面：第一，保持风险分散。只有通过风险分析与评估，保险人才能确定承保责任范围，才能明确对所承担风险应负的赔偿责任。第二，用特殊的承保技术和经验满足某些险种的承保要求。一般来说，对于常规风险，保险人通常按照基本条款予以承保。对于一些具有特殊风险的保险标的，保险人需要与投保人充分协商保险条件、责任免除和附加条款等内容后特约承保。特约承保是根据保险合同当事人的特殊需要，在保险合同中增加一些特别约定，满足被保险人的特殊要求，并加收保险费为条件扩展保险责任。通过特殊的承保控制，将使保险人所支付的保险赔偿额与其预期损失额十分接近。第三，安排再保险。再保险对保险公司的承保能力有直接的影响。通过再保险公司可以将保险风险转移给再保险人来增加承保新保单的数量。

第二节　保险理赔的风险与安全

一、我国保险业理赔状况

随着经济的不断发展，人们的收入水平不断提高，对于保险的重视程度也在日益提升，保险公司的理赔给付金额也在逐年递增。产险、寿险、健康险、意外险各个险种的理赔给付金额也呈现出上升趋势。

二、理赔风险产生的原因

在理赔过程中，一些外部或内部的因素均可导致理赔风险的产生，尤其在人身保险市场，理赔风险表现得更为突出。保险公司面临的理赔风险主要表现在以下几个方面。

（一）理赔中存在超额赔付现象

保险理赔的程序包括接受损失通知书、审核保险责任、进行损失调查、赔偿给付保险金、损余处理及代位求偿等步骤。

从保险人接到投保人或者被保险人的赔付请求，到查勘、定损、报价、核损、理算、核赔、付款，几乎每个环节都可能存在问题，如管控不严，发生不能准确定损、报价不准确等现象都可能造成理赔风险。另外，我国《保险法》规定，保险人未及时履行赔偿或给付保险金义务的，除支付保险金外，应当赔偿保险人或受益人因此受到的损失，这些都会引起保险公司的超额赔付。

（二）保险费率下降导致的理赔风险

在保险公司竞争激烈的情况下，保险公司之间可能存在恶性竞争，造成理赔风险。当有新的保险公司进入市场，由于各保险公司之间的竞争加剧，为了在市场中保有一席之地，提升市场占有率，保险公司开始纷纷降低费率，甚至有些忽略成本，从而造成"低保费，高赔付"的局面，承保数量的上升，承保质量的下降，对于保险公司来说这无疑是万丈深渊，其结果是巨额的保险赔付额。

（三）理赔制度不完善

完善的理赔制度是保证保险理赔顺利实施的基础。市场中，一些保险公司缺乏完善的理赔规范，导致理赔人员在理赔过程中漏洞百出，风险重重。而且一些保险公司的理赔考核制度缺乏有效性，这会使理赔人员在工作中的主观性较强，工作质量参差不齐，进而导致理赔服务水平与客户要求相差甚远。另外，理赔过程中调查工作不深入也会导致道德风险的出现。在人身保险理赔中，有时需要相关医疗机构提供的病史来确定理赔金额，而在很多情况下病史是否能完全反映相关主体的实际状况还有待考量，加之出具病史的相关单位并不承担相应的经济责任，所以并不排除制造虚假信息的可能。如果保险公司为了成本考虑或者没有进行详尽的调查工作，那么理赔金额可能会远远超出实际水平。

目前，仍有一些保险公司存在理赔手续烦琐、拖赔错赔现象，导致客户对保险公司的信心下降，严重损害了保险行业形象。保险理赔服务与客户的需求的不匹配，会加大理赔的风险，不利于保险企业的长久发展。

（四）保险欺诈导致的理赔风险

保险欺诈问题在投保人与保险人当中均存在。凡保险关系投保人一方不遵守诚信原则，故意隐瞒有关保险标的的真实情况，诱使保险人承保，或者利用保险合同内容，故意制造或捏造保险事故造成保险公司损害，以谋取保险赔付金的，均属投保方欺诈。凡保险人在缺乏必要偿付能力或未经批准擅自经营业务，并利用拟订保险条款和保险费率的机会，或夸大保险责任范围诱导、欺骗投保人和被保险人的，均属保险人欺诈。由保险欺诈行为导致的理赔风险一旦发生，有可能造成巨额损失。

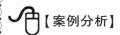【案例分析】

投保时隐瞒病史，合同满两年后索赔欺诈

投保人王某，女，38岁，2013年12月11日通过代理公司为其子李某（5岁）投保《某人寿财富增值终身寿险（万能型）A款》，保额10万元，《附加万能提前给付重大疾病保险》，保额6万元，《附加住院费用医疗保险》1份，保额5 300元。2016年3月初，代理人向保险公司报案，称被保险人李某因"尿道狭窄"在中南大学湘雅三医院住院治疗。2016年5月初，投保人王某持相关材料申请理赔，病例显示被保险人李某于2016年2月19日至3月3日住院，主要诊断为：神经源性膀胱。经审查，被保险人李某2015年1月、2015年7月均有疾病住院记录，却未向保险公司提出理赔申请。另外，经查询历史理赔，被保险人李某2016年2月有过一次理赔记录，系因"右侧肾盂输尿管连接处梗阻并感染"于2016年1月12日至1月18日在怀化市第一人民医院住院治疗，此份病例无既往史描述。由此可见，被保险人2015年1月、2015年7月均有疾病住院记录，却未向保险公司提出理赔申请，而2016年1月、2016年2月的住院均及时申请理赔。从时间点看，前两次住院时合同生效未满两年，而后两次住院时合同生效已满两年，被保险人此举是在规避什么？

经排查被保险人的新农合报销记录、核实怀化市第一人民医院就诊情况以及与投保人面见，了解到被保险人投保前已患病，并两次入院治疗，投保人向保险公司隐瞒了被保险人情况，伙同代理人为被保险人投保。另外，投保人2015年曾加入保险销售队伍，熟知《保险法》规定的两年不可抗辩条款，故特意放弃合同生效两年内的索赔，等抗辩期过后，再连续住院申请理赔。综合以上信息，投保人存在未如实告知行为，虽合同生效已满两年，已过抗辩期，但被保险人2016年2月系因既往症住院，该情形属于合同条款约定的责任免除范围，故对本次医疗费

用理赔申请做拒赔处理。

　　资料来源：国华人寿保险股份有限公司. 投保时隐瞒病史，合同满两年后索赔欺诈核赔案例 ［J］. 保险职业教育与培训，2016（3）：60－61.

　　思考题： 1. 不可抗辩条款的内容是什么？

　　　　　　　2. 本案中保险公司的拒赔处理是否合理？

（五）道德风险和逆向选择导致的理赔风险

　　道德风险是指投保人或者被保险人在投保后，通过某种行为的影响，造成对保险公司不利的后果。在健康保险市场中道德风险尤为严重。由于保险人无法完全参与到被保险人的治疗过程中，从而保险人不能有效了解被保险人的实际医疗服务情况以及医疗服务供给方是否提供了适当医疗服务。被保险人在有保险的情况下，会更倾向于选择更好的治疗途径、更好的治疗药物，会有过度治疗的现象发生。而且不同的医疗机构、不同的诊断医生对患者判断的区别，也会导致治疗过程中的花费不同，这些都在无形中增加了道德风险。

　　逆向选择是由于信息的不对称性导致的，在健康保险市场中尤其严重。逆向选择发生于当投保者相对于保险公司拥有更多更有利于自己的信息时，包括他们自身的健康状况、发病率等信息。在这种情况下，自由市场一般是无效的。有效的市场要求根据不同的风险类型拟定不同的契约合同，并且从低风险设计的合同中得到的收益可以用来资助高风险的合同。然而，这种分配方式不能作为自由市场的均衡状态持续存在，因为公司可以拒绝那些总是亏损的合同的申请。这样一来，当需要高风险合同的主体了解这种情况时，他们就会有动机去掩盖一些导致高风险的事实，从而冒充低风险的合同契约。从而，在自由市场中，就不存在不同合同之间的交叉补贴了，保险公司所接受的几乎全是高风险的合同，理赔风险大大增加，相应的政策措施就需要解决这种问题。而无论是道德风险还是逆向选择，都增加了保险公司的赔付率。

三、控制理赔风险的方法

（一）建立和完善内部理赔风险管理机制

　　理赔岗位是公司控制经营风险的最为关键的环节之一，保险公司应从规范理赔流程、完善绩效考核机制和建立企业信息管理系统两方面来完善企业内部的理赔风险管理机制。

　　第一，规范保险理赔流程，建立完善的绩效考核机制。保险公司规范理赔流程要确保理赔队伍的先进性，要重点关注理赔人员职业道德建设和理赔人员培训机制建设。理赔人员的责任心和工作态度，是做好理赔工作的最基本前提，因此加强理赔人员职业道德建设和敬业精神培养势在必行。同时，要高度重视理赔人才的储备工作，重点培养优秀的理赔人员，确保理赔工作的连续性。在此基础上，完善绩效考核机制，促进保险公司理赔队伍整体水平的提高。

第二，建立企业信息管理系统，完善保险企业风险管理制度。现代科学技术高速发展为信息化建设提供了强有力支持，随着信息化水平的不断提高，各行业信息化建设日趋重要，保险行业通过加强信息化建设，可以节约大量的人力和物力，从而降低经营成本，有效控制经营风险。保险企业通过内部信息沟通反馈可以提高理赔工作效率，同时有效利用外部信息管理渠道，降低经营风险。

（二）建立合理的费用分摊模式

为控制被保险人的道德风险，保险公司可以建立合理的费用分摊机制，通过让被保险人分摊部分费用，增强被保险人的节约意识。

1. 合理设定免赔额。免赔额即免赔的额度，指由保险人和被保险人事先约定，被保险人自行承担损失的一定比例、金额，损失额在规定数额之内，保险人不负责赔偿。绝对免赔额是指保险人根据保险的条件作出赔付之前，被保险人先要自己承担的损失额度。因为免赔额能消除许多小额索赔，损失理赔费用就大为减少，从而可以降低保费。除降低赔付金额，免赔额还可以消除被保险人的侥幸心理。免赔额条款在健康保险中得到广泛使用。

2. 约定共付比例。在健康保险中，通常采用免赔额和比例共付相结合的方法，通过比例共付来控制被保险人道德风险，被保险人自行承担部分医疗费用后，可增加其费用控制意识，提高医疗服务的利用率，降低总费用，以达到减少保险金赔付的目的。

3. 设置最高支付限额。为了控制被保险人的道德风险，同时降低保险的理赔风险，医疗保险中通常会对被保险人花费医疗费用或服务量规定上限，限额以内的由保险人负担，限额以外的由被保险人自付。支付限额越低，越有效降低道德风险，但被保险人承担的费用较高；支付限额越高，保障程度越高，但控制道德风险的效果较差。

4. 订立免责期条款。免责期条款是指保险合同规定在合同生效后一定时间内，例如一个月或三个月，这期间如果被保险人因疾病产生费用，保险人不予支付保险金。免责期限越长，则保费越少，反之保费则越多。通过订立免责期条款可以有效预防部分投保人无病不投保，生病以后才投保的逆选择行为的发生，对容易导致逆向选择、道德风险以及某些难以控制的疾病或治疗方式不予赔付。

（三）做好社会环境风险的研究和预测

对于社会环境风险，保险公司是无法控制的，但是可以采取积极的措施降低风险发生的概率。保险公司可以借助完善的统计监测系统，通过计算机和相应的应用软件迅速地收集、整理和分析业务中的有关数据，对保险赔付频率和次均赔付额及其决定因素进行动态监测。

（四）培育风险管理企业文化

在进行风险管理工作中，应树立全员参与意识。风险管理不仅仅是保险公司管理层及风险管理部门的工作，所有岗位的工作者都应参与其中。加强对内部员工宣传教育，促进企业稳健经营，注重长远利益，风险管理才能有效实施。首先，应建立统一的企业价值观。通过企业最高层领导与员工良性互动工作来建立和培养企业文化，提高员工的责任感，使得风险管理的理念深深根植于全体员工心中，树立风险意识，避免短期行为。其次，传播企业文化，规范企业制度。企业制度是企业文化的重要内容之一，基于文化理念的制度将成员引向新的文化。通过健全理赔风险管理制度，树立理赔岗位的行为规范，使制度建设与文化建设相统一。在保证理赔风险管理制度的科学合理、公开公平前提下，充分考虑企业文化的特征，使文化与制度相互促进、协调发展。再次，要以多种方式推动企业风险文化建设，使风险管理理念深入人心。例如，定期组织员工培训、开展丰富多彩文体活动、统一编印风险管理手册等。

📖【本章小结】

传统保险业务在经营过程中会面临各种各样的风险，尤其以在承保和理赔过程中面临的风险居多，了解经营中面临的风险，掌握好处理风险的有效办法，有利于保证传统保险业务的安全。

通过本章学习，应首先明确传统业务经营中面临的风险，即在承保和理赔中面临的多种风险类型。

在学习保险承保的风险与安全时，重点要掌握影响承保风险的因素、承保风险的表现形式以及控制承保风险的方法。

保险理赔的风险与安全章节中，对理赔风险产生的原因及危害重点进行了介绍，学习者应结合案例分析理赔中面临的风险，掌握处理风险的办法。

✍【复习思考题】

一、名词解释

法律风险　道德风险　逆向选择　保险欺诈

二、选择题

1. 下列不属于影响承保风险因素的是（　　）。

A. 实质风险因素　B. 道德风险因素　C. 自然风险因素　D. 法律风险因素

2. "保险公司为了承揽保单，满足投保灵活多样的需求，擅自变更报备的保险条款，以批单、特别约定等方式给予投保人条款约定以外的其他利益"，这种现象属于承保风险表现形式的（　　）。

A. 承保费率与保险责任不匹配

B. 突破条款规定承保

C. 超能力承保

D. 承保流程不规范

3. 投保人或者被保险人在投保后，通过某种行为的影响，造成对保险公司不利的后果，属于导致理赔风险产生的原因是（　　）。

A. 道德风险　　　B. 逆向选择　　　C. 保险欺诈　　　D. 理赔制度不完善

三、问答题

1. 影响保险承保风险的因素有哪些？
2. 承保风险的具体表现形式包括哪几种？
3. 如何控制承保过程中的风险？
4. 简述理赔风险产生的原因？

选择题答案

1. C   2. B   3. A

第十四章

创新型保险业务的风险与安全

【教学目的和要求】

通过本章学习，使学生了解保险投资资金来源及保险投资资金特点，明确保险投资的风险类型并对保险投资风险进行管理。掌握银行保险业务存在的风险及防范措施。识别互联网保险经营中面临的风险类型。

第一节　保险资金投资的风险与安全

一、保险投资概述

（一）保险资金定义

《保险资金运用管理暂行办法》中将保险资金被定义为"保险集团（控股）公司、保险公司以本外币计价的资本金、公积金、未分配利润、各项准备金及其他资金"。保险资金并不仅指保险公司所收取的保费，而是保险公司拥有的各种资产的总和。

（二）保险投资资金来源

保险投资资金泛指保险公司的资本金、准备金，具体来说是指保险公司的资本金、保证金、营运资金、各种准备金、公积金、公益金、未分配盈余、保险保障基金及国家规定的其他资金。具体可以分为以下三类。

1. 权益资产。权益资产是指保险公司的自有资金，包括资本金、公积金、未分配利润等。其中资本金是保险公司的开业资金，各国政府一般都会对保险公司的开业资本金规定一定的数额，也属于一种备用资金，当发生特大自然灾害，各种准备金不足以支付时，保险公司即可动用资本金来承担保险责任。

2. 各种责任准备金。责任准备金是保险公司为保障对被保险人的赔付责任，根据精算原理按照一定的比例从保费中提留的资金，是保险公司的负债。财产保险业务提取的准备金包括未决赔款准备金、未到期责任准备金和长期责任准备金；人寿保险业务提取的准备金包括寿险责任准备金、长期健康责任准备金、长期责任准备金和未决赔款准备金四种。由于保费的收取和保险金的给（赔）付之间一般存在一定的时间间隔，因而这部分资金可供保险公司用于投资，是保险资金的重要来源。

3. 其他资金。在保险公司经营中，还存在其他可用于投资的资金来源，例如结算中形成的短期负债、保险公司投融资活动而获得的资金、保费收入和赔款支出"时间差"形成的资金等。

（三）保险资金投资渠道

保险资金投资已经成为保险公司最重要的经营业务之一，其投资收益是保险公司利润的重要组成部分。因此，监管部门和保险公司都非常重视对保险资金投资的管理，严格控制投资渠道和投资比例的限额。目前，保险资金主要的投资渠道有银行存款、股票、债券、证券投资基金、不动产等。

二、保险资金投资风险类型

保险资金面临的风险有很多，按照不同的标准可以划分为不同的种类。常见的分类方法是将保险资金投资风险分为系统性风险和非系统性风险。其中，系统性风险又称为市场风险，主要包括利率风险、通货膨胀风险、汇率风险，政策与政治风险等，这些风险无法通过组建投资组合来分散；非系统性风险包括信用风险、流动性风险、操作风险等。下面主要介绍对保险资金投资影响重大的几类风险。

（一）系统性风险

1. 利率风险。利率风险是指当市场利率发生变动时，造成保险公司资产、负债价值减少的风险。利率风险会加剧保险公司资产和负债的不匹配程度，从而影响公司的偿付能力，因此利率风险管理在保险公司的风险管理中占有重要地位。利率风险有三种表现形式：再筹资风险、再投资风险、市场价值风险。再筹资风险表现在当保险公司持有资产的期限长于负债的期限时，因市场利率上升而需要花费更高的再筹资成本来满足现金给付的需要；再投资风险表现在当保险公司持有负债的期限长于其资产的期限时，因市场利率下降而必须遭受较低收益的资金再投资；市场价值风险是指由于利率的变化而导致保险公司的资产和负债价值下降的风险。另外，利率的变动还会加剧保险公司资产和负债不匹配的风险损失程度。

2. 资产和负债不匹配风险。由于保险资金具有负债性的特征，与传统的自有资产风险管理有很大不同。具体可表现为资产和负债总量不匹配、期限不匹配、成本和收益不匹配等。保险资金来源主要包括寿险与财险，寿险的保险期限更长，对资金的安全性要求更高，所以寿险资金更适合于投资长期储蓄、金融债券、国债、房地产等中长期投资工具；财产险的保险期限较短，对资金的流动性要求更高，所以财产险资金更适合于投资国债、同业拆借、股票等流动性强、收益高的短期投资品种。但是在实际操作中，由于缺乏足够的投资产品，大量长期寿险资金投资于中短期投资工具，对于银行存款和债券这些短期资产来说，其收益率相对固定，且受货币政策和利率走势的影响较大，一旦市场发生波动，将会极大影响保险资金的安全性与收益率。

3. 通货膨胀风险。通货膨胀风险是指由于物价水平的持续上涨，对消费者保险购买行为和保险公司保险投资决策产生影响。如发生高通货膨胀后，消费者认为自己现在的保额代表的购买力，在将来无法满足风险保障的需要，选择退保，导致保险公司面临"挤兑"风险，导致保险公司需要提前收回保险投资资金，造成投资损失。

4. 汇率风险。汇率风险是指由于汇率变化，导致资本市场股票价格波动，保险投资资金因所投资的股票价格波动而造成损失的风险。

5. 政策风险。政策风险，是指由于政府相关政策变动而对保险投资回报率造成影响的风险。证券市场受政治因素的影响较大，因而有关政策的变化对保险公司投资的影响也较大。如果这些因素仅仅影响某些证券，那么这种风险是可以分散的，如果影响到整个证券市场，那么保险公司面临的这种风险则是不可分散的。

（二）非系统性风险

1. 信用风险。信用风险也称违约风险，是指保险公司的投资对象或合作伙伴因某些原因不能履行投资合约，或者造假欺诈，造成保险公司不能如期收回投资收益，严重者甚至不能收回投资成本。信用风险对保险公司的投资运作影响重大，保险公司在进行投资时应该通过信用分析来防范违约风险，尤其是在债券投资及贷款中。保险公司在进行投资时应对投资对象进行详细分析，以此减少保险公司的违约风险。

2. 流动性风险。流动性风险是指保险公司的资产不能及时变现，无法应付对被保险人或受益人的赔偿或给付，或者以较高的成本对资产变现或借款，而给保险公司造成损失。流动性对保险公司的意义重大。由于保险事故具有极大的突发性、偶然性、破坏性，加之企业的生产经营越来越规模化、大型化、现代化，风险损失发生的频率及严重程度有不断上升的趋势，如果事故发生，保险公司没有足够的现金资产对被保险人或受益人进行赔偿给付，从社会角度来说，保险公司所承担的责任可能难以实现，对保险公司自身来说，也会因为流动性不足而影响正常经营甚至破产倒闭。

造成流动性风险的原因有：第一是资产负债的期限不匹配。即由于资产产生的现金流与负债产生的现金流不能匹配导致。例如，长期负债没有相对应的长期资产进行匹配。第二是市场利率变动造成的流动性风险。例如当市场利率高于保单的预定利率时，许多以投资为目的的投保客户就会纷纷退保，转向投资收益率更高的资产。

3. 操作风险。操作风险主要指资金投资操作过程中产生的风险。具体是指由于决策失误、组织管理系统有缺陷、交易管理制度不健全或者因员工的过失、欺诈等导致的风险。操作风险受保险公司的治理水平、管理者和投资者的决策能力、员工的素质等诸多因素的影响。

三、保险资金投资风险管理方法

（一）培育和优化保险资金运用的宏观环境

保险资金投资的安全有效运行离不开稳定、完善的经济环境。目前，我国正处于经济、政治体制改革的转型期，经济环境、投资环境、法律环境还处在不断完善的阶段，存在着阻碍保险资金投资和风险控制顺利进行的不利因素。因此，培育和优化保险资金运用的宏观环境，对保险资金投资十分重要。

（二）完善保险公司内部风险管理系统

保险资金投资和风险管理的核心在于保险公司自身，主要依靠保险公司转变风险管理理念，利用先进的风险管理技术和模型，建立科学的风险管理系统，加强公司的内部控制。保险资金运用风险管理系统是对保险资金投资各类风险的综合控制和处理机制，包括制定风险管理政策和目标、构建风险管理组织系统、完善保险资金投资过程风险控制、建立风险管理信息系统等。在市场竞争日益激烈、风险环境日益复杂的条件下，保险公司建立全面、科学、有效的风险管理和内部控制体系不仅是管理资金投资和控制投资风险的重要措施，而且是其长期发展战略的重要组成部分。

（三）健全保险资金运用监管体系

我国对保险行业的监管体系已经建立了比较完善的框架，但监管范围和力度仍有待提高。目前，我国对保险资金运用的监管方式主要是依靠分析保险公司过去的财务状况和经营业绩来判定现在的偿付能力。随着保险资金规模的不断扩大，资金投资渠道不断增多，这种监管方式已经无法发挥科学有效的监管作用。因此，保险监管部门应完善监管手段，建立以风险为基础的动态偿付能力监管方式，对保险资金运用进行实时监管。与此同时，要加强保险行业协会的自律作用。

第二节　银行保险业务的风险与安全

一、银行保险业务的内涵

银行保险是银行与保险公司以共同客户为服务对象，以兼备银行和保险特征的共同产品为销售标的，通过共同的销售渠道，为共同的客户提供共同产品的一体化营销和多元化金融服务的新型业务。银行保险作为一种新型的金融产品，它体现了银行和保险公司的强强联合，通过共同的销售渠道向客户提供产品和服务，能够实现客户、银行和保险公司的"三赢"。

二、银行保险业务存在的风险

银行保险业务主要涉及银行、保险公司和客户三方面的行为主体，各方都承担着不同的业务风险。

（一）承保操作风险

所谓承保操作是指投保人和销售人员达成一致、签订保险合同的过程。这个过程会很大程度地受到投保人和销售人员的影响，投保人是否能够主动真实告知自身具体情况、销售人员是否能够如实地告知投保人保险合同的内容和细节等都会给银行保险带来风险。

首先，保险公司能否准确地将银保产品的内容和细节传达给顾客是银行保险所面临的第一大操作风险。这是由于保险公司作为银保产品的开发和经营方，虽然对银保产品了解透彻，但真正在第一线和顾客进行交流的却是银行柜台的工作人员，他们往往对银保产品不是十分了解，面对顾客咨询有时会给出错误的回答，从而误导顾客购买产品。除此之外，银行工作人员还大量存在保险合同签订过程中的操作不规范问题，往往造成投保单的误填。从寿险公司银保保单签订流程中，我们可以看出上述承保操作中存在的风险。

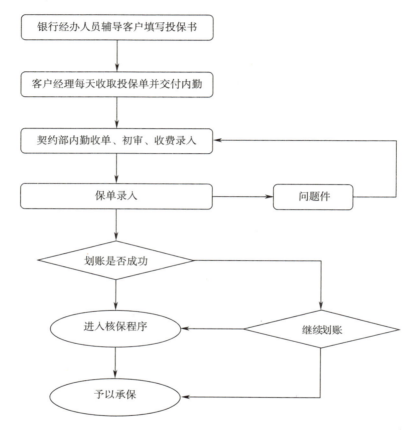

图 14 - 1　寿险公司银保业务流程图

首先，金融消费者要提高警惕，向销售人员详细了解欲购买产品的性质，区分清楚该产品到底是银行存款还是保险。也可从工作人员进行介绍时所使用的一些"特别"词汇上去判断。当有工作人员介绍说"高于银行同期利息"时，一定要问清楚是储蓄还是保险，以防误买保险。此外，若听到例如"健康保障""零存整取""定投功能"之类的词汇时，更要提高警惕。

　　其次，要合理评估自身需求，根据家庭实际情况和财务状况选择合适的理财方式和保障需求。

　　再次，要认真阅读合同，仔细研读保险合同条款，尤其注意保单封面的风险提示语和保险金额、保障责任、责任免除等部分，做到心中有数。此外，消费者还要看清楚合同最后的落款是银行还是保险公司。这是判断储户办理的是银行业务还是保险业务最直接的依据。

　　最后，要辨别销售人员资质。主动询问保险销售者是否是银行人员，是否持有"保险代理从业人员资格证书"，警惕其他非银行工作人员的误导宣传。

　　资料来源：http：//money. people. com. cn/insurance/n1/2016。

　　思考题：1. 如何区分银行存款与保险？

　　　　　　2. 当发生存款变保险的情况应如何进行补救？

（二）道德风险

　　道德风险主要是由客户和银行、银行和保险公司、保险公司和业务员之间的信息不对称和目标不一致造成的。一方面顾客往往为了获得利益故意隐瞒自身存在的某些重要事实，从而使保险公司蒙受损失；另一方面银行方面为了达到预期的银保保费收入规模，在和客户交谈时，往往故意忽略某些不符合保单条款的事实，从而使得银行保险存在很大的隐患。此外，保险公司业务员作为保单的核查管理人员，不能充分发挥保单的监督管理作用，反而受各种利益牵引，也是风险的一大来源。

　　投保人和被保险人的道德风险主要表现为：投保人违背最大诚信原则，隐瞒真相，从而影响公司核保决定；投保人或被保险人故意制造或夸大保险事故，骗取保险金等行为；投保人或被保险人通过与保险公司内部人员联合骗保，骗取赔款等。银行网点人员的道德风险主要表现为：银行网点人员在受理投保时可能明知保险标的不符合承保要求，但为了实现其自身利益而盲目接受投保，加大了承保风险。保险公司工作人员的道德风险主要表现为：保险公司工作人员由于公司保费任务和利润等原因，为了达到公司保费规模，放松承保条件。

（三）营销渠道风险

　　银保合作短期化是寿险公司面临的第一类渠道风险。由于目前大多数银保代理协议期限较短甚至只有一年，这就使得寿险公司银保产品的销售渠道得不到长期稳定的保障，也就不能为其提供稳定的保费来源，存在很大的风险。

　　经营成本不断加大是寿险公司面临的另一种渠道风险。由于缺乏长期稳定的银行和保险公司合作模式，再加上银行往往可以同时和多家保险公司合作，这就迫使寿险公司为了拓宽销售渠道增加业务量不得不将很大的精力投入到和银行维护关系上，甚至不得不提高手续费来加强和银行的合作，占用了寿险公司大量的人力财力，导致经营成本的急剧上升。

（四）经营技术风险

银行保险是建立在金融一体化趋势下的一种金融产品创新，这种产品创新不仅需要整合银行和保险公司各自的渠道、客户等资源，更需要的是对产品本身进行系统的开发和设计，这就需要寿险公司投入大量的人力和财力。但是产品开发不会每次都成功，如果其中某一环节出现问题就可能对资金回笼造成影响，带来很大的风险。

银行保险的经营技术风险还体现在银行保险是一个全面涉及技术开发、系统改造和管理理念更新的系统性工程，不是简单地通过内部消化就可以实现，而必须是建立在银行和保险公司整体范围内的制度变化。为了促进银行保险的发展，银行和保险公司必须建设现代化的数据业务系统，引入现代化的管理理念并融通各自的结算网络，这些新技术的运用都会给银行保险带来风险。

（五）法律政策风险

银行保险作为新形势下的一种金融产品创新，必然会直接受到金融法律法规的影响和制约，这就要求所签订的银保合同必须在法律允许的范围内，要求银保合同能够明确地区别合同双方的权利义务关系。除此之外，还必须考虑到政策变化所带来的影响及时调整银保合同相关条款。

（六）客户服务风险

银行保险主要通过银行渠道销售保险，客户直接与银行接触完成投保，承保后的各种服务事项也习惯与银行进行联系。若发生银行网点停止与保险公司合作或客户投保时负责的银保专管员的离职等情况，客户就成为了保险公司"孤儿保单"客户。客户若未能在保险公司留有正确的联系方式，会导致保险公司无法联系到客户，将对客户的后续服务带来风险。

除以上风险外，银行保险业务还有可能面临手续费管理及产品开发方面的风险。例如，目前保险市场中存在忽略对代理机构业务管理的问题，对代理机构资格管理、业务管理和手续费管理制度也不完善，在业务开展过程中利用变相高额手续费等手段进行恶性竞争，造成代理机构抬高手续费比例，形成恶性循环。对于新进入市场的保险公司也带来代理机构发展的困难，不利于银保市场合理有序发展。另外，我国银行保险产品的设计和开发仍然单独由保险公司负责，这个开发过程十分复杂，并且受市场和政策影响显著，其中任何一个小环节出现问题都可能造成开发失败，给保险公司带来很大的风险。

三、我国银行保险业务的风险防范

（一）加强产品开发，丰富银行保险的产品

银行保险产品是对银行理财产品的一种补充，相比于保险公司，银行更加了解客户对银行保险产品的需求。因此，保险公司应加深与银行在产品开发上的合作，根据不同银行金融产品的特点和市场的需求提供给合作银行有个性化的补充产品。这样一方面有利于与合作开发银行建立长期合作战略联盟的关系，通过产品创新，用适销对路的银行保险产品提升各保险公司产品之间的差异化，同时对银行现有的金融产品进行补充也将提升银行在市场上的竞争力。在产品设计上除了考虑银行自身对金融产品的补充需求外，还要充分考虑不同层次客户的需求，考虑银行保险的特点，产品应具备操作手续简便、快捷、易宣传的特点，并要考虑到所在地域及产品营销辐射区内消费群体需求等因素，最大限度地适应不同地域的经济结构和人文差异。另外，保险公司可以和银行共同研制银行保险产品的生产线，形成可以横跨银行的市场需求收集、反馈、产品设计、销售流程，根据不断变化的市场需求设计不同产品，提高市场快速反应能力。同时，针对处于销售渠道终端上的大众化客户群，应尽量提供简单、标准化的保险产品组合方案，以求扩大市场份额。

（二）加强银行保险营销合作管理

目前我国银行保险合作中，寿险公司普遍采用的是银行保险客户经理、渠道经理督导的模式。银行客户经理作为保险公司与银行的媒介，负责对银行员工进行培训、传递单证等，银行根据对保险销售的考核力度，采用专柜销售或全员销售的模式。在销售渠道的管理手段上除了利用激励等手段外，保险公司应通过提升产品的竞争力、保险公司的品牌价值和银行形成互相依存的伙伴关系。同时，在对银行销售的管理中应体现出奖惩分明，寻找优质的合作银行作为战略伙伴，共同开发双方的客户资源，为客户提供多元化全方位的金融产品和金融服务。在此基础上，银行要与保险公司展开深度合作，参与前期产品的设计和开发，使得银保产品更有针对性。

（三）加强银行保险业务信息技术合作

为了提高出单效率，适应银行销售对快捷性的要求，银行和保险公司应在保证各自系统安全的基础上，合理对系统开发进行投入，加快技术开发，建立和完善网络信息系统，实现银行与保险公司之间的直联，实时出单，并保证承保信息的及时输送和反馈，提高保单处理质量和效率，为客户提供更为先进、便捷的服务，为银保深层次合作奠定技术基础。银行与保险公司系统之间的实时连接，可以使双方客户能直接从网上获得包括银行、保险及证券在内的全方位个人理财服务，也可以加强对双方营销理念、管理规程、职业操守的深入了解，促进企业文化的交流，实现银保双方合作理念和职业规范的融合。

（四）提升银行保险业务销售人员的业务水平

为促进银行保险业务的发展，银行与保险公司可以共同制订人员培训计划和发展战略，培养银保合作业务专家，为银保合作向更高层次发展奠定人才基础。通过建立银行和保险公司多层次的培训体系，加强银保业务培训，使银行人员真正了解保险、懂得保险，成为保险方面的专家、营销能手。通过银行销售的窗口将保险的理念送入千家万户，提升全民的保险意识，逐步改变客户以追求投资收益的保险目的，回归保险保障的本质。消除客户对银行保险产品存有的搭配销售的心理障碍，要让客户感到银行保险产品提供的保险产品销售服务是能够为他们带来利益的。通过一线的银行保险销售人员，了解银行客户的需求变动，并通过促进产品开发和保证客户利益来实现保险公司、银行和客户的多赢。

（五）加强银行保险产品销售中的风险控制

银保产品在销售过程中要严格控制风险：第一，要按照保监会的相关规定，对银行销售的投资理财性产品向客户进行风险的如实告知，向客户明确提示所代理保险产品的经营主体、保险责任、退保费用、现金价值和费用扣除等情况；第二，建立起银行、保险公司问题处理机制，对客户投诉纠纷建立快速响应和处理的通道，共同维护好双方的客户，提升客户的满意度，提升保险公司和银行的品牌价值；第三，银行要加强产品售后依靠保险公司的业务网络支持，尽量为客户提供准确、及时的查询、信息披露、代收代付、满期给付及简单理赔等一站式服务，切实提高客户服务质量；第四，明确银行和保险公司的新型代理关系，进一步明确代理保险协议的权利义务，加强对银保客户经理的行为管理和业务培训，建立严格的奖惩机制。

（六）加强保险产品的宣传

当前在加强现代保险经济补偿、资金融通和社会管理三大功能基础上，要进行保险理财及避险知识宣传。其一，要引导公众树立现代保险是重要理财手段的观念。其二，要提升公众学会辨别保险理财与其他理财产品差异的能力。其三，要倡导公众认识到保险产品的本质是对个人财务和生存风险进行管理，让公众意识到疾病、意外事故可能造成个人及家庭的风险问题，都可以利用保险所特有的保障功能进行风险管理。

（七）优化银保合作模式

从国际经验来看，银行保险深化合作是一个从产品销售走向资本合作的过程，银行保险要得到较好发展，建立密切的资本联系十分必要。在银行保险模式的选择方面，应立足当前，着眼于未来。通过模式创新来推动深层次合作，是中国银行保险业务持续健康发展的必由之路。

第三节　互联网保险的风险与安全

互联网保险是一种新兴的以计算机互联网为媒介的保险营销模式，是相对于传统的保险营销方式而言的。保险业界一般将互联网保险定义为保险公司或保险中介机构通过互联网为客户提供产品及服务信息，实现网上投保、承保、核保、保全和理赔等保险业务，完成保险产品的在线销售及服务，并通过第三方机构实现保险相关费用的电子支付等经营管理活动。

一、互联网保险风险的类别

（一）信息技术与数据安全风险

互联网保险依托于互联网计算机的平台进行保险产品的交易，受互联网本身安全性的影响，互联网保险在经营过程中不可避免地面临着信息技术与数据安全的风险。

1. 信息技术风险。目前互联网保险面临的信息技术风险主要包括网络系统运行的安全风险、内外部非法入侵风险、信息传送风险等多个方面。相关调查显示，消费者在进行网上消费时，最关心的是网上支付的安全性问题，一些消费者也因担心网上购物的资金安全而放弃网上消费。

2. 数据安全风险。基于保险的最大诚信原则，保险公司要求客户在投保时要如实填写个人资料，其中就包括了职业、家庭情况、银行卡、身份证等敏感信息。客户在网上投保后，这些信息会在保险公司或保险中介机构的互联网平台上形成客户信息的数据库，这些数据信息虽然可以方便保险公司准确定位客户特性，但同时也存在着泄露客户信息的安全隐患。一旦保险公司的网站受攻击或者保险公司内部人员的恶意操作行为使客户信息泄露，就可能造成客户的经济损失，同时保险公司的声誉也会受影响。

3. 在线核保风险。由于互联网保险公司的核保是在线上平台进行的，无法像线下保险公司一样能与客户进行面对面的沟通和详谈，客户的身份识别认证以及对承保保险标的情况问询等成为保险公司在线核保中最为谨慎的环节。而对客户来说，投保后所交纳的保费是否安全地进入保险系统、交易记录是否得到保存等问题是他们最关心的问题。目前，还没有完全可靠的网络技术来保证在线核保、交易过程的万无一失。

（二）逆向选择与网络欺诈风险

与传统保险相比，在互联网保险业务中，由于缺乏保险人与投保人之间的有效沟通，保险公司无法完全了解被保险人的风险，投保人因为客观原因不能将自己的投保信息披露给保险公司，或因为逆向选择故意不履行如实告知义务，这些都导致了互联网保险的信息不对称，因而会加重保险公司的经营风险。

与实体交易不同，网络销售依托的是互联网的虚拟交易市场，互联网保险也不例外。另外，由于我国目前的征信系统并不完善，也导致了我国目前诚信缺失现象严重，这些都导致了互联网保险网络欺诈现象的发生。

（三）产品设计风险

在互联网保险公司设计、上线新产品时，不仅要关注产品本身的设计，还要考虑到线上投保流程的操作，比如在线咨询、投保方案展示、风险提示、保单检验、理赔查询、后续服务等基础服务。总体来说，目前我国互联网保险产品呈现出低价值、低黏度、同质化的特点，在产品属性设置、产品定价、产品附加服务、产品结构等方面都有一些不足。

一是保险公司为了吸引消费者，增加保费收入，以较高的收益率将互联网保险产品打造成纯粹的理财产品，脱离了保险的实质。二是互联网保险兴起时间不长，缺少关于保险数据方面的积累，在新产品开发的定价中存在不可避免的风险，需要根据市场条件强劲或者低迷来判定。比如，在市场整体表现良好的时候，投资连结保险的销量较好，就会造成一些万能险的退保。三是产品的附加服务（除基本保险责任以外的服务）没有得到深度挖掘，不能建立客户对品牌的忠诚度，降低了客户黏性。四是虽然互联网产品种类较多，但是产品大同小异，缺乏创新。目前来讲我国互联网保险市场上销售的产品主要以车险和理财类寿险为主，各家保险公司大打价格战，实际上大

大压缩了保险公司的盈利空间。

（四）操作风险

根据《巴塞尔新资本协议》，操作风险可以分为由人员、系统、流程和外部事件所引发的四类风险，可见操作风险与其他风险关联紧密，甚至是引发其他风险的重要因素。近几年，操作风险得到了国际金融界的高度重视，因为金融机构数量与日俱增以及产品的多样化和复杂化使得操作上的失误可能带来极其严重的后果。互联网保险平台的虚拟化，导致保险公司不好排查因客户操作带来的多种风险原因。公司业务员因操作不娴熟而导致的保单失误，可能经由互联网发酵，带来恶劣的影响，如果有大量业务到来，会增加出单员在出单时出现失误的概率。

（五）声誉风险

声誉风险是由于声誉事件的发生导致公众、企业对公司评价下降，从而对公司造成危险和损失的风险。保险公司利用互联网的便利性向广大互联网用户推广保险产品的同时，也要注意到互联网消息的快速流通会让一个小的失误、声誉上的瑕疵、客户的不满等不利消息迅速扩散。若保险公司不能很好地处理日常工作中发生的问题，一旦被互联网传播，势必会严重影响公司的声誉，造成客户流失和潜在客户的不信任。另外，除了专门的互联网保险公司，互联网保险业务的保费收入占保险公司保费总收入的比重较低，很难得到管理层的重视，导致保险公司对于互联网保险声誉风险的控制和处理力度不足。

（六）法律风险

目前，除了《网络保险监管工作方案》《互联网保险业务监管暂行办法》等法规办法，以及分散在《保险法》《电子签名法》和《合同法》中的相关条款，还没有出台完整、专门的互联网保险法来规范互联网保险市场。虽然经过几次修订后的《中华人民共和国保险法》有助于维护保险市场的运行秩序，但整部法律主要是针对线下传统保险业的。如今，互联网保险的发展超出预期，新的问题接踵而至，我国相关配套法律存在一定的滞后性，很难满足互联网保险的实际发展要求。对保险公司而言，在出现法律纠纷时，法院认为保险公司具备更多的信息优势，会更多地支持消费者的利益诉求，使得保险公司处于劣势；对客户而言，由于互联网相关法律法规不健全加之对保险知识缺少了解，一些客户购买的保险产品并不能完全覆盖自身的风险需求，易造成经济损失。无论是保险公司还是个人受到利益损失，都会对整个互联网保险行业产生消极影响。

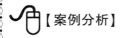【案例分析】

第三方网销保险平台不规范行为

某地保监局在调研中发现，多家具备第三方网销保险平台资质的国内知名在线旅行服务公司，在宣传产品、承保过程中，存在保险产品定名不规范、信息披露不全面，以及保险核保审查缺失、不提供保险单证等问题。

一是产品名称存在合规风险。部分保险产品在宣传、销售时用词颇为吸引眼球，如"结婚保险""退房保险""扶老人险""熊孩子保险"等，其实质仍为意外险、责任保险等险种。这些被随意简化名称的保险产品，不仅其定名方式不符合监管规定，而且存在歧义或误导，极易引发消费纠纷。

二是承保过程不规范。部分第三方网销平台承保界面设置较简单，只需输入投保人或被保险人基本信息即可完成投保与合同生效，投保过程未经过保险公司核保程序，也未对免责条款等重要的保险条款内容进行说明或告知。相关保险公司未主动向消费者提供有效的保险凭证、收费凭据，仅以短信通知的方式告知保单生效、收费金额等信息。

资料来源：中国证券网。

思考题：网销保险平台的不规范行为会带来哪些风险？

二、互联网保险监管

（一）互联网保险业务监管状况

近年来，互联网保险业务在我国实现了较快发展，但问题也随之产生。为了保证互联网保险发展的稳定，加强和完善监管实属必要。事实上，政府及监管部门对互联网保险业务的监管也非常重视，近些年来陆续发布并出台相关监管政策文件。相关的监管政策文件见表 14-1。

值得一提的是，在互联网保险迅速发展的 2015 年出台了《互联网保险业务监管暂行办法》（以下简称《暂行办法》），这是一份互联网保险监管的重要文件。在《暂行办法》中明确了销售互联网保险的主体和平台。其中主体是传统的保险机构，包括保险公司和保险中介机构；随着互联网时代的到来应运而生的平台，包括自营网络平台和第三方互联网平台等。不管是传统保险机构还是新兴的第三方互联网平台，只要是经营销售、承保、理赔、退保等互联网保险辅助服务业务的都必须取得保险业务经营资格，如果第三方互联网平台没有遵守相关规定，监管部门会有相应的惩罚机制。《关于加强互联网平台保证保险业务管理的通知》从偿付能力、保险公司对互联网平台的选择、保险条款设计的规范以及费率的厘定等方面进一步规范互联网平台保险业务。《互联网保险风险专项整治工作实施方案》中要求重点查处和纠正保险公司与不具备经营资质的第三方网络平台合作开展互联网保险业务的行为。

表 14-1　　　　　　　　　　互联网保险有关监管文件一览表

名称	实施时间	主要作用
《电子签名法》	2005 年 4 月	通过规定电子签名的具有法律效用的使用领域，使电子保单具有法律效力

续表

名称	实施时间	主要作用
《互联网保险业务监管规定（征求意见稿）》	2011 年 4 月	防范互联网保险欺诈风险，保护被保险人及受益人的合法权益，促进互联网保险长足发展
《中国保险业发展"十二五"规划纲要》	2011 年 8 月	鼓励支持保险业务创新，进一步推动电子保单的发展与互联网保险的发展
《关于规范人身保险公司经营互联网保险有关问题的通知（征求意见稿）》	2014 年 4 月	对涉及经营互联网保险的人身险公司设定了严格的操作规范，规范互联网保险的发展
《互联网保险业务监管暂行办法》	2015 年 10 月	明确规定互联网保险的主体、经营范围及信息披露的内容与方式，使互联网保险有了正式且较为全面的监管
《关于加强互联网平台保证保险业务管理的通知》	2016 年 1 月	对经营互联网保险的保险公司或互联网保险平台设定了明确的操作规范，促进互联网平台保证保险业务持续健康发展
《互联网保险风险专项整治工作实施方案》	2016 年 4 月	集中整治 P2P 网络借贷和股权众筹业务，互联网资产管理及跨界从事金融业务，第三方支付业务，互联网金融领域广告业务，优化市场环境

资料来源：根据互联网相关资料整理。

（二）监管主体与监管对象

1. 监管主体。保险行业的监管主体，一般主要都是政府部门专门设立的监管机构，我国的监管机构以中国银行保险监督管理委员会（简称银保监会）为主。2015 年 8 月 10 日，中国保险行业协会互联网保险分会成立，这标志着专门针对互联网保险发展的专门组织成立。

互联网保险监管部门从业务经营角度包括业务监管处、稽核监察处和授权认证处。职能分工为：业务监管处负责财险与人身险的监管；授权认证处主要审查互联网保险平台的经营资质、互联网保险保费的安全支付、合同双方信用维护及互联网技术维护升级等工作；稽核监察处从事专门调查违法和违规行为，控告、处理投诉等相关事务，见图 14 - 2。

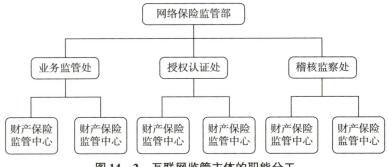

图 14 - 2　互联网监管主体的职能分工

2. 监管对象。监管对象主要是指互联网保险公司。随着互联网保险开始蓬勃发展，不健全的市场机制、法律法规不完善、监管力度不够等问题日益显著，使得互联网保险的市场竞争不规范。这严重影响了互联网保险的社会公众形象，损害了保险行业整体的利益。因此，亟待出台制度以约束互联网保险中的损害行业利益的行为，打击不正当的竞争手段，健全互联网保险平台的自我约束与管理机制。

（三）完善互联网保险监管措施

1. 市场准入与退出的弹性安排。互联网保险市场的准入需要考虑很多的因素，主要有互联网安全技术、信息披露、公司内部管理、网上支付平台资质及安全保障等方面。国家政府应该制定严格的准入条件，灵活审批互联网保险的业务，同时依靠市场本身的调节机制，保持市场活力。确定保险机构具备开展互联网保险业务相关基本条件，在鼓励互联网保险业务开展的同时，要采取灵活的市场准入机制将更有利于互联网保险市场的可持续发展，并维护保险消费者的权益。目前，我国的保险监管存在重准入和轻退出的现象，法律法规多涉及市场准入条件而对于退出规定较少，这给退出的监管造成诸多不便。明确退出标准能指引经营者进行积极的作为，提高其办工的效率，鼓励互联网保险经营者依照法律正规程序退出保险市场。

2. 网络安全与道德风险的双重考量。互联网的特征决定了互联网安全操作的复杂性和特殊性。在整个互联网安全维护中，安全定位是放在首位的。主要体现在：第一，保障运行安全。互联网保险的信息技术标准需要得到确立，同时还要经营互联网业务的保险公司加强对电子商务平台的建设。一方面，设立标准互联网业务流程；另一方面，信息投入力度的加大，加强互联网安全的建设，健全互联网保险业务的运行风险评估体系。第二，保障交易安全。出台互联网保险的监管规定，成立互联网保险的专门监管机构，配备高素质监管人才与干部，加大对违法经营互联网保险业务的相关查处力度。第三，保障信息安全。监督保险公司对影响互联网保险业务的信息安全风险进行防范，确保核心的业务经营数据的运营安全，确保信息系统不被"黑客"攻击，保证保险消费者的投保信息安全，确保电子保单内容的不可篡改性与客户个人的隐私信息安全。

保险领域的不断扩大，特别是互联网保险的快速发展，加之相关法律法规还不够完善，一些不法之徒开始利用互联网技术手段，牟取个人利益。道德风险如果未有效地抑制，互联网保险的经营与发展也会受到一定的影响。

对于道德风险的监管，应做到以下几点：

第一，保险利益原则与保险损失补偿原则的明确。在互联网保险的监管中更不能脱离这两个原则。只有明确和坚持此原则在整个互联网保险中的运用才能有效地抑制道德风险的出现。

第二，风险评估机制的建立。市场经济中信用价值是巨大的，市场风险若形成了客观的评价体系，这对整个社会的交易成本都会有很大的节省。保险公司通过风险评价体系能够对投保人的信用情况进行了解，可以在一定程度上缓解和抑制道德风险的发生。

第三，保险公司信息共享。当保险行业中的各个公司都开始建立信息共享机制后，将会对保险交易中的所有参与人的行为产生一定的正面影响，对保证未来交易的顺畅，抑制道德风险的出现有积极作用。

3. 保险人才的开发与培育。互联网保险的监管人才所需要的知识跨度较大，其中不仅包括保险学、管理学、法律法规等，还应包含互联网信息技术的相关知识。具体培养时应注重培养复合型的人才，为互联网保险提供优质的人才储备；另外，建设现有人才资源，减少培养周期和提高人才的成长效率。同时要加强保险行业协会与互联网保险平台的协助作用，从保险法律法规、保险产品知识、互联网销售技能等多方面对保险业务人员进行培训。

4. 法律风险的防控及规避。目前互联网的快速发展导致我国的互联网管理法规相对滞后。2011 年以来，保监会出台了部分规范互联网保险的文件与法规，旨在保护投保者的权益，促进互联网保险的健康发展。互联网保险有其独有的特征，它脱离了时间和物理空间的限制，这增加了对统一、适用宽泛的法律的需求。

互联网保险需要一个统一的成熟法律体系调配，在保险交易过程中对客户的信息安全与合法权益进行保护，并解决纠纷与防止诈骗发生。政府应在市场准入制度、税收、赔偿、交易监督等方面制定法律法规规范市场参与者行为。电子支付是互联网保险的核心环节，在支付方面也应制定相关法律制度，明确当事人之间的法律关系。还应考虑将《消费者权益保护法》《广告法》《票据法》《知识产权法》应用到互联网保险中来。

互联网保险发展的先决条件是互联网的安全保证，其任何发展和创新须建立在安全的基础上。保监会可通过积极地制定法规、建立高效的风险控制体系，及时地采取或变更防范的措施，避免互联网保险风险的发生，保证互联网保险市场的有序运行。互联网系统的安全性是个人隐私保护的屏障，安全问题是发展互联网保险的关键，我们必须重视和加强保险公司的网站基础建设，采取有效策略阻碍保险欺诈，提倡互联网保险经营者建立数据的交流渠道，共享保险欺诈与欺诈人员的交流信息，共同打击互联网保险欺诈。

5. 平台化建设。安全在保险交易中永远是处于首要位置的，保险网站平台面临着市场交易的风险、信息技术的风险等，这直接威胁到平台网站的健康发展，需要积极防范。基于安全观的支付平台选择，将极大地降低消费者的互联网支付风险。保险公司官方网站与互联网保险平台是平行的竞争关系，怎样处理好竞争与合作，给消费者最大让渡价值的同时，又使企业在激烈的市场竞争中立于不败之地，这是互联网保险公司经营管理者们的一大难题。解决这一难题的途径在于，注重互联网平台的商业信誉，以高的商业信誉来提升消费者对保险产品的信任度，只有当买方对互联网平台有较高信任度时，保险产品所传递的信息才会真正被消费者接纳。

【本章小结】

随着我国保险业的不断发展进步，涌现出了多种新型的保险业务，这其中就包括保险投资、银行保险和互联网保险等。这类创新型的保险业务在经营中会面临多种风险，本章则着重对这些业务的风险与安全进行了介绍。

保险资金在投资业务中会面临系统性风险和非系统性风险。其中，系统性风险包含：利率风险、资产和负债不匹配风险、汇率风险、政策风险、通货膨胀风险等；非系统性风险包含：信用风险、流动性风险、操作风险等。学习本章要对掌握保险投资业务面临的风险，并运用适当的方式管理风险。

银行保险是保险公司销售产品的重要渠道之一，这种业务方式在给保险公司带来利润的同时，也存在着风险，具体表现为承保操作风险、道德风险、营销渠道风险、经营技术风险、手续费管理风险、产品开发风险、法律政策风险、客户服务风险等方面。学习者要掌握银行保险业务所面临的风险，并对这类风险加以规避。

互联网保险是一种以互联网为媒介的新型营销模式，这种模式充分适应了现代人的消费习惯和行为方式。与此同时，互联网保险业务同样面临多种风险。这其中就包含了信息技术与数据安全风险、逆向选择与网络欺诈风险、产品设计风险、操作风险、声誉风险、法律风险等。学习者要充分掌握互联网保险业务在经营中面临的风险，以理解为主，与所学的风险管理知识相互渗透，融会贯通。

【复习思考题】

一、名词解释

保险资金　银行保险　互联网保险

二、选择题

1. （　　）不属于保险投资的系统性风险。

A. 利率风险　　　　　　　　　　B. 资产和负债不匹配风险

C. 政策风险　　　　　　　　　　D. 信用风险

2. 由于声誉事件的发生导致公众、企业对公司评价下降，从而对公司造成危险和损失的风险，属于互联网保险面临（　　　　）。

A. 信息技术与数据安全风险　　　　B. 声誉风险

C. 逆向选择风险　　　　　　　　D. 产品设计风险

3. 中国保险行业协会互联网保险分会成立于（　　　　）。

A. 2015 年 8 月 10 日　　　　　　B. 2015 年 8 月 12 日

C. 2016 年 8 月 15 日　　　　　　D. 2016 年 9 月 20 日

4. （　　）不属于银行保险业务存在的风险。

A. 承保操作风险　　　B. 道德风险　　　C. 法律政策风险　　　D. 汇率风险

三、问答题

1. 保险投资资金有哪些来源？保险投资资金有什么特点？

2. 保险投资的风险类型包括哪些？如何对保险投资风险进行管理？

3. 银行保险业务存在的风险有哪些？如何进行防范？

4. 互联网保险面临哪些风险种类？

选择题答案

1. D　2. B　3. A　4. D

第十五章

保险监管

【**教学目的和要求**】

通过本章学习，使学生了解保险监管的目的、原则、意义。掌握偿付能力监管、市场行为监管、公司治理结构监管的内容。明确保险监管的方法。

第一节 保险监管概述

一、保险监管的概念

保险监督管理是指政府的保险监督管理部门为了维护保险市场秩序，保护被保险人及社会公众的利益，对保险业实施的监督和管理。

保险监督管理制度通常由两部分构成：一是国家通过制定有关保险法规，对本国保险业进行宏观指导和管理；二是国家专司保险监督管理职能的机构依据法律或行政授权对保险业进行行政管理，以保证保险法规的贯彻执行。

（一）保险监管的主体

保险监管的主体是指享有监督和管理权力并实施监督和管理行为的政府部门或机构，亦可称为监督管理机构。

我国的保险监督管理机构是 2018 年 4 月成立的中国银行保险监督管理委员会（简称中国银保监会）。在银保监会正式挂牌之前，我国的保险监管机构为原中国保险监督管理委员会（简称中国保监会）。原中国保险监督管理委员会成立于 1998 年 11 月 18 日，是国务院的直属事业单位，是全国商业保险的主管机构，根据国务院授权履行行政管理职能，依照法律、法规统一监督管理全国保险市场，维护保险业的合法、稳健运行。

（二）保险监管的领域和对象

保险监督管理的范围仅限于商业保险领域。这是由于商业保险与社会保险在性质、经营原则等方面均存在一定的差异性，世界各国和地区普遍对商业保险和社会保险分别进行立法，由不同的政府部门实施监督和管理。

保险监督管理的对象包括保险产品的供给者和保险中介人。保险产品的供给者即保险人，包括保险公司及其分支机构。保险中介人在保险业务活动中主要起到辅助保险人和被保险人的作用，按照我国《保险法》的规定，保险代理人和保险经纪人属于保险监督管理的对象。对于保险公估人是否纳入保险监管的对象，我国《保险法》未作明确的规定，但按照有关规定也列为保险监管的对象。投保人、被保险人、受益人不属于保险监督管理的对象，对于投保人、被保险人、受益人的违法行为，其自身要承担相应的法律责任，但保险监督管理机构无权对投保人、被保险人、受益人进行行政处罚。

二、保险监管的原则

（一）依法监管原则

依法监管原则是指保险监督管理部门必须依照有关法律或行政法规实施保险监督管理行为。保险监督管理行为是一种行政行为，不同于民事行为。凡法律没有禁止的，民事主体就可以从事民事行为；对于行政行为，法律允许做的或要求做的，行政主体才能做或必须做。凡法律、行政法规和国务院未明确授予的职权，都是监督管理部门并不享有的职权，保险监督管理部门不得超越职权实施监督管理行为。另一方面，保险监督管理部门又必须履行其职责，否则属于失职行为。依法监督管理原则是市场经济的客观要求。

（二）独立监管原则

独立监管原则是指保险监督管理部门应独立行使保险监督管理的职权，不受其他单位和个人的非法干预。保险监督管理部门实施监督管理行为而产生的责任（如行政赔偿责任）也由保险监督管理部门独立承担。

（三）公平公开原则

公平原则是指保险监督管理部门对各监督管理对象要公平，监督管理对象在法律面前应平等，在服从监督管理的问题上平等。保险监督管理部门对各保险公司和各保险中介必须采取同样的标准，不能区别对待。市场经济要求公平竞争，公平监督管理可以创造公平竞争的市场环境。

公开原则是指保险监督管理的各种信息，除涉及国家机密、企业商业秘密和个人隐私的以外，应尽可能向社会公开，增加保险监督管理的透明度。这样既有利于保险监督管理的效率，也有利于保险市场的有效竞争。

（四）保护被保险人利益原则

保护被保险人利益原则是指保险监督管理的根本目的是保护被保险人利益和社会公众的利益。保护被保险人利益和社会公众利益应当是保险监督管理各项工作的出发点，同时也是评价保险监督管理部门工作的最终标准。

（五）不干预监管对象经营自主权原则

保险公司、保险中介等保险监督管理对象是自主经营、自负盈亏的独立企业法人。在市场经济条件下，保险对象有权在法律法规规定的范围内，独立决定自己的经营方针和政策。企业法人如果不能享有经营自主权，也就难以承担自负盈亏的责任。保险监督管理部门对监督管理对象享有实施监督管理的权力，但是，保险监督管理部门不干预监督管理对象的经营自主权，也不对监督管理对象的盈亏承担责任，这是保险监督管理部门依法监管应遵循的基本原则。

第二节　保险监管的内容

保险监督管理的内容主要包括偿付能力监督管理、市场行为监督管理、保险公司治理结构监督管理三个方面。

一、偿付能力监管

（一）偿付能力的概念

偿付能力是指保险公司偿还债务的能力。在保险经营中，保险人先收取保险费，后对保险损失进行赔付。先收取的保险费视为保险人的负债，赔偿或给付保险金视为对负债的偿还。偿付能力大小以偿付能力额度表示。偿付能力额度等于保险人的认可资产与实际负债之间的差额。

保险公司的偿付能力分为实际偿付能力和最低偿付能力。实际偿付能力是指在某一时点上保险公司认可资产与认可负债之间的差额；保险公司的最低偿付能力是指由保险法或保险监督管理机构颁布的有关规定，保险公司必须满足的偿付能力要求。如果保险公司认可资产与负债差额低于这一规定的金额，即被认为是偿付能力不足。偿付能力在保险公司的经营中具有非常重要的作用，保险法中对保险公司的最低偿付能力作出了规定。我国《保险法》第一百零一条规定："保险公司应当具有与其业务规模和风险程度相适应的最低偿付能力。保险公司的认可资产减去认可负债的差额不得低于国务院保险监督管理机构规定的数额；低于规定数额的，应当按照国务院保险监督管理机构的要求采取相应措施达到规定的数额。"偿付能力是整个保险监督管理的核心内容。

（二）保险公司偿付能力监督管理

1. 偿付能力监督管理的含义。偿付能力监督管理是指保险监督管理部门对保险公司的偿付能力实行的监督和管理，包括偿付能力评估和偿付能力不足两个处理环节。

（1）导致保险公司偿付能力不足的原因。导致保险公司偿付能力不足的原因有许多，具体包括：第一，资本额和盈余。保险公司必须符合法定的最低资本金要求，如果保险公司的资本不充足，则直接影响保险公司的偿付能力。第二，定价和产品。如果保险费率确定过低，在未来保险经营中就可能入不敷出，形成亏损。第三，投资。第四，再保险。第五，保险准备金。如果准备金计算错误或估值方法不当，会出现保险准备金与实际承担的保险责任不匹配的情况，会形成保险公司亏损。第六，资产负债匹配。第七，与子公司、支公司的交易。第八，公司管理。

（2）偿付能力评估的含义与内容。偿付能力评估是指对每个保险公司的偿付能力是否充足进行评估和检测。

第一，预防性的保险偿付能力指标监督管理。为了评估和监控保险公司的偿付能力，许多国家都制定保险偿付能力监督管理指标。在我国，按照原《保险公司偿付能力额度及监督管理指标管理规定》，中国保监会可通过预警指标体系对保险公司的偿付能力状态和变化进行监测，对指标超过正常范围的个数达到 4 个以上的公司，保监会将要求公司进行解释、提交改进报告，或者实施进一步的检查以评估其偿付能力。但是，随着我国偿付能力监管制度的逐步改善，监管指标的预警作用逐渐弱化，2008 年 9 月实施的《保险公司偿付能力管理规定》中不再设置监管指标。

第二，强制性的偿付能力额度监督管理。具体包括最低偿付能力额度的计算和实际偿付能力额度的确认。一般地说，偿付能力监督管理直接表现为偿付能力额度的监督管理。我国《保险公司偿付能力管理规定》中分别用"最低资本""实际资本"替代了最低偿付能力额度、实际偿付能力额度等概念。

《保险公司偿付能力管理规定》第三条和第四条明确指出，"保险公司应当具有与其风险和业务规模相适应的资本，确保偿付能力充足率不低于 100%。""保险公司应当建立偿付能力管理制度，强化资本约束，保证公司偿付能力充足。"按照保监会《关于实施〈保险公司偿付能力管理规定〉有关事项的通知》的规定，财产保险公司应当具备的最低资本为非寿险保障型业务最低资本和非寿险投资型业务最低资本之和。第一，非寿险保障型业务最低资本为下述两项中数额较大的一项：①最近会计年度公司自留保费减营业税及附加后 1 亿元人民币以下部分的 18% 和 1 亿元人民币以上部分的 16%。②公司最近 3 年平均综合赔款金额 7 000 万元以下部分的 26% 和 7 000 万元以上部分的 23%。综合赔款金额为赔款支出、未决赔款准备金提转差、分保赔款支出之和减去摊回分保赔款和追偿款收入。经营不满三个完整会计年度的保险公司，采用第①项规定的标准。第二，非寿险投资型业务最低资本为其风险保费部分最低资本的计算适用非寿险保障型业务最低资本评估标准，非寿险投资型业务投资金部分最低资本为下述两项之和：①预定收益型非寿险投资型产品投资金部分期末责任准备金的 4%。②非预定收益型非寿险投资型产品投资金部分期末责任准备金的 1%。

人寿保险公司最低资本为长期人身险业务最低资本和短期人身保险业务最低资本之和。长期人身保险业务是指保险期间超过 1 年的人身保险业务。短期人身保险业务是指保险期间为 1 年或 1 年以内的人身保险业务。第一，长期人身险业务最低资本为下述二项之和：①投资连结保险产品期末责任准备金的 1% 和其他寿险产品期末责任准备金的 4%。投资连结保险产品的责任准备金，是指根据中国保监会规定确定的投资连结保险产品的单位准备金；其他寿险产品的责任准备金，是指根据中国保监会规定确定的分保后的法定最低责任准备金，包括投资连结保险产品的非单位准备金。②保险期小于 3 年的定期死亡保险风险保额的 0.1%，保险期为 3 ~ 5 年的定期死亡保险风险保额的 0.15%，保险期超过 5 年的定期死亡保险和其他险种风险保额的 0.3%。在统计中未对定期死亡保险区分保险期间的，统一按风险保额的 0.3% 计算。风险保额为有效保额减去期末责任准备金，其中有效保额是指若发生了保险合同中最大给付额的保险事故，保险公司需支付的最高金额；期末责任准备金为中国保监会规定的法定最低责任准备金。第二，短期人身险业务最低资本的计算适用非寿险保障型业务最低资本评估标准。

为配合对偿付能力的监督管理，应建立及时的财务报告制度。保险监督管理机构定期检查保险企业的财务报告，发现有问题的企业，及时进行处理。对此，《保险法》第八十六条作了明确规定："保险公司应当按照保险监督管理机构的规定，报送有关报告、报表、文件和资料。"

（3）偿付能力不足处理。偿付能力不足处理是对偿付能力不足的保险公司所作的处理决定，包括责令保险公司补充资本金、办理再保险、转让业务、停止接受新业务、调整资产结构等措施直至对保险公司接管、清算。我国《保险法》第一百三十九条规定："对偿付能力不足的保险公司，国务院保险监督管理机构应当将其列为重点监管对象，并可以根据具体情况采取下列措施：（一）责令增加资本金、办理再保险。（二）限制业务范围。（三）限制向股东分红。（四）限制固定资产购置或者经营费用规模。（五）限制资金运用的形式、比例。（六）限制增设分支机构。（七）责令拍卖不良资产、转让保险业务。（八）限制董事、监事、高级管理人员的薪酬水平。（九）限制商业性广告。（十）责令停止接受新业务。"第一百四十五条规定，保险公司的偿付能力严重不足的，国务院保险监督管理机构可以对其实行接管。第一百五十条还规定，保险公司偿付能力低于国务院保险监督管理机构规定标准，不予撤销将严重危害保险市场秩序、损害公共利益的，由国务院保险监督管理机构予以撤销并公告，依法及时组织清算组进行清算。

（4）偿付能力监管体系。为保证保险公司偿付能力，各国都在研究探索偿付能力监督管理手段。一个完善的偿付能力监督管理体系包括完整准确的数据收集系统、合适的偿付能力边际、资产负债的适当评估以及风险预警系统。美国的偿付能力监督管理体系是较为典型的，它包括三个部分：保险监督管理信息系统（IRIS）、财务分析和偿付能力跟踪系统（FAST）和法定风险准备金监控（RBC）。IRIS 是在美国保险监督官协会的早期预警系统的基础上发展而来的，其主要任务是协助各州的保险署依法监控在本州营业的保险公司的财务状况。保险监督管理信息系统由两个阶段组成：第一阶段是统计阶段，即利用保险公司依法报送的年度报表计算其财务比率；第二阶段是分析阶段，由有经验的分析员对保险公司的财务报表和财务比率进行分析。FAST 的分析则依赖于各保险公司在前三年中所提交的年度财务报告和季度财务报告。FAST 系统通过两项分析来审查保险公司的财务报告，即保险公司最近的财务报告的比率分析和财险公司衡量四种风险，利用风险资本公式将各种因素应用于年度财务报表中的数据，以确定每类风险所需的风险资本金额。对累积风险资本定额通过均方差调整可以消除主要风险资本定额之间的分散化情形。调整后的风险资本总额与保险公司调整后的实际资本总额进行对比，可反映出保险公司的风险资本状况。在我国，在 2003 年《保险公司偿付能力额度及监管指标管理规定》的基础上，中国保监会于 2008 年出台了《保险公司偿付能力管理规定》。该规定是一部符合新时代特征、与国际先进的偿付能力监管理念和原则趋同的监管规章，是推进构建中国特色现代化保险监管体系的重要举措，将对我国保险业的发展改革产生重要而深远的影响。

2. 第二代偿付能力监管制度体系。为进一步完善偿付能力监管，加强制度建设的顶层设计，建立科学有效的第二代偿付能力监管制度体系，中国保监会于 2013 年制定了《中国第二代偿付能力监管制度体系整体框架》。

（1）体系名称。中国第二代偿付能力监管制度体系的中文名称为"中国风险导向的偿付能力体系"（以下简称"偿二代"），英文名称为 China Risk Oriented Solvency System（简称 C – ROSS）。

（2）总体目标

①科学全面地计量保险公司面临的风险，使资本要求与风险更相关。

②守住风险底线，确定合理的资本要求，提高我国保险业的竞争力；建立有效的激励机制，促进保险公司提高风险管理水平，促进保险行业科学发展。

③积极探索适合新兴市场经济体的偿付能力监管模式，为国际偿付能力监管体系建设提供中国经验。

（3）整体框架构成。偿二代的整体框架由制度特征、监管要素和监管基础三大部分构成。偿二代的制度特征是基于我国保险市场环境和发展阶段特征的一种现实选择，是开展偿付能力监管各项工作的出发点，体现在偿二代体系的具体原则、方法和标准之中。监管要素是偿付能力监管的三支柱，是偿付能力监管的重要组成部分。三支柱分别从定量资本要求、定性监管要求和市场约束机制三个方面对保险公司的偿付能力进行监督和管理，主要规范偿付能力监管的内容、原则、方法和标准。

（4）技术原则

①偿付能力充足指标。评价保险公司偿付能力状况的指标有三个：核心偿付能力充足率、综合偿付能力充足率和风险综合评级。

核心偿付能力充足率，是指核心资本与最低资本的比率，反映保险公司核心资本的充足状况；综合偿付能力充足率，是指核心资本和附属资本之和与最低资本的比率，反映保险公司总体资本的充足状况；风险综合评级，综合第一支柱对能够量化的风险的定量评价，和第二支柱对难以量化风险的定性评价，对保险公司总体的偿付能力风险水平进行全面评价所得到的评级，评级结果反映了保险公司综合的偿付能力风险。

核心偿付能力充足率、综合偿付能力充足率反映公司量化风险的资本充足状况，风险综合评级反映公司与偿付能力相关的全部风险的状况。

②实际资本。实际资本，是指保险公司在持续经营或破产清算状况下可以吸收损失的经济资源。实际资本等于保险公司认可资产减去认可负债后的余额。

认可资产是保险公司依据中国保监会的有关规定，以偿付能力监管为目的所确认和计量的资产。偿付能力监管体系中的认可资产，不同于财务会计报告体系中的资产，需要根据偿付能力监管的目的，进一步考虑确认和计量的差异，对资产金额进行适当调整。例如，有迹象表明保险公司到期不能处置或者对其处置受到限制的资产（如被依法冻结的资产、由于战乱等原因无法处置的境外资产等），在偿付能力监管体系中，不能确认为认可资产，或者其确认和计量的原则不同于财务会计报告体系中的资产。

认可负债是保险公司依据中国保监会的有关规定，以偿付能力监管为目的所确认和计量的负债。偿付能力监管体系中的认可负债，不同于财务会计报告体系中的负债，需要根据偿付能力监管的目的，进一步考虑确认和计量的差异，对负债金额进行适当调整。例如，保险公司的资本性负债，在偿付能力监管体系中，其确认和计量的原则可能会不同于财务会计报告体系中的负债。

实际资本应符合以下特性：存在性，即保险公司的资本应当是实缴或承诺的资本；永续性，即保险公司的资本应当没有到期日或具有一定期限；次级性，即保险公司资本的清偿顺序应当在保单负债和一般债务之后；本息约束，即保险公司资本的本金和股息的偿付应当具备一定的约束条件。

根据损失吸收能力的大小，实际资本分为核心资本和附属资本。核心资本和附属资本应该保持合理的数量关系，确保资本质量。

③最低资本。最低资本，是指保险公司为了应对市场风险、信用风险、保险风险等各类风险对偿付能力的不利影响，依据监管机构的规定而应当具有的资本数额。

确定最低资本时，必须处理好风险防范与价值增长的关系，建立恰当的最低资本标准，既能有效防范风险，又能避免资本冗余。偿二代的最低资本应当是集中反映不同利益诉求、兼顾各方利益的均衡、公允的资本。

二、市场行为监管

保险公司作为保险市场的经营者，其盈利目的是通过保险经营活动即市场行为实现的，由于保险公司经营活动关系到保险市场稳定和广大被保险人的利益，如果其从事不合法的市场行为容易引发市场风险，因此各国的保险监管制度都将市场行为监管作为一个重要的组成部分。

保险市场行为监督管理是指保险监督管理部门对保险公司经营活动过程中所进行的监管，具体包括对保险公司机构设立、保险公司经营范围、高级人员的任职资格，以及保险费率、合同条款、保险资金运用、欺诈行为及再保险等经营行为的监督管理。其中，保险费率监管是保险市场行为监管的核心。

（一）保险机构监管

保险机构监管主要针对保险机构设立、保险公司停业解散等问题进行监督管理。

1. 保险公司设立监管。在我国，设立保险公司应当经国务院保险监督管理机构批准。批准设立保险公司是保险监督管理中行政许可的重要内容。保险监督管理中行政许可主要包括批准设立保险机构、批准设立保险中介机构、授予从事有关保险业务资格等内容。国务院保险监督管理机构审查保险公司的设立申请时，应当考虑保险业的发展和公平竞争的需要。

《保险法》第六十八条规定："设立保险公司应当具备下列条件：

（1）主要股东具有持续盈利能力，信誉良好，最近三年内无重大违法违规记录，净资产不低于人民币二亿元；

（2）有符合本法和《中华人民共和国公司法》规定的章程；

（3）有符合本法规定的注册资本；

（4）有具备任职专业知识和业务工作经验的董事、监事和高级管理人员；

（5）有健全的组织机构和管理制度；

（6）有符合要求的营业场所和经营业务有关的其他设施；

（7）法律、行政法规和国务院保险监督管理机构规定的其他条件。"

在满足保险公司设立基本条件的同时，《保险法》第七十条规定："申请设立保险公司，应该向国务院保险监督管理机构提出书面申请，并提交下列材料：

（1）设立申请书，申请书应当载明拟设立的保险公司名称、注册资本、业务范围等；

（2）可行性研究报告；

（3）筹建方案；

（4）投资人的营业执照或者其他背景资料，经会计师事务所审计的上一年度财务会计报告；

（5）投资人认可的筹备组负责人和拟任董事长、经理名单及本人认可证明；

（6）国务院保险监督管理机构规定的其他资料。"

我国《保险法》规定："国务院保险监督管理机构应当对设立保险公司的申请进行审查，自受理之日起六个月内做出批准或者不批准筹建的决定，并书面通知申请人。决定不批准的，应当书面说明理由。申请人应当自收到批准筹建通知之日起一年内完成筹建工作，筹建期间不得从事保险经营活动。筹建工作完成后，具备设立条件的，可以向国务院保险监督管理机构提出开业申请。国务院保险监督管理机构应当自受理开业申请之日起六十日内，作出批准或者不批准开业的决定。决定批准的，颁发经营保险业务许可证；决定不批准的，应当书面通知申请人并说明理由。"

2. 保险公司停业解散监管。保险监督管理机构依照《保险法》和国务院的职责，遵循依法、公开、公正的原则，对保险业实施监督管理，维护保险市场秩序，保护投保人、被保险人和受益人的合法权益。当保险公司出现未按法律要求提取转结各项准备金、办理再保险以及偿付能力出现问题等情况时，保险监督管理机构有权要求保险公司进行整顿，情节严重的保险监管机构可以对其实行接管，接管期限最长不超过两年。接管期限届满，被接管的保险公司已恢复正常经营能力的，由国务院保险监督管理机构决定终止接管，并予以公告。被整顿、被接管的保险公司有《中华人民共和国企业破产法》第二条规定的"企业法人不能清偿到期债务，并且资产不足以清偿全部债务或者明显缺乏清偿能力的，依照本法规定清理债务"情形的，国务院保险监督管理机构可以依法向人民法院申请对该保险公司进行重整或者破产清算。保险公司在整顿、接管、撤销清算期间，或者出现重大风险时，国务院保险监督管理机构可以对该公司直接负责的董事、监事、高级管理人员和其他直接责任人员采取通知出境管理机关依法阻止其出境以及申请司法机关禁止其转移、转让或者以其他方式处分财产，或者在财产上设定其他权利等措施。

（二）经营范围监管

经营范围监管，是指政府通过法律或行政命令，规定保险公司所能经营的业务种类和范围。我国的保险公司应当在国务院保险监督管理机构依法批准的业务范围内从事保险经营活动。《保险法》第九十五条规定："保险人不得兼营人身保险业务和财产保险业务。但是，经营财产保险业务的保险公司经国务院保险监督管理机构批准，可以经营短期健康保险业务和意外伤害保险业务。"其中，人身保险业务，包括人寿保险、健康保险、意外伤害保险等；财产保险业务，包括财产损失保险、责任保险、信用保险、保证保险等。除此之外，经国务院监督管理机构批准，保险公司可以经营分出、分入等再保险业务。

（三）保险费率监管

保险费率是保险产品的主要价格，是指投保人所缴纳的保险费与保险金额之间的比率，是保险公司按单位保险金额向投保人收取保费的标准。保险费率监管是对市场行为进行监管的重要内容之一，其目的在于引导保险市场向合理竞争与健康方向发展，提高保险公司经营效率，避免保险公司偿付能力不足的情况发生，维护被保险人的权利。保险费率监管方式可以分为强制费率、规章费率、事先核定费率、事先报批费率、事后报批费率和自由竞争费率等多种情况。

在我国，按照《保险法》的规定："关系社会公众利益的保险险种、依法实行强制保险的险种和新开发的人寿保险险种等的保险条款和保险费率，应当报国务院保险监督管理机构批准。国务院保险监督管理机构审批时，应当遵循保护社会公众利益和防止不正当竞争的原则。其他保险险种的保险条款和保险费率，应当报保险监督管理机构备案。保险条款和保险费率审批、备案的具体办法，由国务院保险监督管理机构依照前款规定制定"，"保险公司使用的保险条款和保险费率违反法律、行政法规或者国务院保险监督管理机构的有关规定的，由保险监督管理机构责令停止使用，限期修改；情节严重的，可以在一定期限内禁止申报新的保险条款和保险费率。"

对于人身保险产品，中国保监会 2011 年印发的《人身保险公司保险条款和保险费率管理办法》中对保险产品的条款和费率的审批与备案、变更与停止使用、总精算师和法律责任人的责任、产品条款与费率的相关法律责任等进行了明确。其明确规定："保险公司应当按照《保险法》和中国保监会有关规定，公平、合理拟订保险条款和保险费率，不得损害投保人、被保险人和受益人的合法权益。""保险公司对其拟订的保险条款和保险费率承担相应责任。保险公司应当按照本办法规定将保险条款和保险费率报送中国保监会审批或者备案。保险公司应当建立科学、高效、符合市场需求的人身保险开发管理机制，定期跟踪和分析经营情况，及时发现保险条款、保险费率经营管理中存在的问题并采取相应解决措施。"

对于财产保险产品，中国保监会 2010 年印发的《财产保险公司保险条款和保险费率管理办法》明确规定："中国保监会依法对保险机构的保险条款和保险费率实施监督管理。中国保监会派出机构（以下简称派出机构）在中国保监会授权范围内行使职权。保险公司应当依据法律、行政法规和中国保监会的有关规定制定保险条款和保险费率，并对保险条款和保险费率承担相应的责任。保险公司应当依据本办法的规定，由其总公司向中国保监会申报保险条款和保险费率审批或者备案。关系社会公众利益的保险险种、依法实行强制保险的险种的保险条款和保险费率，保险公司应当依照本办法的规定报中国保监会审批。其他保险险种的保险条款和保险费率，保险公司应当依照本办法的规定报中国保监会备案。中国保监会履行保险条款和保险费率监督管理职责，遵循保护社会公众利益和防止不正当竞争原则，遵循与偿付能力监管、公司治理结构监管、市场行为监管协调配合原则"。对财产险公司相关产品的审批、备案、组合式及共保保险条款和保险费率的管理、法律和精算责任人的责任、如何监督管理、相关法律责任等进行了明确规定。

（四）保险欺诈行为监管

保险欺诈，是指利用或假借保险合同牟取不法利益的行为，主要包括涉嫌保险金诈骗类、非法经营类和保险合同诈骗类等。保险欺诈行为不仅直接侵害了保险消费者利益、侵蚀了保险机构效益，而且间接推高了保险产品和保险服务的价格，损害了行业形象，破坏了市场秩序，动摇了行业健康、持续发展的基础。加强反保险欺诈工作有利于保护保险消费者权益、提高行业抗风险能力、提升企业核心竞争力和树立保险行业诚信经营的良好形象。为保护保险消费者合法权益，防范化解保险欺诈风险，严厉打击保险欺诈犯罪行为，中国保监会于2012年8月颁布了《关于加强反保险欺诈工作的指导意见》。

保险监管机构历来重视反保险欺诈工作，成立了反保险欺诈的专门组织机构，探索建立了反保险欺诈的制度机制，指导相关保险机构将防范欺诈风险纳入风险防控体系。我国关于保险欺诈行为的监管主要表现在以下几个方面：第一，健全反保险欺诈制度体系；第二，严厉打击各类保险欺诈行为；第三，提高欺诈风险管理能力；第四，强化反保险欺诈监管机制；第五，建立行业反欺诈合作平台；第六，完善反保险欺诈协作配合机制；第七，加强研究、交流与宣传教育；第八，构建反保险欺诈长效机制。

（五）保险资金运用监管

保险公司能够运用的资金包括资本金、准备金和其他资金三部分。保险公司资产按用途不同，可以分为投资性资产和营业用资产。其中，投资性资产的目的在于保值增值，而且对于成熟的保险市场，在保险公司的总资产中，投资性资产的占比较大。在保险经营中，如果保险资金运用失败，会使保险公司遭受损失，情节严重的会使保险公司无法履行保险责任，进而影响到被保险人的利益。所以，保险监督管理部门需要采取必要的措施对保险公司的保险资金运用进行监管。

保险资金的运用应遵循投资的基本原则，即安全性、流动性、收益性原则。关于保险企业资金运用，我国《保险法》第一百零六条规定："保险公司的资金运用必须稳健，遵循安全性原则。保险公司的资金运用限于下列形式：（一）银行存款；（二）买卖债券、股票、证券投资基金份额等有价证券；（三）投资不动产；（四）国务院规定的其他资金运用形式。保险资金运用的具体管理办法，由国务院保险监督管理机构依照前两款的规定制定。"具体地，我国保险资金运用渠道包括银行存款、买卖政府债券、买卖金融债券、买卖中央企业债券、长期大额协议存款、投资银行次级债券、银行次级定期债务、买卖证券投资基金、债券回购、保险资金境外投资、直接股票投资、间接投资基础设施项目、投资商业银行股权、投资不动产等多种方式。

我国保险资金的运用主要通过成立专门的保险资产管理公司、设立专门的投资机构、委托第三方投资管理公司三种主要模式来进行运作。

（六）再保险监管

在我国，保险公司应当按照国务院保险监督管理机构的规定办理再保险，并审慎选择再保险接受人。保险公司承保的业务超过一定限额时，超过部分必须办理再保险。我国《保险法》第一百零二条规定："经营财产保险业务的保险公司当自留保险费，不得超过其实有资本金加公积金总和的四倍。"《保险法》第一百零三条规定："保险公司对每一危险单位，即对每一保险事故可能造成的最大损失范围所承担的责任，不得超过其实有资本金加公积金总和的百分之十；超过的部分应当办理再保险。保险公司对危险单位的划分应当符合国务院保险监督管理机构的规定。"

（七）保险中介监管

保险中介是保险市场的重要组成部分，是指介于保险经营机构（保险公司等）之间或是在保险经营机构与保险消费者之间，专门从事保险产品销售、保险业务咨询与承揽、保险标的价值衡量与评估、保险业务风险管理与安排、损失鉴定与理算等中介服务活动，并依法从中获取业务佣金或手续费的机构。保险中介行为监管，不仅指对保险中介业务行为的监管，也延伸到对中介业务有重要影响的机构准入退出、内控管理等方面的监管，具体包括中介机构资质的监管、市场准入和退出监管；业务行为监管，包括代理销售行为、经纪行为等的监管；中介机构内控监管，包括内控制度、管理状况治理规范水平等。

三、公司治理结构监管

（一）公司治理结构的概念

保险公司治理结构监管，是指通过股东以及其他利益相关者对经营者进行监督，使保险公司正常有效运行。公司治理的目标是保证股东利益最大化。2006年，中国保险监督管理委员会颁布《关于规范保险公司治理结构的指导意见（试行）》，标志着我国正式启动保险公司治理结构监管工作。

（二）公司治理结构监管内容

中国保险监督管理委员会于2006年1月颁布了针对保险公司治理结构的指导文件《关于规范保险公司治理结构的指导意见（试行）》。规范内容主要包括：强化主要股东义务，加强董事会建设，发挥监事会作用，规范管理层运作，加强关联交易和信息披露管理以及治理结构监管等。

之后，我国保险监督管理机构又陆续颁布了一系列有关保险公司治理结构监管的规范性文件，进一步完善了保险公司治理结构监管制度框架。主要规范性文件包括：《保险公司独立董事管理暂行办法》《保险公司内部审计指引（试行）》《保险公司关联交易管理暂行办法》《保险公司合规管理指引》《保险公司董事会运作指引》《关于规范保险公司章程的意见》等。

第三节　保险监管方法

我国保险监督管理机构对保险机构的监督管理，采取的是现场检查与非现场检查相结合的方式。

一、现场检查

现场检查是指保险监督管理机构及其分支机构派出监督管理小组到各保险机构进行实地调查。现场检查有定期和临时检查两种，临时检查一般只对某些专项进行检查，定期检查要对被检查机构作出综合评价。现场检查的重点是被检查保险机构内部控制制度和治理结构是否完整，财务统计信息是否真实准确，保险投诉是否合理。现场检查的内容包括：被检查保险公司的报告和报表的准确性，被检查保险公司的总体经营状况，内部控制制度完善程度，承保和理赔情况，以及各项责任准备金提取数额，财务统计信息的完整程度，非现场或以前现场检查过程中发现的问题，执行保险法律法规的情况。为保证现场检查管理的质量，保险监督管理机构要建立清偿、与检查频率和范围有关的规定，同时制定必要的检查程序和处理方法，以确保工作的严格进行保证既定目标和检查结果相统一。

现场检查一般分为以下几个阶段：第一阶段，检查准备阶段。这一阶段包括对相关材料初审、确认、制订现场检查方案、确定人员及下发检查通知书；第二阶段，检查实施阶段。包括出示授权检查文件，说明检查目标，听取汇报，查阅有关账册、报表、文件或其他档案材料，整理现场记录与被检查单位交换意见，核对事实材料等；第三阶段，报告与处理阶段。包括编写检查报告，起草检查结论和处罚决定等；第四阶段，执行决定与申诉阶段；第五阶段，后续检查阶段。

二、非现场检查

非现场检查是指保险监督管理部门审查和分析保险机构各种报告和统计报表，依据报告和报表检查审查保险机构法律法规和监督管理要求的执行情况。非现场检查的作用在于它能反映保险机构潜在风险，特别是现场检查间隔时期发生风险的可能，从而提前防范风险并在风险表现化、扩大化和公开化之前，迅速制定化解措施。保险监督管理机构在进行非现场检查时，一般要报送各类报表，通过报表资料的归并、汇总和上报，既可以发现个别保险机构存在的问题和暴露的矛盾，也可以了解整个保险系统以及市场体系的总体趋势。同时，非现场检查还能为保险监督管理机构的业务质询工作提供依据。为确保非现场检查方式在保险风险监督管理中发挥应有的效力，要求保险公司的报表要具有时效性、准确性和真实性，以便对数据资料进行分析和比较，与整个监督过程相对应，弥补薄弱环节。

为有效发挥非现场检查的作用，保险监督管理机构要定制各种各样标准报表，每个保险公司根据不同的内容分别按月、季、半年、年向监督管理机构报送。一般而言，资产负债表按月报送，反映资产流动性的报表按季报送，反映经营业绩的报表按年报送。保险监督管理机构收到这些报表后，对保险公司的各种风险进行评估，如果发现问题，便责成保险公司立即整改。必要时，要聘用外部注册会计师或审计师检查。这是现场检查方式的协同检查，这种检查工作不是由保险监督管理机构来操作，而是由其聘请的注册会计师和审计师来操作，或者由双方共同完成。我国现在没有形成这种制度，但随着"两师"制度的逐步完善，聘用注册会计师和审计师进行监督管理是可能的。《保险公司管理规定》第六十六条规定"保险机构应当按照规定及时向中国保监会报送营业报告、精算报告、财务会计报告、偿付能力报告、合规报告等报告、报表、文件和资料。"

现场检查与非现场检查这两种方法各有其优势和特点。一般来说，非现场检查方法，限于反映一个时点信息，它依赖资产负债表等报表的真实性和准确性。非现场检查能够帮助我们有效地确定开展现场检查的范围，调整进行现场监督的频率，增强现场检查的针对性，具有全面性和连续性。现场检查方法，作为一种有效的监督方法，可以获得非现场分析所得不到的重要信息，具有真实性和全面性，为对被检查单位作出准确评价提供了依据。因此，在通常情况下，应该把现场检查和非现场检查结合起来进行，加以综合运用，充分发挥两种方法的作用。另外，保险监督管理机构对保险公司的检查，应该坚持监督、管理、处罚相结合，建立起双向反馈的信息网络，定期公布检查结果，并根据监测结果评定风险管理等级。

【本章小结】

保险监督管理是政府的保险监督管理部门为维护保险市场秩序，保护被保险人及社会公众的利益，对保险业实施的监督和管理。本章重点介绍了偿付能力监督管理、市场行为监督管理、公司治理结构监督管理三方面的监管。

偿付能力监管主要监管的是保险公司偿还债务的能力，是保险监管的核心内容。

市场行为监管主要针对保险公司机构设立、保险公司经营范围、高级人员的任职资格，以及保险费率、合同条款、保险资金运用、欺诈行为及再保险等经营行为的监督管理。

公司治理监管目的是对经营者进行监督，使保险公司正常有效运行。

本章还对保险监管的方法进行了介绍，主要包括现场检查和非现场检查两种方式。

【复习思考题】

一、名词解释

保险监管　保险公司偿付能力　市场行为监管　公司治理结构监管

二、选择题

1. 中国银行保险监督管理委员会正式于（　　）挂牌。

A. 1998 年 4 月 8 日　　　　　　　　B. 1998 年 11 月 18 日

C. 2016 年 4 月 8 日　　　　　　　　D. 2018 年 4 月 8 日

2. 保险监督管理的对象包括保险产品的供给者和（　　）。

A. 投保人　　　　B. 被保险人　　　　C. 保险中介　　　　D. 受益人

3. （　　）不属于保险监管的原则。

A. 依法监管原则

B. 独立监管原则

C. 保护被保险人利益原则

D. 干预监管对象经营自主权原则

4. 我国保险监督管理机构对保险机构的监督管理方法包括现场检查和（　　）。

A. 抽样检查　　　B. 非现场检查　　　C. 同业互查　　　D. 行业自查

三、问答题

1. 简述市场行为监管的内容。

2. 保险监管的原则包括哪些?

3. 简述保险监管的方法。

4. 简述公司治理结构监管的内容。

选择题答案

1. D　2. C　3. D　4. B

第四篇
信托业安全

第十六章

信托业安全概述

【教学目的和要求】

通过本章的学习，使学生掌握信托的种类与职能，了解信托业的起源与发展。掌握信托业的风险分类与安全管理理论，了解信托业的特性。使学生对信托有一个基本的认知，对其能够产生的风险有一个基本的了解，从而明白信托业安全的重要。

第一节　信托业的起源与发展

在我们的日常生活中，委托行为屡见不鲜，如委托中介买卖房屋、委托银行转账汇款等。人们也自然而然将信托和委托画为等号，其实不然。虽然信托和委托有许多共同点，即都是基于彼此的信任，委托他方办理事务，并由他方承担法律后果的行为，但两者还是存在一定的区别。确切来说，信托就是一种财产转移或管理的设计或手段，它的运行要严格遵循法律制度的要求，通过委托人、受托人和受益人三方关系安全、高效地管理或转移财产，满足人们的不同需求。

一、信托的起源

（一）古罗马的"遗产信托"——信托雏形

在古代罗马帝国时期，古罗马市民法要求"被继承人可以用遗嘱指定继承人，但继承人必须是罗马市民"。这项规定使得非罗马市民的继承人无权享受和使用遗产。为了规避这种现象，被继承人会将他的遗产委托给信任的第三人（一定是法律允许的罗马市民），同时要求第三人代其妻子、子女对遗产实行管理和处分，最终使妻子、子女实现遗产继承权。到了罗马帝国后期，《罗马法》确定了"遗产信托"制度，规定："在按遗嘱划分财产时，可以把遗产直接授予继承人，继承人无力或无权承受时，可以按遗产信托制度的规定，把财产委托或转移给第三人代为处理。"这种"遗产信托"被认为是现代信托的雏形。

（二）"尤斯制"——近代信托原型

13世纪的英国宗教盛行，英国民众通常选择将生前的土地捐赠给教会已表虔诚。而当时的法律要求王室无权对教会征收土地税。这使得教会拥有的土地越来越多，而国家的税收越来越少。为了巩固王室的利益，国家颁布了《没收条例》，规定凡是赠与教会的土地必须经过君主的允许，否则一并没收。为了规避《没收条例》对土地的限制，教徒们创设了"尤斯制"。教徒们通过遗嘱先将土地赠与第三人（受托人），让其替教会管理土地，并将收益交给教会。这种制度又避免了《没收条例》的限制，又能让教会成为实际受益人。

（三）Trust——信托制度的确立

1535 年，英国君主为了维护自身利益不再受到分割颁布了一套新法律——《用益权法》。此法要求土地的收益人同时也是法定的所有人。这就使得收益权转化为所有权，从而国家即可对其征税。但衡平法院利用了《用益权法》的漏洞，不仅将动产用益排除在该法之外，又将不动产中的积极用益（受托人对其受托的财产承担经营管理的积极义务，并将收益转给指定受益人）排除在外，只保留了不动产中的消极用益（受托人对其受托的财产不承担经营管理责任）。这就大大地缩小了《用益权法》的适用范围。同时，对于双重用益（即甲将财产转让给乙，让丙受益，而后乙再将此财产转让给丙，让丁受益），《用益权法》只承认丙的所有权，而不保护丁的权益。衡平法院介入其中，承认其两层用益，并将第二层用益称为 Trust，即现代信托一词的来源。自此，信托观念和制度确立起来，并在世界各地不断地传播开来。

二、国外信托业的发展

随着各国经济的不断发展，信托在许多国家都落地开花，并且展现了不同的模式和特点。以英、美为例，介绍国外信托业的发展情况。

（一）英国信托业

英国的尤斯制度是现代信托制度的起源。当时的教徒为了可以将自己的遗产绕过《没收条例》的限制捐献给教会，选择运用信托方式达成目的。这种不收取任何报酬帮助他人执行遗嘱、管理土地的民事信托业务形成了英国传统的信托业务。这一阶段的信托业务典型特点是受托人为个人。但是个人受托的信托业务具有一定的局限性，如有限的生命、经营管理的能力等。这再次推动着英国个人信托业务向法人信托业务发展。1886 年，"公共信托公司"在苏格兰成立。1908 年，"官营受托局"以法人身份受理信托业务。1925 年，英国颁布《法人受托者条例》，开创了由法人办理以盈利为目的的信托业务新篇章。

目前，英国的信托业务中传统业务仍占较大比重，主要是个人受托业务和公益信托业务。前者主要涉及财产管理、遗产管理、遗嘱执行等，后者主要涉及捐赠和募集等公益事业。除此之外，证券投资信托业逐渐发展起来。较常采用的是"养老金基金信托""投资信托""单位信托"等。

（二）美国信托业

18 世纪末 19 世纪初，信托业务在美国落地生根。美国在英国个人信托业务模式的基础上采用公司组织形式经营，并与保险业结合在一起。1822 年，"纽约农业火宅保险放款公司"的成立被认为是美国信托业的鼻祖；1853 年，美国联邦信托公司成立，成为美国第一家专门的信托公司；1863 年，罗德岛医院信托公司获准可以兼营一般的银行业务，标志着美国信托业的发展进入到了新时期。

经过这一系列的孕育和准备，美国的信托业也在 19 世纪末得到了快速发展。信托业务在美国人的日常生活和经济交易中扮演着重要的角色。共同基金、房地产投资信托基金和养老保险信托基金成为最具代表性的信托产品。

从目前的发展来看，美国的信托业务从委托人法律性质划分可以分为个人信托、法人信托、个人和法人兼有信托（见表 16 – 1）。除此之外，美国还研发了许多信托投资工具，如 MMMF（货币市场互助基金）、CMA（现金管理账户）、MTF（共同信托基金）等。

表 16 – 1　　　　　　　　　　　美国的主要信托业务

按委托对象分类		
个人信托	法人信托	个人和法人兼有信托
管理和监护财产	发行公司债信托	公益信托
执行遗嘱	商务管理信托	年金信托
管理遗产	代理股票过户	职工持股信托
代理账户	代理支付股息	证券投资信托

三、我国信托业的发展

我国现代信托业务始于新中国成立之际，但是由于法规的不健全、监管制度的不完善、业务的不规范等原因，使得信托业务屡受危机。我国的信托业发展历程大致可以分为三个阶段：1979—1983 年的信托业恢复初期、1983—2000 年的信托业整顿期、2001 年至今的规范复苏期。2001 年 4 月，《中华人民共和国信托法》正式颁布；2006 年 12 月，银监会颁布《信托公司管理办法》和《信托公司集合资金信托计划管理办法》；2010 年银监会再次出台《信托公司净资本管理办法》，开辟了"一法三规"新局面。"新三规"实施以来，信托业务发展迅猛，每年呈现跳跃式增长。信托业务也在"新三规"的引导下完成了三个转变——信托业回归信托本源的转变、信托业高端客户增长的转变、融资类信托业务向投资类信托业务转变，同时信托公司风险监管不断加强，得到了更加安全和稳健的发展。

信托业的发展需要不断地创新，同时也需要越来越严格的监管。只有正确的引导，才能带来行业的健康发展。面对银行、证券、保险三大行业的快速发展，我们也要确保信托行业能够在主营业务不变的基础上，越走越宽。

第二节　信托的分类与职能

一、信托的分类

（一）以法律立场为标准进行划分

以法律立场为标准，可以将信托分为民事信托和商事信托。民事信托是指所涉及的法律依据是在民事法律范围内，如个人财产管理、遗产继承等；商事信托是指所涉及的法律依据在商法范围内，如公司设立、兼并、清算、有价证券发行等。商事信托是在民事信托的基础上演变而来的，并且占有越来越重要的地位。我国的信托投资公司所从事的业务均为商事信托。

（二）以委托人为依据进行划分

以委托人为依据，可以将信托分为个人信托、法人信托和个人与法人通用信托。个人信托是以个人为委托人而设立的信托，又可分为生前信托和身后信托；法人信托是以具有法人资格的企业、社团等作为委托人而设立的信托，如发现债券、销售商品等；个人与法人通用信托是指既可以由个人做委托人，又可以由法人做委托人而设立的信托业务，如公益信托、不动产信托等。我国大部分信托业务属于个人与法人通用的形式进行的。

（三）以地理区域为依据进行划分

以地理区域为依据进行划分，可以分为国内信托和国际信托。前者业务涉及的范围限于一国境内，后者的业务涉及的范围超出一国的范围，在国与国之间运用流通。

（四）以是否集合社会公众财产为依据进行划分

以是否集合社会公众财产为依据，将信托分为单一信托和集合信托。单一信托是指受托人就单个委托人所信托的特定财产，分别独立地予以管理的信托；集合信托是指受托人受两个以上的委托人，集合诸多委托财产，集中管理和运作，用于确定目的的信托。

（五）以信托财产的性质为标准进行划分

以信托财产的性质为标准可以将信托分为金钱信托、有价证券信托、不动产信托、动产信托和金钱债权信托。金钱信托是指委托人转移给受托人的信托财产是金钱，受托人给付给受益人的财产也是金钱，在我国的信托业务中金钱信托占比较大；有价证券信托是指委托人将有价证券作为财产转移给受托人进行管理；不动产信托是指委托人将房屋、土地等不动产转移给受托人进行管理；动产信托是指以各种机器设备等动产为财产转移给受托人进行管理、处理的信托，一般具有融通资金的功能；金钱债权信托是指以各种金钱债券作为财产的信托业务。

二、信托的职能

作为信托而言，它的存在弥补了银行等金融机构业务方面的不足，具有独特的职能，在整个金融市场中占有特殊的地位，发挥着积极的作用。

（一）财务管理职能

信托的基本职能是财务管理职能，在我国又可以称为社会理财职能。委托人将财产转移给受托人进行管理、运用，使其产生的收益交付给受益人，受托人只能收取手续费作为劳动报酬。在管理运用的过程中，受托人只能按照信托的目的来进行管理，不能借此为自己谋利，随意利用信托财产。同时只要符合信托合同的规定，信托财产即使发生损失，受托人也无须承担责任。

（二）融通资金职能

融通资金职能是信托作为一项金融业务所具有的筹集资金和融资的职能。在信托财产中，必然有一部分财产会以货币资金的形态表现出来，因此对这些信托财产的管理和运用就会伴随着货币资金的融通。这一职能一般表现为货币资金的融通、物的融通与货币资金融通相结合、受益权的转让与货币资金相结合三个方面。融通资金职能的大小由各国金融市场对信托业务认识和利用的高低程度来决定。

（三）沟通和协调经济关系，提供信任、信息与咨询的职能

信托业务是一种多边的信用关系，受托人代替委托人对信托财产进行管理和处分，为受益人赚取收益。受托人根据不同信托业务和信托目的的需求，扮演着代理人、见证人、保证人、担保人、介绍人、咨询人、监督人等角色，为委托人和受益人提供可靠的经济信息和投资产品。这一职能加强了经济体之间的联系，促进了实物与资金的流通，推进了金融机构间的合作。

（四）社会投资职能

社会投资职能是通过信托投资业务和证券投资业务得到体现的，是指信托机构运用信托业务手段参与社会投资行为所产生的职能。我国自恢复信托业务以来就开办了投资业务，投资业务已成为信托机构的主要业务之一。其职能主要表现在有价证券投资、信托投资等。

综上所述，在信托的职能中，财务管理是信托的基本职能，融通资金、提供咨询、社会投资等是其派生职能。这些职能发挥作用的程度大小由各国的经济制度、金融市场的发展程度、公众的金融素质等来决定。

第三节 信托业的风险概述

在经济运行过程中，信托业同银行业、证券业等金融行业一样，需要面临许多风险，通过平衡风险与收益来完成其自身职能。由于我国的信托业与商业银行相似，可以从事存贷款业务，所以信托业面临的风险与商业银行的风险类似，主要表现为系统性风险和非系统性风险。

一、系统性风险

（一）政策性风险

对于金融行业而言，国家经济政策的颁布和调整都会对其发展产生直接或间接的影响，而这种因行政干预造成的影响我们称为政策性风险。

（二）利率汇率风险

利率风险是指由于利率变动的不确定性给金融机构带来损失的可能性。汇率风险是指经济实体以外币定值或衡量的资产与负债、收入与支出，以及未来的经营活动可望产生现金流的本币价值因货币汇率的变动而产生损失的可能性。对于信托业而言，利率与汇率的变动会使得信托投资标的物的价值发生变化，这样的变化会造成信托业

务的不确定性，影响当事人的收益。

（三）购买力风险

购买力风险是指由于物价水平上涨，使货币实际购买力低于预期水平，从而造成损失的可能。例如在不动产信托业务中，如果提价出售的价格幅度小于通货膨胀率，则仍会使实际收益降低。同时，在通货膨胀率较高的情况下，人们的购买力主要集中在日常急需的消费中，减少不动产的消费需求，这都会使信托的经营管理造成损失。

二、非系统性风险

（一）经营风险

经营风险主要是由于信托投资公司的经营管理不善所造成的实际经营结果偏离预期的不确定性。经营风险一般由管理者获取市场信息不充分、经营水平较低、市场交易流程不熟悉等原因造成的经营决策失误。主要包括信用风险、操作风险、流动性风险、合规风险等。

（二）资本风险

资本风险是指金融机构资本金过少，缺乏承担风险损失的能力，影响正常运营。这是信托公司的根本性风险，中国人民银行制定的《信托投资公司管理办法》第十四条规定信托投资公司的注册资本不得低于人民币3亿元。

第四节　信托业安全管理概述

一、安全管理概述

从理论层面上来理解安全管理是指为了实现安全目标而进行的有关决策、计划、组织和控制等方面的活动。从信托行业的立场来看，安全管理更多的是与风险控制紧密地联系在一起。安全程度越高，风险就越小；反之，安全程度越低，风险就越大。所以我们也可以将信托业安全管理理解为风险管理。对于信托公司的风险管理可以从公司经营、日常监管、行业风险管理制度三个方面来进行把控。

（一）公司经营方面

信托公司为了顺利开展各项业务，应该在遵守各项法律法规的基础上建立健全的内部控制制度、风险管理组织和流程体系。同时，应当设立行之有效的业务准入标准、风险控制措施以及风险监测预警与处置方案。

（二）日常监管方面

在我国，银保监会可以通过现场监管和非现场监管方式对信托公司进行风险监控。前者主要通过查阅、查账、问卷调查、询问调查、座谈提问、测试等方法进行定期检查和不定期检查，全面检查和专项检查。后者主要通过监管报表、监管指标、业务监测报表等工具进行监管。

（三）行业风险管理制度方面

在行业风险管理制度方面可以细分为净资本管理、信托业保障基金、生前遗嘱和监管评级。信托公司实行净资本管理是为了保障信托业务规模与资本规模相符合，避免过高的杠杆经营造成系统性风险；信托业保障基金是为了降低信托行业受到单体业务或机构倒闭所造成的负面影响；生前遗嘱也称恢复与处置计划，具体包括激励性薪酬延付制度、限制分红或红利回拨制度、业务分割与恢复机制、机构处置机制等；监管评级是指监管部门通过对信托公司的评级结果而实行"有限牌照"的管理。

二、安全管理组织体系

（一）三会一层

在信托业中，信托公司的组织架构一般为"三会一层"，即股东会、董事会、监事会和高级管理层。其中董事会负责制定安全管理总体目标、基本的风险偏好和承受度，批准公司的基本风险管理制度；监事会则是对公司日常的安全管理、风险管理进行监督；高级管理层是按照董事会批准的各项事宜进行具体的操作，及时处置风险事件。

（二）风险管理部门

信托业的风险管理部门可以将风险管理、合规法律、内部审计囊括在内。风险管理主要负责准入与审批业务、制度流程及业务评审制定业务、风险识别和监测业务等；合规法律主要负责法律法规、政策及规章制度的遵守情况、法律文件审查、反洗钱等；内部审计主要负责对各部门履行职能情况进行定期检查与内部审计。

（三）业务部门及其他部门

对于信托公司而言，业务部门是安全管理的重中之重。在项目成立前，需要谨慎认真地对业务的可行性作出初步分析判断；在项目成立后，配合好相关部门进行管理工作，一旦发现风险，应当及时报告，按照要求进行风险处置。而信托公司的财务部、人事部等统称为其他部门，也是安全管理重要环节，因为涉及公司的劳务分配、信息技术等问题，如果监管不到位，会给公司带来不利的影响和不必要的损失。

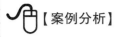【案例分析】

"肥肥"沈殿霞的遗嘱信托

沈殿霞在演艺圈打拼 40 年，绰号肥肥，很有大姐风范。1978 年，沈殿霞认识了郑少秋，相处久了便开始相恋，1985 年 1 月 5 日二人飞赴加拿大结婚。1987 年两人喜得女儿郑欣宜。2008 年 2 月 19 日，沈殿霞因肝癌在香港玛丽医院病逝，享年 62 岁。

沈殿霞生前累积不少资产，包括香港、加拿大不动产，还有金融资产与首饰等，香港媒体保守估计资产净值达 1 亿港元。当第一次肥姐被查出身体有问题时，遗产的去向问题就广受大众关注，肥姐最不放心的当然是自己的女儿，因为女儿郑欣宜当时仅约 20 岁，没有经验处理多种类型的资产项目，肥姐担心她被人欺骗，同时更希望将来女儿的生活得到保障。

据媒体报道，肥肥去世时将留下的数千万港元遗产成立信托，包括名下的银行账户资产、市值 7 000 万港元的花园公寓、投资资产和首饰，受益人是她最疼爱的女儿郑欣宜，信托规定待郑欣宜结婚时可以领取部分资金，并规定当其面对资产运用等重大事项时，最终决定都由受托人负责审批、协助。同时肥肥还指定前夫郑少秋和信赖的朋友共同组成"信托监察人"，监督受托人在管理与运用信托财产时有无违反信托合同。这样一来可以避免郑欣宜因年纪太小、涉世未深而挥霍遗产，二来可以防止有心人士觊觎庞大财产，三来杜绝受托人"监守自盗"。例如等到欣宜结婚时可以领走一定比例的资金，或是一笔固定金额，如 1 000 万港元等。这样就可以避免女儿一下子把遗产花光。而且，将钱与不动产信托在受托人名下，动用时必须经过信托监察人同意，这样可以避免别有用心人士觊觎女儿继承的庞大财产，有效保障了欣宜的未来生活。

信托专业人员表示在中国香港，遗产信托的受托人可以交给个人，也可以交给银行等机构。不过，假如在美国发生类似情况，则是将资金信托给银行等机构管理，而非交给私人受托。因为将资金信托给银行，信托的资金与银行的财务实现完全分离，可以受托保管数十年、上百年，遗产甚至可以照顾到孙子一代。而自然人受托，则有可能遇到自然人出事，或是身体不适等情况导致无法托管，也可能发生受托人私账与托管账分不清的状况。

资料来源：http：//www.southmoney.com/xintuo/201511/439231.html；http：//finance.sina.com.cn/g/20080225/07402019530.html。

思考题： 1. 遗产信托可以对我们的生活起到什么样的改变？

2. 当受托人分别是自然人和金融机构时，两者的异同是什么？

📖【本章小结】

信托业作为一国金融市场的四大金融支柱之一（其余三个为银行业、证券业、保险业），它发展的健康与否影响着一国金融市场的长远走势。

依照不同的分类方法可以将信托业划分为不同的种类。以法律立场为标准，可以将信托分为民事信托和商事信托；以委托人为依据，可以将信托分为个人信托、法人信托和个人与法人通用信托；以地理区域为依据进行划分，可以分为国内信托和国际信托；以是否集合社会公众财产为依据，将信托分为单一信托和集合信托；以信托财产的性质为标准可以将信托分为金钱信托、有价证券信托、不动产信托、动产信托和金钱债权信托。而无论哪一种划分，信托依然执行着它的基本职能，即执行财富管理。除此之外信托还有派生职能，如融通资金职能、社会投资职能、代理咨询职能以及服务社会公益事业职能。

在经济的运行过程中，由于我国的信托业与商业银行相似，可以从事存贷款业务，所以信托业面临的风险与商业银行的风险类似，主要表现为系统性风险和非系统性风险。前者包括政策性风险、利率汇率风险和购买力风险；后者包括经营风险和资本风险。为了应对这些风险的发生，信托机构的安全管理应该从公司经营、日常监管、行业风险管理制度三个方面着手，并对整个组织体系的职能进行细致分工。

【复习思考题】

一、名词解释

利率风险　经营风险　流动性风险　安全管理

二、选择题

1. 如果该种信托涉及的法律依据是在民事法律范围内，我们一般称为（　　）。
A. 商事信托　　　　B. 民事信托　　　　C. 个人信托　　　　D. 法人信托

2. 有价证券信托是指____将有价证券作为财产转移给____进行管理。（　　）
A. 委托人，受托人　　　　　　　　B. 委托人，受益人
C. 受托人，受益人　　　　　　　　D. 受托人，委托人

3. 信托的基本职能是（　　）。
A. 代理咨询　　　　B. 财富管理　　　　C. 融通资金　　　　D. 社会投资

4. 信托业所面临的系统性风险不包括（　　）。
A. 政策性风险　　　B. 利率风险　　　　C. 操作风险　　　　D. 购买力风险

5. 信托计划项下信托财产在交易过程发生交收违约，或者所投资标的的交易对手出现违约而不愿支付到期本期，或债务人/担保人经营财务状况严重恶化，从而影响债务人的偿债能力及担保人的担保能力，这种风险为（　　）。
A. 经营风险　　　　B. 信用风险　　　　C. 操作风险　　　　D. 购买力风险

三、问答题

1. 简述信托的分类。
2. 简述信托业安全管理的含义。
3. 简述信托业安全管理的做法。

选择题答案

1. C　2. A　3. B　4. C　5. B

第十七章

资本市场投资信托业务风险与安全

 【教学目的和要求】

通过本章的学习，使学生掌握资本市场投资信托业务的风险种类，了解资本市场投资信托业务的特性。掌握资本市场投资信托业务的风险控制手段，了解资本市场投资信托业务的业务模式。使学生对资本市场投资信托业务有一个全面的把握，能够从安全的角度对资本市场投资信托业务的特性、风险进行分析。

第一节　资本市场投资信托业务概述

一、业务概述

对于我国的信托公司而言，一项非常重要的业务就是资本市场投资信托业务，一般称为阳光私募产品。这是由信托公司发起设立的，吸收社会闲置资金，在私募投资机构的建议下进行证券投资操作。这种业务类似于私募证券投资基金，但比起私募证券投资基金，阳光私募产品对投资者而言具有两大优势：第一，在《关于规范金融机构资产管理业务的指导意见》发布后，私募监管相关规则仍在制定，在整个过渡期内存在较大的压力以及不确定性，而阳光私募产品由信托公司发起，受到了中国银行保险监督管理委员会的监管，这有利于公司的信息披露，同时信托资金由专门的银行进行保管，这有利于投资者的利益保护；第二，信托公司聘请具有经验的私募投资机构担任投资顾问，可以大大降低信托公司对资本市场投资的风险。

二、业务模式

信托公司开展资本市场投资信托业务关键就是要根据监管要求，聘请私募投资机构担任投资顾问，根据投资顾问提供的建议亲自处理信托业务和下达交易指令。目前我国信托公司的资本市场投资信托业务可以分为三种模式，即深圳模式、上海模式和云南模式。

（一）深圳模式

深圳模式下，信托公司担任受托人，私募投资机构担任投资顾问。受托人募集社会闲置资金后按照投资顾问提出的证券市场投资建议进行资产配置，其中投资顾问不承担任何投资风险。深圳模式的典型代表是华润信托和平安信托。

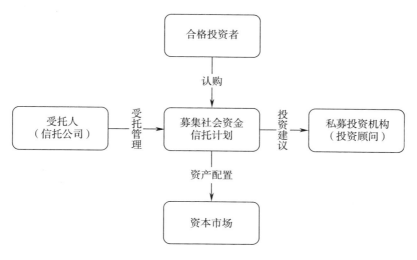

图 17 - 1　深圳模式

（二）上海模式

上海模式下，信托公司仍然担任受托人，面向社会投资者和第三方私募投资机构发起设立集合资金信托计划。其中社会投资者认购的份额被称为优先级，第三方私募投资机构认购的份额被称为次级。同时信托公司根据第三方私募投资机构提交的建议进行资产配置。由于上海模式中，私募投资机构也认购了基金份额，自身收益与信托计划紧密相关，这也间接地为社会投资者提供了信用增级。上海模式的典型代表为上海信托和华宝信托。

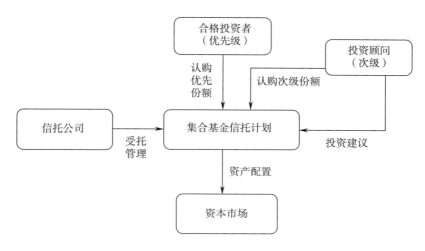

图 17 - 2　上海模式

（三）云南模式

云南模式下，信托公司不仅担任受托人发起集合资金信托计划，并且公司有专业的投资团队进行证券市场的投资业务。典型代表有云南信托。

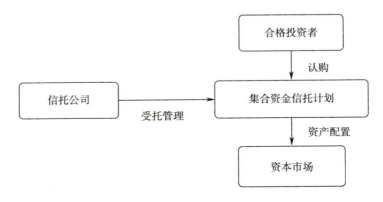

图 17 - 3　云南模式

第二节　资本市场投资信托业务风险

信托公司的资本市场投资信托业务的风险可以分为系统性风险和非系统性风险。

一、系统性风险

（一）政策性风险

当我国政府和金融监管机构对国家宏观政策进行调整的时候，证券市场的价格会发生波动。例如央行选择提高金融机构的存款准备金率来达到收紧金融市场的货币流通量的目的时，往往会使部分资金从股票市场中流出，这会使得股票价格下跌，进而影响资本市场信托投资业务的收益。

（二）利率与汇率风险

对于一国经济而言，利率相当于货币的价格。以基准利率为例，当央行降低金融市场的基准利率，会使得社会闲置资金从银行机构流出涌进证券市场，反之，资金则会从证券市场转移到银行机构中。通常情况下，利率上升会导致股票和债券价格下降，利率下降会导致股票和债券价格上涨，也会间接影响信托投资业务。而汇率风险是指在一定的国际交往中，由于各国货币之间汇率发生变动导致交易者发生经济损失的可能性。例如在交易过程中，已经达成但仍未结算的交易可能会因为汇率的变化而蒙受损失。

二、非系统性风险

（一）经营风险

股票、债券等金融产品都是资本市场投资信托业务可以选择投资的种类。股票的价格与该上市公司的经营业绩息息相关。公司经营业绩良好，形成稳定的资金流，可以给股东带来可观的股利分红，通常会引起公司股价的上涨。反之，公司经营业绩出现明显下滑，短期内无法改善，则会使公司股价下跌。同时，经营风险也存在在信托公司和私募证券投资机构本身的经营管理能力方面。如果信托公司或者私募证券投资机构对资本市场研究不够透彻，信息掌握不够全面，直接产生错误的投资决策，这会为信托公司带来较大的风险。

（二）信用风险

比起股票而言，投资债券的信用风险显得尤为重要。如果投资的债券发行公司出现延期兑付、违约等行为，使公司信用评级下降，则会直接带来债券价格的大幅下跌。再者当信托公司选择第三方机构担任投资顾问，投资顾问违背合约自行决定投资策略，这会给信托公司和投资者造成较为严重的损失。

（三）流动性风险

资本市场投资信托业务选择的证券品种的流动性高与低直接决定了该信托产品的建仓成本和变现成本。这种流动性可能受整体市场流动性的影响，也可能受个股或者个券流动性的差异带来的负面影响。

第三节　资本市场投资信托业务的风险控制

一、外部风险控制

（一）投资顾问准入要求

对于我国信托公司而言，选择一个合格的投资顾问决定着资本市场投资信托业务发展的好与坏。我国《信托公司证券投资信托业务操作指引》对投资顾问的准入要求有明确规定：（1）依法设立的公司或合伙企业，且没有重大违法违规记录；（2）实收资本金不低于 1 000 万元；（3）有合格的证券投资管理和研究团队，团队主要成员通过证券从业资格考试，从业经验不少于 3 年，且在业内具有良好的声誉，无不良从业记录，并有可追溯的证券投资管理业绩证明；（4）有健全的业务管理制度、风险控制体系，有规范的后台管理制度和业务流程；（5）有固定的营业场所和与所从事业务相适应的软硬件设施；（6）与信托公司没有关联关系；（7）中国银监会规定的其他条件。通过这些政策的要求，将业务不合规，制度不健全的私募证券投资公司排除在外，保证了信托公司和投资者的利益，降低了不必要的风险。

（二）信托业务监管

根据《关于加强信托公司结构化信托业务监管有关问题的通知》要求，信托公司在开展证券投资信托业务时需要遵守以下三点：（1）明确证券投资的品种范围和投资比例，根据各类证券投资品种的流动性差异设置不同的投资比例限制，但是单个信托产品持有一家公司发行的股票最高不得超过该信托产品资产净值的20%；（2）科学合理地设置止损线，可以参考受益权分层结构的资金配比，能够在一定程度上防范优先受益权受到损失的风险；（3）要安排足够的证券交易人员逐日盯市，在收益值达到止损线时，应按照相关要求及时平仓，减少损失。

与此同时，信托公司的资本市场投资信托业务也有明令禁止的行为，包括：（1）以任何方式承诺信托资金不受损失或者承诺有最低投资收益；（2）对信托产品设定预期收益率；（3）不能公平对待各种证券投资信托产品；（4）利用信托财产为信托公司、委托人、受益人之外的第三方获取不正当收益；（5）从事其他违法违规的证券交易活动。

二、内部风险控制

（一）科学设定预警线、补仓线和止损线

信托公司的证券投资信托业务的预警线、补仓线和止损线是根据初始信托单位净值设置的。其中初始信托单位净值=（信托财产总值−已计提的各项负债）/信托单位总份数。如果信托单位净值触及预警线，信托公司应当及时向投资顾问予以预警，提示其做好补仓准备；如果触及补仓线，信托公司应当及时通知投资顾问追加信托资金予以补仓；如果触及止损线或者投资顾问未能进行补仓，信托公司可以按照约定进行平仓操作，将证券全部变现。

（二）科学设定风控指标

为了实时对证券信托产品的运行情况作出判断，风险监控人员应该在投资组合运作之前，对交易系统进行风控指标的设置。可分为政策性指标、契约性指标和内部控制指标。每一种指标设置三个不同级别，每一个级别对应不同的处置措施。通常风险控制指标需经过复核、审核和相关负责人确认，提交给风控官和总经理批复。

（三）落实监控行为、形成监控报告

信托公司应该指派足够的风险监控人员对证券行情进行实时监控并对各项指标进行查询。一旦发现指标预警、异常交易等情况，应当及时向相关部门负责人进行汇报和书面提示。同时风险监控人员应当编制监控日报、周报，具体内容包括交易系统运行状态、风控指标设置及监控情况，风险指标异常及处理情况。

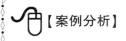 【案例分析】

ZY1 号集合资金信托计划

信托规模	信托成立时，信托规模不低于 50 000 万元，其中优先级信托单位不低于 45 000 万元，次级信托单位不低于 5 000 万元，但是受托人有权下调信托成立时的最低信托规模标准 优先级信托单位总份数与次级信托单位总份数的比例不得超过 9:1
信托期限	3 年
信托单位净值	信托单位净值=（信托财产总值−已计提的各项负债）/信托单位总份数，其中信托负债包括但不限于信托报酬、保管费、每日计提的应付优先级受益人的信托收益等 初始信托单位净值 1.0000 元

续表

资金用途	主要投资于固定收益类产品：在交易所市场/银行间市场交易的国债、企业债券、公司债券、各类金融债、中央银行票据、短期融资券、中期票据、中小企业私募债、非公开定向债务融资工具
平仓线/预警线	平仓线：信托单位净值为 0.9400 元，设为平仓线； 预警线：信托单位净值为 0.9500 元，设为预警线
委托人	优先级委托人为 YC 银行（理财资金），次级委托人为 DZRD 投资有限公司（投资顾问 DB 证券有限公司的全资子公司）
交易参与方	委托人：XY 信托公司 投资顾问：DB 证券公司 证券经纪商：HT 证券公司 保管银行 XY 银行
信托报酬	信托单位总份数≤30 亿份的部分，按照 0.3/年的信托报酬率每日计提信托报酬； 信托单位总份数＞30 亿份的部分，按照 0.25/年的信托报酬率每日计提信托报酬

当 T 日信托单位净值≤0.9500 元时，受托人将于 T+1 日以录音电话或传真形式通知次级委托人不晚于 T+2 日向信托专户追加信托资金至信托单位净值≥1.0000 元。

自信托单位净值触及预警线之日的次日（T+1 日）起，受托人仅接受投资顾问的卖出或赎回投资建议，不再接受投资顾问买入或申（认）购投资建议。当次级委托人按信托文件约定足额追加信托资金或次级受益人为追加信托资金但信托单位净值恢复至 1.0000 元（含）以上之日的次日起，受托人恢复接受投资顾问买入或申（认）购投资建议。如刺激委托人未按约定追加使信托单位净值恢复到 1.0000 元，则自 T+3 日起，受托人有权根据自身判断自主变现本信托所持非现金资产，使本信托所持非现金资产比例以成本价计算不高于信托财产总值的 30%。若在受托人变现过程中触及平仓线的，按照平仓条款约定进行平仓处理。

当 T 日信托单位净值≤0.9400 元时，无论次级委托人是否追加信托资金且无论信托单位净值是否恢复到平仓线以上，受托人有权于触及平仓线的次日对本信托持有的全部非现金资产进行不可逆变现，直至信托财产全部变现为止。

资料来源：张同庆. 信托业务风险管理与案例分析［M］. 北京：中国法制出版社，2016.

思考题：设置预警线、平仓线有何作用？

📖【本章小结】

资本市场投资信托业务是信托业务中的典型代表，一般称为阳光私募产品。这是由信托公司发起设立的，吸收社会闲置资金，在私募投资机构的建议下进行证券投资操作。目前我国信托公司的资本市场投资信托业务可以分为三种模式，即深圳模式、上海模式和云南模式。

按照风险类别的划分，可以将资本市场投资信托业的风险分为系统性风险和非系统性风险。其中系统性风险包括政策性风险、利率与汇率风险；非系统性风险包括经营风险、信用风险和流动性风险。

为了更好地规避这些风险的产生，可以将风险控制分为外部风险控制和内部风险控制。其中外部风险控制从投资顾问的准入要求与信托业务监管方面入手；内部风险控制从科学设定预警线、补仓线、止损线和风控指标，落实监控行为、形成监控报告三方面入手。通过内外配合，更加有效地将风险降至最低，使资本市场投资信托业务可以平稳有序地发展。

【复习思考题】

一、名词解释

资本市场投资信托业　政策性风险　信用风险

二、选择题

1. 通常情况下，其他条件不变，利率的变动与股票价格的变动成（　　）。

A. 反向变动　　　B. 正向变动　　　C. 无特定变动规律　　　D. 恒定不变

2. 对投资顾问的准入要求中，要求投资顾问的实收资本金不得少于（　　）。

A. 1 000 万元　　B. 500 万元　　　C. 100 万元　　　　D. 1 500 万元

3. 对投资顾问的准入要求中，有合格的证券投资管理和研究团队，团队主要成员通过证券从业资格考试，从业经验不少于（　　）。

A. 2 年　　　　　B. 3 年　　　　　C. 4 年　　　　　　D. 5 年

4. 信托公司开展证券投资信托业务时，单个信托产品持有一家公司发行的股票最高不得超过该信托产品资产净值的（　　）。

A. 50%　　　　　B. 40%　　　　　C. 30%　　　　　　D. 20%

5. 当证券投资信托业务触及（　　），信托公司可以按照约定进行平仓操作。

A. 预警线　　　　B. 补仓线　　　　C. 止损线　　　　　D. 违规线

三、问答题

1. 简述我国资本市场投资信托业务模式及其异同。

2. 简述资本市场投资信托业务风险控制的做法。

3. 简述阳光私募产品的优势。

选择题答案

1. A　2. A　3. B　4. D　5. C

第十八章

资产证券化信托业务风险与安全

【教学目的和要求】

通过本章的学习，使学生掌握资产证券化信托业务的风险种类，了解资产证券化信托业务的特性。掌握资产证券化信托业务的风险控制手段，了解资产证券化信托业务的交易模式。使学生对资产证券化信托业务有一个全面的把握，能够从安全的角度对资产证券化信托业务的交易特性、风险把控进行分析。

第一节　资产证券化信托业务概述

一、资产证券化信托业务基本交易模式

（一）交易模式

资产证券化业务源于美国，是一种直接融资工具，将缺乏流动性的资产或资产组合通过证券市场发行资产支持证券进行，使其资产持有者通过发行获得融资，大大地增加了资产的流动性。交易模式如图 18 - 1 所示。

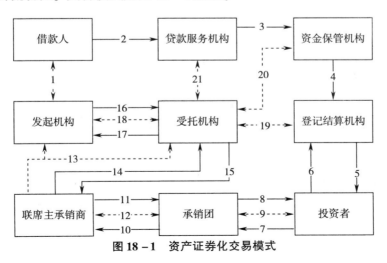

图 18 - 1　资产证券化交易模式

我国资产证券化可以分为三种类型：（1）银行间债券市场，发行的交易品种主要由资产支持票据和信贷资产支持证券；（2）交易所市场，如上海证券交易所、深圳证券交易所、中国证券业协会机构间报价与转让系统、证券公司柜台市场以及证监会认可的其他交易场所，交易品种主要有资产支持专项计划；（3）保险资产登记交易平台，主要交易的品种是资产支持收益凭证。

（二）交易组成要素

资产证券化信托业务交易主要由五大要素组成，分别是发起机构/原始权益人、发行人/特定目的受托机构、证券登记托管机构、资金保管机构、其他相关方。

1. 发起机构/原始权益人：资产证券化的基础资产权属人，可以将发起人流动性较差的资产通过证券化予以盘活，使发起人达到融资的目的，同时通过信托机制将基础资产与发起人其他资产进行风险隔离。

2. 发行人/特定目的受托机构：是指具备客户资产管理业务资格的证券公司、证券投资基金管理公司设立的具备特定客户资产管理业务资格的子公司，证券公司及证券投资基金公司子公司可以通过设立资产支持专项计划作为特殊目的的载体开展资产证券化业务。我国符合规定可以开展资产证券化业务的公司由期货公司、信托公司、保险公司等。信贷资产支持证券的特定目的受托机构一般由信托公司或监管部门指定的其他机构担任；资产支持受益凭证的特定目的受托机构一般为保险资产管理公司；资产支持票据暂无特定目的受托机构。

3. 证券登记托管机构：我国证券登记托管机构可以分为三种：一种是在银行间市场发行的资产证券化可以在中央国债登记结算有限责任公司或银行间市场清算所股份有限公司进行登记托管；一种是在交易所市场发行的资产证券化可以在具有相关资格的商业银行、证券公司、中国证券登记结算有限责任公司进行登记托管；最后一种就是在保险资产登记交易平台发行的资产证券化可以聘请具有保险资金托管资格的机构担任托管人。

4. 资金保管机构：资产证券化的资金保管机构一般由具有资格的商业银行来担任，对信托资产或专项计划资金进行保管。

5. 其他相关方：除上述要素之外，资产证券化交易的组成要素还可以包括证券承销商、会计师事务所、律师事务所、信用评级机构等。

（三）交易要点

（1）设立特定目的的信托是发起人将其缺乏流动性但能产生稳定现金流的资产或资产组合转移给受托机构，受托机构以其产生的现金流为基础发行资产支持证券。

（2）资产支持证券可以由信用评级机构、会计师事务所、律师事务所等机构出具相关专业意见，进行信用评级确定。

（3）资产支持证券发行完毕后可以在公开市场进行挂牌交易。

（4）资产支持证券的基础资产为信托财产，这与发起人和受托机构的其他财产相隔离，收益与风险互不影响。

二、资产证券化信托业务交易品种分类

我国的资产证券化分为信贷资产证券化、证券公司及基金管理子公司资产证券化、资产支持票据以及保险资产支持计划四种模式（见表18－1）。其中信贷资产证券化和保险资产支持计划运用特殊目的信托来规避主体信用风险，只需关注债项信用风险；资产支持票据实质上为一般债券，并未设立特殊目的载体；证券公司及基金管理公司子公司资产证券化采用专项资产管理计划作为特殊目的载体，建立了资产真实出售和风险隔离机制。

表 18－1　　　　　　　　　　我国资产证券化四大模式

	信贷资产证券化	证券公司及基金管理子公司资产证券化	资产支持票据	保险资产支持计划
主管部门	央行、银保监会	证监会	交易商协会	银保监会
审核方式	资格审批＋产品备案制	备案制	注册制	初次申报核准同类产品事后报告制
发起人/原始权益人	银行业金融机构	金融及非金融机构	非金融机构	金融及非金融机构
基础资产	信贷资产	企业应收款、租赁债权、信贷资产、信托受益权等财产权利，基础设施、商业物业等不动产财产或不动产收益权，中国证监会认可的其他财产或财产权利	能够产生可预测现金流的财产、财产权和财产权利组合，且基础资产不得附带抵质押等担保负担或其他权利限制	能够直接产生独立，可持续现金流的财产、财产权利或者财产与财产权利构成的资产组合
特殊目的载体	特殊目的信托	专项资产管理计划	无要求	资产支持计划
登记托管机构	中央国债登记结算公司；上海清算所	中国证券登记结算公司	上海清算所	保险资产登记交易平台

第二节　资产证券化信托业务风险

信托公司的资产证券化信托业务的风险可以分为系统性风险和非系统性风险。

一、系统性风险

（一）政策性风险

我国政府和监管机构可以通过货币政策和财政政策来调节一国经济的走势，如在金融市场上买卖股票和债券来调节市场的货币流动量。例如央行选择在金融市场上卖出债券等有价证券，就意味着央行通过卖出交易把金融市场的货币回笼到央行手中。这改变了金融市场货币流通的数量和债券的数量，从而影响到资产证券化业务的价格波动。

（二）利率风险

我国资产支持证券其实是债券的一种，债券以收益凭证的形式发行。该收益凭证上标有票面利率，同时在交易债券时也会根据供需关系形成交易价格。而债券票面利率的设置主要参考就是市场的基准利率，基准利率的高低决定着债券票面利率的高与低。同样交易价格由投资者的供需关系决定，而投资者选择投资产品时也受市场利率的影响。所以市场利率的波动会给资产支持证券持有人带来利率变动风险。

二、非系统性风险

（一）信用风险

信贷资产证券化的信用风险，是指受托人受让的信贷资产中如果借款者无法按时履行《借款合同》足额或按时还本付息，而导致信贷资产的收益无法达到预期，影响了本期证券的还本付息，给投资者造成相应的风险。对于信贷资产证券化业务，其信用风险主要集中在基础资产和发起机构本身。

（二）流动性风险

目前我国资产支持证券品种分为信贷资产支持证券、资产支持票据以及证券公司及基金管理公司子公司资产支持证券等。前两者可以在银行间债券市场流通，后者可以在证券交易所、证券公司柜台市场等正规系统进行流通转让。但由于资产证券化产品尚未大规模普及，属于创新类金融产品，公众的认知度较低，可能会使得其产品在流通转让时受阻，存在一定的流动性风险。

（三）法律风险

由于金融机构从业人员对我国关于信托业或资产证券化信托业务的法律法规理解不同、执行力不同，或因为法律文件缺失、不利裁决判决等法律原因造成投资损失的风险。

第三节　资产证券化信托业务的安全措施

资产证券化信托业务的安全措施可以从风险控制指引和信用增级措施两方面进行把控。

一、资产证券化业务风险控制指引

（一）基础资产的基本准入条件

作为资产证券化的基础资产，应当符合相应标准方能入选。通常，基础资产抵押、担保等权利和义务在法律上应该具有清晰的界定，同时发起机构应该具有相关所有权权属证明等凭证。如果基础资产的债权所得权益无法向信托转让或存在极大的不合理性，受托人应当采取合理有效的措施防止权益被侵占，保护好投资者的合法权益。

（二）现金流管理

对于基础资产所产生的现金流，受托人应当在信托文件中对其产生、分配、流入流出时间、面临的风险和必要的措施作出详细的说明。同时办理信托账户、开设若干子账户用于划分现金流。如果受托人要对现金流分配后的信托收益进行再次投资，则应当在信托文件中对投资的范围进行明确限定，一般要选择风险低、流动性高的产品，并要对此操作可能产生的风险进行充分说明。

（三）收益分配管理

在收益分配管理环节，受托人要严格按照信托文件的约定进行投资收益分配。约定的内容包括受偿顺序、期限、分配方式等内容。同时受托人要及时向投资者披露投资收益分配相关信息和风险应对措施等。

二、资产证券化业务信用增级措施

（一）内部信用增级

资产证券化业务的内部信用增级可以通过超额抵押、资产支持证券分层结构、现金抵押账户和利差账户来完成。

（1）超额抵押：在资产证券化交易中，一般将资产价值超过证券票面价值的差额作为一种内部信用增级用来对该资产进行信用保护，这个差额可以用于弥补交易过程中可能产生的损失。

（2）资产支持证券分层结构：在资产证券化交易中，按照受偿顺序的不同可以将证券分为不同档次。一般较高档次的证券在本息支付上享有优先权，具有较高的信用评级。而较低档次的证券会先承受损失，为高档次证券提供信用增级。

（3）现金抵押账户：通过发起机构或其他金融机构提供的贷款来弥补业务交易中可能产生的损失。

（4）利差账户：用资产证券化业务产生的利息收入和交易收入与利息支出和交易费用的差额来弥补交易中会产生的损失。

（二）外部信用增级

（1）备用信用证：这是一种特殊的信用证。开证行在开证申请人未能履行义务时，当受益人凭借信用证和相应的汇票以及开证申请人未履行义务的相关证明，开证行应当支付约定的补偿。

（2）保证与保险

资产支持证券的发起机构和受托机构可以为基础资产购买信用保险，如果基础资产的债务人发生违约风险或者受托机构不能按期向投资者进行兑付，则保险公司应该对投资者的损失进行赔付。

（三）外部信用评级

国际市场上最著名的评级机构就是穆迪、标准普尔和惠誉国际三家公司，而我国的评级机构应当取得中国证监会核准的证券市场资信评级业务资格，主要的评级机构有大公国际、中诚信以及联合信用三家公司。无论是银行间债券市场还是在证券交易市场开展的资产证券化业务，都应该进行信用评级。这无论是对风险的防范还是监管的方式都有支持作用。

【案例分析】

HLG 主题公园入园凭证专项资产管理计划

深圳 HQC 股份有限公司及其子公司北京 SJHQC 实业有限公司和上海 HQC 投资发展有限公司作为原始权益人，将其根据政府文件建设和经营 HLG 主题公园而获得的五年特定期间拥有的入园凭证出售给 ZX 证券，由 ZX 证券设立专项资产管理计划，向投资者发售收益凭权凭证。专项计划收益凭证本金规模为 18.5 亿元，其中优先级收益凭证为 17.5 亿元（分为 HQC1－HQC5 等五个品种，信用评级均为 AAA 级），次级受益权凭证为 1 亿元（全部由深圳 HQC 股份有限公司认购）。如果在每个初始核算日的前一个特定期间内，某个 HLG 主题公园的基础资产的销售均价或销售数量低于约定的销售均价或销售数量，则由原始权益人予以补足，HQC 集团公司为原始权益人的补足义务提供连带责任保证担保。详情见下表。

HLG 主题公园入园凭证专项资产管理计划相关交易方

证券分层	优先级					次级
	HQC1	HQC2	HQC3	HQC4	HQC5	次级
规模（万元）	29 500	32 500	34 500	37 500	41 000	10 000
信用等级	AAA					
预期期限（年）	1	2	3	4	5	
利率类型	固定利率					
付息频率	按年付息					
本金偿还方式	到期还本					
投资者回售选择权				成立满 3 年按面值回售给 HQC（A）	成立满 3 年和 4 年按面值回售给 HQC（A）	
原始权益人赎回选择权				成立满 3 年，HQC（A）在 HQC4 和 HQC5 的回售量均达到其发行量的 50% 时，选择按面值赎回全部 HQC4 和 HQC5	成立满 4 年，HQC（A）在 HQC5 的回售量均达到其发行量的 50% 时，选择按面值赎回全部 HQC5	

本专项资产管理计划原始权益人深圳 HQC 为深圳交易所主板上市公司，HQC 集团公司为中央直属企业，拥有国内数量最多、规模最大及效益最好的主题公园，其中著名品牌包括 HLG、锦绣中华、民俗文化村、世界之窗、东部 HQC 等。北京 HQC 主要负责开发经营北京 HQC 旅游主题公园，致力于建设经营一个富有文化内

涵，融生态旅游、商住、休闲于一体的超大型高尚旅游主题公园。上海 HQC 主要以旅游及其关联产业投资，景区景点规划及管理为主营业务，主营业务收入全部来源于上海 HLG。

HQC 开发的 HLG 属于文化创业产业，是我国最大的民族品牌主题公园。该项资产管理计划的基础资产所属三家 HLG 的区域分布较为分散，并且均为相应区域最发达的中心城市，可以在一定程度上分散基础资产所属主题公园的经营风险。同时本专项资产管理计划收益权凭证在深圳证券交易所综合协议交易平台进行定向流通，降低了流动性风险的发生。

资料来源：张同庆. 信托业务风险管理与案例分析［M］. 北京：中国法制出版社，2016.

思考题：HLG 专项资产管理计划采用了哪些信用增级措施。

【本章小结】

资产证券化信托业务是信托业务的另一个典型代表，起源于美国，是一种直接融资工具，将缺乏流动性的资产或资产组合通过证券市场发行资产支持证券进行，使其资产持有者通过发行获得融资，大大地增加了资产的流动性。我国资产证券化可以分为三种类型：（1）银行间债券市场，发行的交易品种主要由资产支持票据和信贷资产支持证券；（2）交易所市场，交易品种主要有资产支持专项计划；（3）保险资产登记交易平台，交易的品种主要是资产支持收益凭证。无论哪种资产证券化信托业务，一般都由发起机构/原始权益人、发行人/特定目的受托机构、证券登记托管机构、资金保管机构、其他相关方五大要素组成。

按照风险类别的划分，可以将资产证券化信托业务的风险分为系统性风险和非系统性风险。其中系统性风险包括政策性风险、利率风险；非系统性风险包括信用风险、流动性风险和法律风险。

为了更好地规避这些风险的产生，资产证券化信托业务的安全措施可以从风险控制指引和信用增级措施两方面进行把控。前者通过控制基础资产的基本准入条件、现金流管理和收益分配管理来实现；后者通过内部信用增级和外部信用增级来实现。其中内部信用增级手段有超额抵押、资产支持证券分层结构、现今抵押账户和利差账户；外部信用增级手段有备用信用证、保证与保险。

【复习思考题】

一、名词解释

资产证券化业务 特定目的受托机构 法律风险

二、选择题

1. 下列选项不属于资产证券化信托业务交易组成要素的是（　　　）。

A. 特定目的受托机构   B. 证券登记托管机构

C. 原始债务人   D. 资金保管机构

2. 我国资产证券化交易模式中对特殊目的载体无限制要求的是（   ）。

A. 信贷资产证券化   B. 证券公司及基金管理子公司资产证券化

C. 资产支持票据   D. 保险资产支持计划

3. 在资产证券化交易中，一般将资产价值超过证券票面价值的差额用于弥补交易过程中可能产生的损失，这种信用增级的做法为（   ）。

A. 资产支持证券分层结构   B. 超额抵押

C. 现金抵押账户   D. 利差账户

4. 国际市场著名的评级机构是（   ）。

A. 中诚信   B. 联合信用   C. 大公国际   D. 惠誉国际

5. 资产支持证券的发起机构和受托机构为基础资产购买信用保险，以防发生违约风险的做法为（   ）。

A. 保证与保险   B. 备用信用证

C. 资产支持证券分层结构   D. 一般信用证

三、问答题

1. 简述我国资产证券化的种类。

2. 简述资产证券化信托业务交易组成要素。

3. 简述资产证券化信托业务的安全措施。

选择题答案

1. C   2. C   3. B   4. D   5. A

第十九章

信托业监管

【教学目的和要求】

通过本章的学习，使学生掌握信托业监管存在的问题，了解信托业监管的发展与现状。掌握信托业监管理论与改革手段，了解中国信托业监管的改革方向。使学生对信托业的监管体系有一个系统的认识，能够从安全的角度对我国信托业监管现存的问题与改革方向进行分析。

第一节　信托监管理论

一、信托监管的概念

信托监管是指政府监管机构、自律性组织等对整个信托行业行使监督管理权的行为。一般包括行政监管和自律监管。前者通过政府监管部门来实现，后者通过自我约束和行业自律来实现。

（一）信托行政监管

信托行政监管是指政府监管部门通过立法明确信托业的定义、信托机构的设立条件和程序、信托业的经营范围以及信托机构的权利和义务，从而使信托经营者与管理者有法可依，保障合法经营者权益，约束违法经营者违规行为。同时，监管部门依照《宪法》和法律的授权，对信托业的合法性和合规性进行监督和管理。

（二）信托自律监管

信托自律监管包括自我约束和行业自律。前者指的是加强企业经营管理、操作流程管理以及法人结构治理，建立长期战略决策，避免内部问题滋生；后者是指通过建立信托业自律组织促进行业自我约束、自我控制、自我管理，使信托行业能够朝着健康有序的方向发展。2004 年，中国信托业协会成立，协会一方面通过制定行业规章进行行业自律，另一方面通过与政府的良性互动，达成良好的信息沟通机制。

二、市场失灵下的信托业监管

市场失灵一般被认为是政府干预存在的理由，指的是由于市场自身存在的局限性，造成市场失衡，导致无法发挥优化资源配置的作用，降低了市场运行的效率。信托市场作为金融市场的主要组成之一，也存在着市场失灵的问题。

（一）信托业信息失灵

信托业的信息失灵一般体现在两方面，一方面表现为信息的不完全和不充分；另一方面表现为被人故意隐瞒或者提供的虚假信息。这导致了投资者被迫在信息不充分的情况下做出投资决策。因此，信托业的监管目的在于尽可能地消除监管者与被监管者、被监管者与投资者、监管者与公众之间的信息不对称因素，通过立法与执法保证信息的有效传播。

（二）信托产品的准公共产品性

对于信托产品而言，它具有公共产品的特性。这使得某些信托机构自身利用这个公共性的特点进行"搭便车"行为，影响投资者的决策质量，增加交易风险。因此，金融监管十分必要，从外部消除这种不良现象，营造良好的金融氛围，使信托业可以健康发展。

（三）信托业的效率性与稳定性

信托业的效率性来源于充分竞争，但充分竞争会带来市场无序现象的产生。信托机构的被淘汰会使得社会上的投资者产生恐慌心理，从而影响到整个信托业，这就违背了行业的稳定性。所以为了平衡效率性与稳定性，需要信托监管在其中发挥作用。

第二节　中国信托业的监管现状

一、中国信托业的监管现状

纵观中国信托业监管的发展历程可以分为三个阶段，分别为信托业监管的治理整顿阶段、信托业监管的制度规范发展阶段以及信托业监管制度的逐渐成熟阶段。

（一）信托业监管的治理整顿阶段

1980年6月，国务院出台了《关于推动经济联合的通知》中指出："银行要试办各种信托业务、融通资金，推动联合"，这是新中国第一个涉及信托业的政策文件。同年9月，中国人民银行下发了《关于积极开办信托业务的通知》，从政策上确定对信托业发展的支持。这使得各种类型的信托投资公司迅速膨胀，盲目地扩大融资规模，造成金融市场的混乱，严重影响了国家对金融业务的计划和管理。为了扭转这样的局面，自1982年开始，中国金融管理部门对信托业先后进行了数次整顿。在整顿的过程中，国务院、中国人民银行及财政部的重要机构陆续颁布和修订了信托法律法规，明确了信托业的经营范围，规定了信托业资金来源渠道，确定了信托业在金融体系中的法律地位，这对信托业的规范发展起到了积极的作用。

（二）信托业监管的制度规范发展阶段

在制度规范的发展阶段，我国颁布的多条监管法规，逐渐改变了我国信托行业监管模式。2001年《中华人民共和国信托法》的颁布成为了中国第一部规范信托关系的基本法。到了 2006 年颁布的《信托投资公司管理办法》又明确指出"中国银行业监督管理委员会对信托业及其业务活动实施监督管理"。2007 年银监会修订了《信托公司管理办法》和《信托公司集合资金信托计划管理办法》，被称为"新两规"，其从制度上引导信托公司改变以固有业务收入为主的格局，鼓励信托公司通过业务创新提高信托业务收入。2010 年银监会再次出台《信托公司净资本管理办法》，开辟了"一法三规"新局面。

表 19 - 1　　　　　　　　　　　　　信托业主要监管法规

颁布时间	法规名称	颁布机构	备注
2001 年 4 月	《中华人民共和国信托法》	全国人大常委会	
2002 年 5 月	《信托投资公司管理办法》	中国人民银行	
2002 年 6 月	《信托投资公司资金信托管理暂行办法》	中国人民银行	
2002 年 10 月	《关于信托投资公司资金信托业务有关问题的通知》	中国人民银行	
2002 年 12 月	《信托投资公司关联交易行为指引》	中国人民银行	讨论稿
2003 年 1 月	《关于信托投资公司外汇管理有关问题的通知》	国家外汇管理局	
2004 年 1 月	《信托投资公司异地集合资金信托业务管理暂行规定》	银监会	讨论稿
2004 年 6 月	《信托投资公司集合资金信托业务信息披露暂行规定》	银监会	征求意见稿
2004 年 6 月	《关于进一步加强信托投资公司监管的通知》	银监会	
2004 年 7 月	《信托投资公司信息披露管理暂行办法》	银监会	征求意见稿
2004 年 9 月	《关于信托投资公司开设信托专用证券账户和信托转用资金账户有关问题的通知》	证监会	
2004 年 10 月	《信托投资公司内部控制指引》	银监会	征求意见稿
2004 年 10 月	《非银行金融机构公司治理指引》	银监会	送审稿
2004 年 10 月	《信托投资公司房地产信托业务管理暂行办法》	银监会	
2004 年 11 月	《关于规范信托投资公司证券业务经营与管理有关问题的通知》	银监会	
2004 年 12 月	《信托业务会计核算办法》	财政部	
2004 年 12 月	《严禁信托投资公司在信托业务中承诺保底的通知》	银监会	
2005 年 9 月	《关于加强信托投资公司部分业务风险提示的通知》	银监会	
2006 年 6 月	《关于进一步加强案件风险防范工作的通知》	银监会	涉及银监会直接监管信托业
2006 年 6 月	《关于加强信托投资公司集合资金信托业务项下财产托管和信息披露等有关问题的通知》	银监会	
2006 年 8 月	《关于信托投资公司开展集合资金信托业务创新试点有关问题的通知》	银监会	
2006 年 12 月	《信托投资公司管理办法》	银监会	
2006 年 12 月	《信托投资公司集合资金信托计划管理办法》	银监会	
2007 年 3 月	《信托公司管理办法》	银监会	修订
2007 年 3 月	《信托公司集合资金信托计划管理办法》	银监会	修订
2010 年 9 月	《信托公司净资本管理办法》	银监会	

在完善法律的同时，信托业自律性组织也在 2004 年成立。这有利于提高信托业的技术水平和服务质量，对推进信托业有序竞争和总体发展有着极其重要的意义。

（三）信托业监管制度的逐渐成熟阶段

自 2010 年，信托业按照新"一法三规"要求做新的调整，这些调整更多地限制了信托业的固有业务，改变了固有业务与信托业务的比例，逐步使信托业务成为公司的主要业务收入来源。同时，加强了信托业和信托业务的监管，降低了信托业的风险。

二、中国信托业监管存在的问题

中国信托行业虽然经历了数次调整，但是目前仍存在资产质量低、立法不完善、核心业务不突出等现象。

（一）对信托市场定位不准

我国的信托市场与国外的信托市场有很大的不同，这也是由于我国特殊的历史状况决定的。中国信托市场设立之初，国外的信托模式与我国国民的实际需求不对等，因而我国的信托业的功能被定位在利用社会闲散资金来弥补银行信贷不足。这使得中国信托业市场的定位从一开始就出现了偏差，造成了一些不正常的现象，不仅使信托业缺乏了独立的经济基础、丧失了自身的风格特色，也使其成为了银行业的避险工具，造成行业的不稳定。目前随着银信合作业务的广泛发展和深入，中国银行监督管理委员会在 2017 年首次明确界定银信类业务和银信通道业务范畴；2018 年，由中国人民银行、中国银行保险监督管理委员会、中国证券监督管理委员会和国家外汇管理局联合发布的《关于规范金融机构资产管理业务的指导意见》（以下简称"资管新规"）明确指出信托业务"去通道、破刚兑、平等准入"等。这一系列举动也意在降低以往信托市场定位不准所产生的风险。

（二）对信托业务界定不明

对于我国的信托业而言，虽然也会办理委托人指明项目的信托投资与信托贷款业务或者是委托人提出一般要求的信托投资与信托贷款业务，但信托公司承办的大多数业务依然属于非信托业务，例如融资性租赁业务、经济咨询业务、中国人民银行批准的证券发行业务等。这种现象的存在源于我国对信托业务界定不明确，将信托业务等同于信托业的业务，使许多信托业务仅有信托之名而无信托之实。这背离了信托业资产追求独立与自由的基本原则。比起银行业、保险业、证券业，信托业始终没有形成自己的核心盈利业务，缺少产业优势，这使我国信托业难以取得质的飞跃。

（三）信托资金来源受限

信托业能够健康有序发展的前提是保证自有资本金的稳定与充足。但我国《信托投资机构管理暂行规定》中对信托机构的信托存款做了非常严格的限制，使存款业务局限在一个比较狭窄的范围内，同时许多资金被银行抢夺，这都大大封闭了信托公司扩大资金来源的渠道。即使经过五次整顿，但是从信托公司经营状况来看，信托业短期资金长期使用、依靠拆入资金维持经营的现象屡见不鲜。为了吸引更多的资金流向信托业，信托公司往往采用高利率来进行兑付。这加大了信托业使用资金的成本和风险，容易造成恶性循环，导致信托资产质量、效益持续下降。

（四）信托立法不完善

我国的信托行业发展30多年，关于信托的法律从无到有，都是一点一滴慢慢探索得出的宝贵成果。2001年颁布的《中华人民共和国信托法》、2007年颁布实施的《信托公司管理办法》和《信托公司集合资金信托计划管理办法》与2010年颁布的《信托公司净资本管理办法》统称为"一法三规"，这是完善信托相关立法的重要举措。但是从这些法律法规的实施效果来看，依然存在许多弊端，如法规调节面过窄、缺乏指导性法律法规、配套制度缺失等。2018年出台的"资管新规"虽然对信托业部分业务提出要求，但对整体信托行业的未来发展而言仍有许多未明确的因素，如财产权信托和资产证券化业务未明确包含在"资管新规"内。

（五）信托监管漏洞多

我国信托业的监管是以政府为主导，从法律法规的实施到对信托业务监管流程的把控都可以看到行政审批的色彩。这种特殊的保护在一定程度上虽然可以降低行业风险，但也会使信托业失去其特有的天然个性，目前我国信托行业虽然发展方向良好，但在固有的监管体制内，监管力量薄弱、政策不明确等漏洞，仍会给信托行业的发展带来一定的影响。

第三节　中国信托业的监管改革

我国的信托业仍处于缓慢的发展阶段，与国外真正的信托模式仍具有一定的差距。信托业的健康、有效发展离不开科学、完善的监管体制。而完善的监管体制是需要正确的监管理念、健全的法律体系、科学的监管方式和严格的监管行为做支撑。

一、重建信托理念

一国监管部门对信托业设定的法律法规可以体现一国对信托基本精神和理念的理解。目前我国信托业监管的主要依据是《中华人民共和国信托法》（2001）、《信托公司管理办法》（2007）、《信托公司集合资金信托计划管理办法》（2007）以及《信托公司净资本管理办法》（2010）等一系列法律法规，前四项被统称为信托业的"一法三规"。这些法律法规在一定程度上起到了监管的效果，但更多的是限制了信托业的创新活力，降低了信托业的效率。所以站在监管的角度来看待信托业，应该将出发点设定为安全与效率。一方面确保信托业在追求效益的同时提高自身防范和控制金融风险的能力，避免造成金融危机，保障社会的公共利益；另一方面也要注重信托效率的有效体现，保证信托业的发展活力，以最小的成本取得最大的效果。

二、健全社会法制体系

在国外的信托主营业务中信托财产具有双重所有权，但这种制度与我国的传统民法相冲突。如果我们要健全信托业务，必须要对其法律价值和功能加以判定，重新认识其特有的构造。同时在信托登记方面仍需明确几点：（1）信托登记的范围；（2）信托登记的主体，如登记申请人和登记机构的设定；（3）信托登记的内容，如当事人情况、财产情况、信托期限和方式等。这样才能使信托业得到保护。除此之外，为了鼓励信托业的发展，应该对公益信托的信托财产和相应收益给予税收方面的优惠。这不仅是各国税法的公共认知和做法，也是政府直接或间接投资社会公益事业的一种手段。

三、对信托业实施分类监管

分类监管是对信托机构实行"差异化管理"的科学管理模式。只有在分类监管下，优秀的企业才能获得更多的资源，监管机构也可以降低对其监管力度。而有问题的企业将被重点监管、限制。这会降低整个行业的风险发生概率，保证信托行业健康、有序的发展。由于我国信托业属于初级发展阶段，所以分类监管的指标要根据我国信托业特有的业务特点采用定性和定量相结合的方法确定评价指标，同时也要考虑指标的实际意义和获取难易程度。因此监管部门在选取监管评价指标时应该尽可能地选择具有明确意义的、便于采集的指标，这样才能提高其实际应用的效果。

四、依靠市场监管完善信托监管

由于我国的国情和信托业发展的历史过程，目前信托业监管主要还是依靠行政手段来完成。但是随着信托业的发展和不断成熟，居民和机构对信托的需求会越来越多，监管机构也要逐渐将信托市场交还给市场，放宽对其的行政性规定，可以从以下三方面进行改革：（1）监管机构应逐渐放宽对信托机构宣传方式的限制，让其可以进行创新宣传，通过市场的竞争机制抢占市场；（2）监管机构应逐渐平衡委托人和信托机构之间的权利和义务，凸显信任的特点，让信任机构在进行信托财产运作时可以获得真正的自主权，达到活跃市场的效果；（3）监管机构应下大力把控住信托行业宏观层面的监管方向，把重心放在信托机构的准入审查和经营合规性方面，而经营细节方面应由信托机构自行决定。

【案例分析】

"强监管"在路上——引导信托行业良性发展

都说 2017 年是"强监管"的一年，银保监会管辖下的信托行业自然也不例外。2017 年以来，监管部门以整治行业市场乱象为主要抓手，开展了"三三四十"等多次检查。信托业收到各地银监局的行政处罚 25 件，处罚机构 18 家，处罚金额在千万元左右。纵向来看，与 2015 年信托业受到 6 件处罚、2016 年 9 件处罚相比，2017 年全行业的处罚数量仍令多家信托公司大呼"吃不消"。罚单数量的飙升与监管趋严不无关系。而从信托公司 2017 年年报披露的信息来看，似乎也能窥得监管部门着力整治行业乱象的痕迹。

据统计68家信托公司年报来看，共有47家信托公司披露了其在2017年接受地方银监局监管及相关整改意见的情况，其中36家公司明确表示曾接受地方银监局的现场检查。具体而言，7家公司披露称接受"信用风险整治（排查）"的现场检查，8家公司接受"重点领域风险检查"，4家公司表示参与"市场乱象"的检查整改，更有23家公司披露称接受了"三三四十"的现场检查。另外，还有5家公司表示监管部门对其进行了"双录"情况的评估检查。

从2018年初信托业已经"收获"的8张罚单来看，监管"一直在路上"，甚至一直在加强。期待在监管机构的引领下，引导信托公司整章建制、补齐管理短板，促进信托审慎合规经营、切实履行受托责任，继续推动信托全行业更加良性发展，为服务实体经济贡献更多正能量。

资料来源：闫晶滢．"强监管"在路上——引导信托行业良性发展［N］．证券日报，2018-05-09.

思考题：1. 我国信托行业的监管趋势是什么？
　　　　　2. 这种监管趋势对我国信托机构的发展有何影响？

📖【本章小结】

信托监管是指政府监管机构、自律性组织等对整个信托行业行使监督管理权的行为，一般包括行政监管和自律监管。从经济理论层面理解，市场失灵一般被认为是政府干预存在的理由，信托市场作为金融市场的主要组成之一，也存在着市场失灵的问题，一般包括信托业信息失灵、信托产品具有准公共产品性以及信托业的效率性与稳定性。

纵观中国信托业监管的发展历程可以分为三个阶段，分别为信托业监管的治理整顿阶段、信托业监管的制度规范发展阶段以及信托业监管制度的逐渐成熟阶段。自2010年，信托业按照新"一法三规"要求做新的调整，更多地限制了信托业的固有业务，改变了固有业务与信托业务的比例，逐步使信托业务成为公司的主要业务收入来源。同时，加强了信托业和信托业务的监管，降低了信托业的风险。

中国信托行业虽然经历了这样的五次调整，但是目前仍存在许多问题：（1）对信托市场定位不准；（2）对信托业务界定不明；（3）信托资金来源受限；（4）信托立法不完善；（5）信托监管漏洞多。

这些问题的存在为我国信托业监管改革指明了方向，可以从以下四方面做努力：（1）重建信托理念；（2）健全社会法制体系；（3）对信托业实施分类监管；（4）依靠市场监管完善信托监管。

✍【复习思考题】

一、名词解释

信托监管　行政监管　市场失灵

二、选择题

1. 通过加强企业经营管理、操作流程管理以及法人结构治理，建立长期战略决策，避免内部问题滋生，属于（　　）。

A. 行政监管　　　　B. 自我约束监管　　　C. 行业自律监管　　　D. 市场监管

2. 2010 年，我国信托业的新"一法三规"不包括（　　）。

A. 中华人民共和国信托法　　　　　　　B. 信托公司管理办法

C. 信托公司集合资金信托计划管理办法　　D. 信托业务会计核算办法

3. 我国信托业的监管部门为（　　）。

A. 中国人民银行　　B. 银保监会　　　　C. 证监会

4. 信托市场中存在信托机构"搭便车"现象影响投资决策质量，加大风险原因是因为信托产品具有（　　）。

A. 流动性　　　　　B. 盈利性　　　　　C. 竞争性　　　　　D. 公共性

5. 我国第一部规范信托关系的基本法是（　　）。

A. 信托公司管理办法　　　　　　　　　B. 信托业务会计核算办法

C. 中华人民共和国信托法　　　　　　　D. 信托投资公司内部控制指引

三、问答题

1. 简述我国信托业监管存在的问题。

2. 简述我国信托业监管改革的做法。

3. 简述信托业市场失灵的原因。

选择题答案

1. B　2. D　3. B　4. D　5. C

第五篇
融资租赁业安全

第二十章

融资租赁业安全概述

【教学目的和要求】

通过本章的学习，使学生掌握融资租赁的含义和特征，了解融资租赁业在国内外的发展现状。掌握融资融资租赁风险的含义，掌握信用风险、市场风险、操作风险和流动性风险等融资租赁业风险类型的具体内容，在此基础上，充分认识进行融资租赁业风险管理的现实意义。

第一节　融资租赁业的起源与发展

一、融资租赁的含义及特征

（一）融资租赁的含义

融资租赁也称金融租赁，是将传统的租赁、贸易与金融方式有机组合后而形成的一种新的交易方式。金融租赁的基本含义是，出租人根据承租人选定的租赁设备和供应厂商，以对承租人提供资金融通为目的而购买该设备；承租人通过与出租人签订融资租赁合同，以支付租金为代价，而获得该设备的长期使用权。对承租人而言，采用融资租赁方式，通过融物的方式实现了融资的目的。

（二）融资租赁的特征

融资租赁的主要特征：由于租赁物件的所有权只是出租人为了控制承租人偿还租金的风险而采取的一种形式所有权，在合同结束时最终有可能转移给承租人，因此租赁物件的购买由承租人选择，维修保养也由承租人负责，出租人只提供金融服务。

租金计算原则：出租人以租赁物件的购买价格为基础，以承租人占用出租人资金的时间为计算依据，根据双方商定的利率计算租金。金融租赁实质是附在传统租赁上的金融交易，是金融工具的一种特殊产品。它和贸易结合起来，因此必须是两个合同、三方当事人才能完成整个交易。

金融租赁具有两个基本功能：一是融资功能，二是推销功能。理论上讲，经济发展时期它的融资功能发挥主导作用，经济萧条时推销功能发挥主导作用。由于它具有逆市发展的特点，对国家经济有重大的调节作用，因此各国政府为了扶持融资租赁业的发展，给予其特殊的优惠，使融资租赁业飞速发展起来。

二、融资租赁业的发展情况

（一）融资租赁业在国外的发展

融资租赁是二战后产生于美国的一种新型金融工具，20 世纪 50 年代以来，现代科学技术的高速发展使得资本设备更新周期大大缩短，而融资租赁方式凭借其在加速折旧、促进企业技术改造、提高企业竞争力方面所具有的独特优势，一经出现便得到了迅速发展。据世界银行国际金融公司统计，1992 年，全世界的设备购置中有 67% 是通过融资租赁方式取得的。截至 1994 年，全世界已有 80 多个国家引入了租赁业。到目前为止，金融租赁在国际资本市场上已占有十分重要的位置，与银行、证券市场一起成为企业融资的三大渠道。融资租赁在出现至今短短 50 多年的时间里，已经成为仅次于银行信贷的第二大融资方式。

（二）融资租赁业在中国的发展

我国融资租赁业兴起于 20 世纪 80 年代，之后经历了曲折的发展历程。1980 年，中国国际信托投资公司率先承做了我国第一笔融资租赁业务——利用融资租赁方式为河北省涿县塑料厂引进编织机生产线，取得了良好效果。1981 年 4 月，我国第一家租赁公司——中国东方租赁公司成立。同年 8 月，中信公司又与国家物资部等单位联合组建了我国第一家属于非银行金融机构类的、完全由中资组成的租赁公司——中国租赁有限公司。这笔业务与这两家租赁公司的成立，标志着我国现代租赁信用——融资租赁业的开端。此后，我国相继成立了环球、有色金属、光大、北方、国际等中外合资租赁公司和一些中资租赁公司。

30 多年来，融资租赁业的发展进程与我国经济发展的速度基本同步，可以划分成三个发展阶段。

第一个阶段是 20 世纪 80 年代初到 1993 年前后。这个阶段被业界称为引进后的发展阶段：中国租赁公司的数量不断增加，业务不断增长；但在当时，几乎所有的金融租赁公司都在"不务正业"，跟银行抢做贷款业务。由于当时的贷款利率高，金融租赁也荒废主业，依靠副业畸形发展。

第二个阶段是问题丛生阶段。整个行业的畸形发展导致最终中国金融租赁业的道路越走越窄，不少人也开始对这个行业失去信心，从 1993 年前后到 1997 年前后，租赁公司总体受到巨大的挫折，相当多的租赁公司业务迅速萎缩。在国家对金融租赁业采取实质性动作之前，央行的一项统计表明，从 1981 年成立第一家金融租赁公司到 1999 年年底，中国金融租赁业共有 15 家租赁公司，资产总额 182 亿元，累计租赁业债务额 1 900 亿元。

第三个阶段可以称为重组再生阶段。2000 年 6 月央行发布实施《金融租赁公司管理办法》，为兑现我国 2001 年加入 WTO 时的承诺，2001 年 3 月，外经贸部颁布了

《外资租赁公司审核批准管理暂行条例》，2004 年，商务部宣布允许外商独资成立融资租赁公司。为应对外资融资租赁公司的进入，2004 年下半年，商务部和国家税务总局联合开展内资租赁企业从事融资租赁业务的试点工作。中国的金融租赁行业虽然与一些发达国家甚至发展中国家相比有一定的差距，但是近几年来仍取得了长足的发展。2007 年，我国融资租赁业步入了恢复发展时期。2007 年 3 月，银监会发布了修订的《金融租赁公司管理办法》，允许符合条件的商业银行设立或参股金融租赁公司，宣告我国融资租赁业进入了新的发展时期。2010 年银监会批准了 5 家（第二批）金融租赁公司的成立，主要为农银金融租赁有限公司、兴业金融租赁有限责任公司以及光大金融租赁公司等。2012 年以来，我国融资租赁企业的家数快速增加，融资租赁合同余额快速增长。融资租赁企业家数由 2008 年的 107 家增加到 2012 年的 560 家，2013 年增加到 1 026 家，截至 2014 年上半年，融资租赁企业达到 1 350 家；融资租赁合同余额由 2008 年的 1 550 亿元增加到 2012 年的 15 500 亿元，2013 年增加到 21 000 亿元，2014 年业务总量为 32 000 亿元，2015 年我国融资租赁的业务总量为 44 400 亿元，2015 年比 2014 年增加了 12 400 亿元，增长率为 38.75%。

2018 年 5 月 8 日，商务部办公厅发布通知，商务部将融资租赁公司业务经营和监管规则职责划给中国银行保险监督管理委员会，这一举措将促进对融资租赁行业的清理整顿，我国融资租赁行业或将踏入新的阶段。

第二节 融资租赁业风险

一、融资租赁业风险的含义

融资租赁风险是指给融资租赁业务带来损失、违约，或者发生偏离融资租赁经营管理者（出租人）预期值的不利事件的可能性。融资租赁风险可能发生在两个层次上，即公司层次的风险和项目层次的风险。

本质上，融资租赁业务是一种融物与融资相结合的特殊金融业务，它具有一般金融风险的特征，比如从分类上来说，它也有信用风险、市场风险、操作风险、流动性风险等，但是融资租赁风险与其他金融机构业务（如银行贷款、证券买卖等金融业务）的风险相比，也有其自身的一些特殊性。

二、融资租赁业风险的类型

（一）信用风险

融资租赁的信用风险是出租人不能按时足额收回租金的一种可能性，是由于承租人信用问题产生的，承租人信用问题导致租金缴纳的拖延或甚至不能交付的可能性而对出租人带来的损失称为信用风险损失。产生信用风险的原因主要有三方面：一是由于租赁设备本身损失带来的风险，根据租赁合同，承租人负有对租赁设备的维修、保养业务，保证租赁设备正常运转，并在合同期满后完好无损地返还租赁物品的责任。

如果出现承租人不能合理使用、维修、保养所租设备，出现掠夺式使用或其他短期行为的道德风险，就会给出租人造成财产损失。二是由于承租人因其他业务经营不善而造成企业现金流量短缺，无法按时支付租金而造成的信用风险。三是承租人故意拖欠租金。其他还有融资租赁合同中途解约等造成的信用风险。

（二）市场风险

由于市场价格变化给融资租赁收益和租赁资产价值带来的不确定性，即为市场风险。对融资租赁来说，直接影响融资租赁收益和租赁资产价值的市场风险主要有利率风险和汇率风险两种。

1. 利率风险。融资租赁的租金构成的一个重要因素是利息。在按固定利率计算租金的情况下，如果市场利率上升，已经发生的租赁产品的内在价值就会下降，因而会给出租人带来潜在的损失；反之，如果市场利率下降，租赁产品的价值就会上升。

租金计算中以固定利率（复利概念）为多，因为一般来说承租人希望有一个固定的租金支付额和支付期限，而不希望承担利率风险，但对租赁公司或出租人来说，固定利率会带来利率风险。如果租赁公司按租赁项目单独筹资，若融资期限又与租赁期限一致，那么期限匹配较好，况且可以把筹资利息与租金构成的利息一致化，但这种筹资方式的成本也会随之增加，会影响租赁产品的吸引力。如果以出租人筹集的全部长短资金统筹运用，以平均成本进入租金，那么就会产生资金期限不匹配的情况，利率风险仍然会存在，特别在利率剧烈变动时，风险会很大，如果利率向上变动，则会给租赁收益带来很大的损失。

国内租赁业务中租金的计算也是以利率为基础的，在租金计算中，一般承租人会接受固定利率和固定租金的方法，所以一旦市场利率有较大变化，就会影响租赁资产的现值——资本化价值。如遇到利率处于上升时期，租赁公司将面临着潜在的资产价值的损失。如果公司的负债和资产在期限上不匹配，还会加大利率风险的影响程度。此外，随着我国融资租赁公司资产运作范围的扩大，政府债券等证券类的资产比重将会有所增加，这样租赁公司的证券投资也同样存在利率风险问题。

2. 汇率风险。汇率变动会给租赁收益带来风险，它发生在国际租赁中。在我国，一般来说，租赁产品购于国外，且以外汇支付，融资租赁公司通过向银行借外汇贷款，或利用对方提供的出口信贷来支付货款。租金的厘定如果以外汇作为租金计价货币，这样出租人把汇率风险转给承租人，但自己仍承担利率风险，如果将汇率风险转给了承租人，承租人又没有管理汇率风险的经验和技术，那么一旦汇率风险发生，就会影响到租金支付。另外，从国外设备到岸、提货到支付外币货款之间也会存在汇率风险，所以，发生在融资租赁交易中的汇率风险主要表现在两个方面：一是设备进出口过程中的商业性风险，就是从购货合同的签订到租赁合同的完成过程中，可能会因为汇率变动使进出口设备的实际支付成本发生变动，二是筹资过程中也会因为汇率变动而导致成本增加的风险，如在外币筹资中，本币贬值导致的支付成本增加。对我国的融资租赁公司来说，其业务范围大部分仍限制在国内，所以利率风险是市场风险中的重点。但融资租赁业务可能涉及购买国外的设备，甚至在国际市场融资，因而汇率风险也是不可忽视的。

（三）操作风险

操作风险是指在租赁业务中，由于内部控制或信息系统失灵而引起的损失风险。引起操作风险的很大一部分原因是由于内部控制制度不严、评估体系不健全或对操作人员的管理不严，有时也由信息流通不畅造成的。如进行融资租赁业务之前，没有科学地对租赁设备的投资及市场前景等进行项目评估，盲目扩展业务规模，或凭私人交易进行融资租赁投资，结果可能招致租金回收的困难；或者由于经营不善，造成筹资不足，未能按购货条款付款，造成供货人拒绝或推迟供货，使承租人不能如期使用设备，也无法按时向出租人支付租金，从而给出租人带来风险。

（四）流动性风险

在金融交易中，流动性风险包括两个方面：交易头寸的流动性和获得充足资金的可能性，也可以分为产品流动性风险和现金流风险。在融资租赁交易中，交易头寸的流动性总是不足的，即转让租赁产品较为复杂、不易，所以对于融资租赁公司来说，流动性保证来自是否能获得周转资金的来源。以下几个方面会影响流动性问题：（1）进入同业货币市场的便利程度；（2）资本充足性程度；（3）流动性资产（如国债）占总资产的比例；（4）单个租赁投资的集中程度；（5）租赁投资的产业分散性等，这些因素不同程度地对租赁公司流动性产生影响。

（五）具体的独资租赁资产组合的风险特征

融资租赁项目的资产分散性特征较差，融资租赁产品总是同种性质的期限较长的金融产品，它们的风险特征差别不大，本身不具有组合投资分散风险的能力。如果监管当局对融资租赁公司租赁业务比重有较高的要求，那么，对整个公司来说，分散风险的可能性就更小。

（六）租赁风险与产业周期关系密切

融资租赁业务的成功与否在于项目选择，且由于租期长的特点，项目选择就必须着眼于成长性产业和有发展前景的企业。租赁项目选择必须研究产业发展序列，熟悉国家产业政策的动向，熟悉地方财税政策及动向。如果不进行产业周期和产业发展的研究，融资租赁业可能会陷入周期性或结构性危机。

（七）租赁风险与商业周期关系密切

融资租赁业介入的主要是设备投资领域，一旦商业周期陷入低点，设备的闲置不可避免，进而给租金回收和设备回收带来困难。可见，融资租赁交易与其他金融交易相比，具有风险暴露期长，信用风险、利率风险、操作性风险、流动性风险大，难以享受风险分散的好处以及与产业周期和商业周期关系较为密切等特征。这就要求融资租赁风险管理，除适用金融机构风险管理的一般原理外，还必须有适用融资租赁风险管理的特殊要求。

表20-1列举的融资租赁业务与另外两种常见的金融业务——银行贷款和证券投资业务在风险管理上的差异。

表 20 – 1 　　我国融资租赁业务与银行贷款业务、证券投资业务在风险上的差异

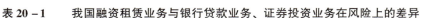

	融资租赁	银行贷款	证券投资
信用风险	（1）期限长，通常为 3~5 年，加大了系统性和系统性风险； （2）由于缺乏银行的储蓄、结算及网络功能，对承租人的财务状况的监督存在滞后，加大了信用风险； （3）技术进步快带来的设备的技术贬值快，这使承租人加快设备更新，客观上加大了承租人中途租约或退租的可能	平均期限小于融资租赁业务，相应的信用风险比融资租赁业务小一些	证券的流动性大，降低了证券投资信用风险，特别是对信用级别较高的短期证券的投资，其信用风险很小
市场风险	（1）传统简单的融资租赁习惯采用等额年金法计算租金，租金在租期内固定不变，但利率市场化的推进会影响公司的资产价值； （2）租赁公司资产结构不匹配加大公司利率风险； （3）租赁公司在进口设备时通常采用借外汇、以外汇支付货款，而承租人则由于期限长、支付期数多而以人民币结算，从而形成公司的汇率风险； （4）衍生工具的应用可以规避利率风险，但同时又产生衍生工具本身的风险问题	从期限和流动性角度看，利率风险小于融资租赁，银行有效的资产负债管理可以降低利率风险	市场风险直接表现在证券价格的波动上，在非固定收益证券上的投资面临很大的市场风险
流动性风险	（1）头寸流动性风险表现为融资渠道单一，不享受人民银行再贷款，再贴现政策难以进入同业拆借市场； （2）资产流动性差，现有政策决定了租赁资产的不可转让性； （3）一次性投入大，回流时间长，资产负债比例调节余地很小	贷款流动性本身是比较差的，特别是在不良贷款比重高的情况下，流动性风险将更加突出，但银行可以通过资产组合等措施来降低流动性风险	流动性风险取决于投资的证券类型，投资于期限长、流动性差和高风险级别的证券会加大流动性风险
操作风险	（1）业务流程复杂，涉及面广，客观上需要具备技术、金融、会计、法律等多方面的专业知识的高素质的综合性、复合型人才； （2）综合类租赁公司业务通常涉足的产业跨度大，而市场、技术、设备等方面的信息不对称加大了风险； （3）租赁业务在设备选型、采购及合同制定谈判中独立性强，"暗箱操作"可能性加大	尽管贷款风险调查过程类似于租赁业务，但相对来说业务的复杂性和个性化程度小于融资租赁业务，操作风险小于融资租赁业务	操作风险主要来自于内控制度的完善和外部监督的有效性
风险分散	风险比较集中	比融资租赁业务的风险分散性好	可以通过分散投资来降低风险；通过衍生工具来实现对冲
内部风险管理	处于低级阶段	开始利用先进的风险管理工具和方法	开始利用先进的风险管理工具和方法
外部监管	处于低级阶段	外部监管较为成熟	开始重视外部监管

第三节　融资租赁业安全管理

一、我国融资租赁业加强风险管理的紧迫性

随着融资租赁业的快速发展，市场竞争越来越激烈，利润水平不断下降，加之国内融资租赁业功能不完善，整体管理水平低，运行方式单一，运行风险也日趋加大。目前我国融资租赁业的在险价值相当巨大，租赁债务长期拖欠，已严重影响到融资租赁业的进一步健康发展。

（一）从外部环境看

一方面源于其还未被社会各界广泛认识，国内很多企业对融资租赁业务了解甚少，对于以融资租赁方式添置设备和以抵押贷款、分期付款等方式购置设备的本质区别还没有搞明白，制约了行业的发展；由社会信用机制缺损带来的整个社会信用低下，不可避免地传导到融资租赁的承租人一方，使租金的回收和剩余设备回收带来困难；法制观念低下和监管不力使得社会信用问题更为严重，从而也使得出租人（债权人）利益缺乏保障。另一方面，政策环境不够宽松，也限制了融资租赁业的发展。

（二）从融资租赁企业自身看

1. 风险管理手段依然主要停留在原有计划经济体制下的方法上，没有建立科学的风险管理体制，是导致融资租赁风险的重要因素之一。公司治理机制和风险管理体系正在或有待于建设，内部控制制度尚不够健全，使得部分公司内部违规、违法案件不断，决策性或操作性风险较严重。

2. 我国融资租赁业务的历史尚短，租赁设备渗透率很低，开展业务的经验尚不足。特别是现代融资租赁的新技术、新方法的应用较为薄弱，租赁人才不足，加之已加入世界贸易组织，在融资租赁业上的承诺已完全放开，即允许外资融资租赁公司与中国公司在相同的时间提供融资租赁服务。面对外资融资租赁公司的进入，国内融资租赁公司将冒着份额减少和竞争力不足的危险，从而可能给国内融资租赁公司带来信誉风险。

二、研究融资租赁风险的意义

融资租赁本身就是风险管理的产物，融资租赁与银行贷款相比有其先天的优越性，可以在出现不良状况的时候收回设备。自引入我国以来，为我国工业发展和技术进步作出了巨大的贡献，其作为一项极其复杂的经济活动，从产生开始就充满了各种风险和挑战。改革开放初期，社会主义市场经济体系不够健全，企业的负债意识尚未形成，经济发展环境缺乏有效规范，这严重影响了融资租赁业务的正常有效运行。时至今日，尽管租赁业务对国家的经济发展不断作出重要贡献，但租金拖欠等问题仍在限制租赁业务在我国的进一步发展。所以完善融资租赁的风险控制机制显得越来越重要，无论是对租赁公司还是承租企业来说，建立和加强风险意识的概念以及有效预测和控制融

资租赁的风险成为租赁行业健康发展的必要保证，同时还应该总结过去的经验和教训，促进融资租赁行业在未来得到快速而健康的发展。

📖【本章小结】

融资租赁是将传统的租赁、贸易与金融方式有机组合后而形成的一种新的交易方式，融资租赁也称金融租赁。

融资租赁具体有以下特征：由于租赁物件的所有权只是出租人为了控制承租人偿还租金的风险而采取的一种形式所有权，在合同结束时最终有可能转移给承租人，因此租赁物件的购买由承租人选择，维修保养也由承租人负责，出租人只提供金融服务。

融资租赁风险是指给融资租赁业务带来损失、违约，或者发生偏离融资租赁经营管理者（出租人）预期值的不利事件的可能性。

风险类型一般包括：信用风险、市场风险、操作风险和流动性风险，融资租赁业务与具体的融资租赁资产组合的风险特征、产业周期和商业周期关系密切。

✍【复习思考题】

一、名词解释

融资租赁　融资租赁的信用风险

二、选择题

1. 融资租赁风险是指给融资租赁业务带来损失、违约，或者发生偏离融资租赁经营管理者（出租人）预期值的不利事件的可能性。风险类型一般包括（　　　）。

A. 信用风险　　　　B. 市场风险　　　　C. 操作风险　　　　D. 流动性风险

2. 在金融交易中，流动性风险包括（　　　）。

A. 交易头寸的流动性　　　　　　　　B. 获得充足资金的可能性

C. 产品流动性风险　　　　　　　　　D. 现金流风险

3. 融资租赁具有的两个基本功能包括（　　　）。

A. 融资功能　　　B. 推销功能　　　C. 信用中介　　　D. 信息反映

三. 问答题

1. 谈谈融资租赁业务中信用风险的产生原因。

2. 谈谈我国融资租赁业加强风险管理的紧迫性。

选择题答案

1. ABCD　2. ABCD　3. AB

第二十一章

融资租赁业风险与安全

【教学目的和要求】

通过本章的学习，使学生了解融资租赁公司的分类，熟悉融资租赁业务典型行业的基本概念和行业特征，并掌握飞机融资租赁业务和工程机械融资租赁业务两种典型融资的风险管理措施和手段，并对以飞机融资租赁业务和工程机械融资租赁业务为代表的典型融资租赁业务的常见风险与控制手段有全面的了解。

第一节　融资租赁业务的分类及概述

一、融资租赁公司分类

与国际上融资租赁公司依据其出资人而分类不同，我国融资租赁公司分类的依据是其不同的监管部门。目前我国纳入监管的融资租赁公司主要分为以下三类：由银保监会监管的金融租赁公司、由商务部监管的外资融资租赁公司（以下简称外资租赁公司）和由商务部流通业发展司及国家税务总局共同监管的内资试点融资租赁公司（以下简称内资租赁公司）。

根据股东背景的不同，融资租赁公司主要分为以下三类：银行系、厂商系和独立第三方。三类公司在资金、客户资源各具有优势和劣势，也据此产生不同的经营定位。

（一）银行系租赁公司

银行系租赁公司具备稳定充足资金来源的优势，也在很大程度上依赖股东的营销网络拓展业务，它可以利用银行的资金和成本优势，既为企业提供新的融资渠道，又间接为银行创造利润。这类公司不仅在本土开展租赁业务，还把业务拓展到海外。此类融资租赁公司的国际代表性企业有加州联合银行租赁公司，国内代表性企业有国银租赁、工银租赁等。

从租赁公司的业务模式来看，金融系租赁公司的主要业务模式包括：类信贷租赁模式，对厂商批发租赁模式，飞机、船舶 SPV（Special Purpose Vehicle）租赁模式。

（二）厂商系融资租赁公司

厂商系租赁公司由设备制造商成立，主要为其母公司的客户提供融资，核心业务目标为促进母公司产品销售，因此厂商系租赁公司的业务范围也局限在母公司的产品销售融资上，较少参与其他租赁业务领域。目前国内越来越多的大型设备制造商也开始组建自己的融资租赁公司。该类公司拥有对租赁物进行维护、增值和处置的专业能力，具备较为发达的市场营销网络、广泛的客户群体和客户的经营能力信息，因此主要专注于厂商的自有客户和自身设备。许多大型的生产商都有自己的租赁公司，如惠普金融服务公司、中联重科融资租赁有限公司等。

（三）独立第三方融资租赁公司

独立第三方融资租赁公司的股东多为大型外贸、物流、综合性企业集团，或是专业的投资机构。依托股东资源，该类租赁公司要么有长期的资金来源，要么有广泛的客户群体，并通常具备明确的行业定位和专业优势。其最大的优势就是独立性，不依赖银行也不依赖厂商，而是通常以合作的方式借助他方优势灵活地设计租赁产品。独立第三方融资租赁公司在客户选择及经营策略上更加独立，除提供基础的融资租赁服务外，还通过提供定制的租赁增值服务以迎合客户的特别需求，租赁产品更为广泛，方式更为灵活。这类公司的数量在融资租赁业中所占的比重也最大，典型代表性企业有鑫桥租赁、环球租赁、远东租赁等。

二、融资租赁业典型行业

融资租赁公司很多风险因素是核心任务不突出，所以为了加大对融资租赁业务的风险控制，融资租赁公司要向专业化发展，扎根专业领域，否则就会成为一个"假银行"，而且很多行业都有其自身的特殊性。

（一）飞机融资租赁

对于航空公司来说，购买飞机无疑是最为昂贵的投资决策，同时，也需要从外界获得大量的融资支持。因此，航空公司使用一系列创新性的融资工具来购买飞机，而飞机租赁则为那些资金短缺、营业利润较低以及客户需求量不定的航空公司提供了另外一种可以直接购买飞机的方法。航空公司能够从这样的巨额资产折旧中获得很大利益，然而通过经营租赁降低航空公司运营成本也能为航空公司带来更大的价值，而且一些航空公司选择飞机租赁也是出于飞机短期或者中期管理运营等方面的考虑。

1. 飞机融资租赁的基本概念。飞机融资租赁是指出租人把飞机所有权以外的全部经营责任转让给承租人，承租人承担飞机的维修、保险和纳税等责任。租赁期接近飞机的全部使用寿命，出租人在租赁期内收到的租金与飞机的期末残值之和足以使出租人收回投资并取得投资收益。租赁期结束时，承租人有飞机的购买、续租或退租选择权。融资租赁是一种不可撤销的可以完全支付的长期租赁合同。

近年来，飞机租赁已经成为航空业投资组合的一个重要来源。航空运输业的发展以及可以通过投资组合来分散风险是飞机租赁需求产生的根本原因。

2. 飞机融资租赁业务的特征。在融资租赁中，航空公司会承担所有权带来的部分风险和收益。航空公司可以从每年的应纳税所得额中扣减折旧费用及租金的利息费用。

飞机融资租赁有多种做法，较多采用的是杠杆租赁，利用英、美出口信贷支持的及利用一般商业贷款的融资租赁。杠杆租赁是涉及第三方贷款人的售后回租的一种变体。在三方杠杆租赁下，出租人借入部分资金对租赁给承租人的飞机进行融资。航空公司以融资为目的，从而最终获得租赁。

资产（飞机）的所有权。租赁期满，租赁资产的所有权为承租方所有，一般租赁期限较长。对承租人来说，实际上是以租金的形式分期付款购买了飞机。在租赁期中，有关飞机的保养、维修等费用全由承租人承担，但同时因使用飞机而产生的效益也全部由承租人独享。

（二）工程设备融资租赁

近年来，由于我国经济实力的显著增强及基础设施投资的加大，基础设施建设推进了工程机械行业的发展。由于工程机械通常都是高科技专业设备，具有售后服务较为单一，单台设备金额较大，通常采用分期付款的方式等特点，工程机械使用都非常适合使用融资租赁这种方式。因此，融资租赁已经成为最受工程机械行业欢迎的购买方式之一。

1. 工程机械融资租赁的概况。工程机械是指用于城乡建设、港口、农田等各项基本设施建设的机械；凡是土方工程、石方工程、混凝土工程及各种建筑安装工程在综合机械化施工中所必需的作业机械设备，统称为工程机械。

融资租赁在工程机械行业具有重要作用，例如产品的生产过程和销售过程，可以帮助企业扩大生产规模、促进产品销售以及拓展市场份额等。工程机械融资租赁业务同样涉及供应商（租赁物制造商）、出租方（租赁公司）和承租方（用户）。三方当事人签署两个或两个以上的合同，承担相应的风险和收益，共同合作。

2. 工程机械融资租赁业务的特点

（1）工程机械融资租赁是资金运动也是物资运动。由厂商组建或者控股的融资租赁公司可以解决融资租赁公司的设备购置资金，同时也为银行等金融机构提供了有效的投资渠道；融资租赁承租人交保证金和租金，获取租赁设备的使用权。

（2）工程机械代理商在融资租赁中一方面是工程机械营销体系的重要组成部分，鉴于工程机械行业的特殊性，对代理商的资金实力、抗风险能力、售后服务水平都有较高的要求，代理商是工程机械营销活动中的关键环节，是目前工程机械行业的主要销售模式；另一方面在整个业务模式中充当了第三方担保人，是信用风险控制的关键之处。

（3）工程机械行业承租人的收益受工程项目的收益影响。工程机械总承包商在融资租赁过程作为承租人的担保人，为设备融资租赁垫付一定的资金，并利用项目收益对承租人的信用风险进行一定的控制。

（三）医疗设备融资租赁

1. 医疗设备融资租赁的基本概念。医疗设备融资租赁是指相应的医疗设备及供应商（生产商）办妥相关医疗设备引进审批手续后，租赁公司根据医院要求购进选定的设备并付给医院使用，医院在试用期内分期支付一定金额的租金，一次取得设备的使用权和收益权，在租期结束时医院支付较低的设备残值后即可取得设备所有权。根据定义，在融资租赁期间，在医院拥有的是使用权和收益权，而租赁公司拥有设备所有权，租赁期结束后，所有权归医院。

2. 医疗设备融资租赁行业现状。伴随着国家经济的迅猛发展，我国的融资租赁行业也将逐渐与国际接轨，走入发展的快车道，而融资租赁以其融资与融物相结合的独特优势为医疗设备融资提供了一条新的路径。目前医院经营体制逐步在改变，医院正逐渐被推向市场，进入大规模的改造期，包括新病房大楼的基建和现代化医疗设备的添置，使得国内医疗设备市场需求激增，仅大型设备进口一项每年就耗费巨资。传统的融资渠道远远不能满足医院购置医疗设备的资金需求，而融资租赁能够凭借其独特的优势为医院提供灵活、便捷的融资服务，成为上级拨款、银行贷款不足时的有益补充，同时也为医疗设备供应商拓宽了市场。

第二节　飞机租赁业务风险控制措施

一、飞机出租人面临的风险因素

飞机租赁业务中飞机出租人面临的主要风险因素通常包括政治风险、自然风险、技术风险和税务风险。

一是政治风险。政治风险的主要表现形式有：对租赁飞机采取限制态度，对租赁飞机的征用、抵押和没收。政治风险具有偶然性和突发性的特点，这类风险很难预料，但影响很大。

二是自然风险。自然风险是指由于不可抗力的自然原因，如风、火、洪水、雷击、冰雹等灾害，对租赁飞机造成损坏或毁坏，而给承租人带来的损失。

三是技术风险。融资租赁的优点之一就是在先进的技术和设备刚刚问世的时候，就可以领先于其他企业引进并使用，但是在经过五至十年乃至更长的时间，原本先进的技术也许已经被更为先进的技术所替代。技术风险是指在租赁期内，由于科学技术的飞速发展，适用于我国的、更先进的新飞机的出现，使得民航已租用的飞机失去了经济价值，从而承租人无法偿还租金，或者即使支付了租金，再继续租用已毫无意义而带来的风险。

四是税务风险。税务风险是飞机租赁中所特有的风险，它是指出租人所在国的税法变动而给出租人带来的经济损失，从而出租人要求承租人做出赔偿的风险。我国航空公司融资租赁的飞机，有相当一部分是以出租人所在国的减税优惠为基础的，当出租人所在国涉及租赁飞机的纳税条例特别是税率发生变化时，对出租人的减税利益有极大的影响，因为出租人向承租人收取的租金是考虑了减税优惠而确定的。一旦租赁期内出租人所在国的税法发生不利变化，租赁公司就会受到损失，此时它们就会要求提高租金以弥补损失。

飞机出租人面临的风险因素还包括信用风险和金融风险。

二、飞机租赁中的风险控制策略

（一）政治风险的防范策略

对于政治风险而言，虽然融资租赁企业不能准确预测或控制政治风险，但企业仍可借助保险制度将自担的风险转嫁。若承租方国家的保险公司不接受此险种，则经过双方协议可由该国家银行出具担保函。同时也应随时关注国内外的政治经济形势和政策走向，以便及时采取策略，主动进行风险回避，从而避免和降低政治风险。

（二）自然风险的防范策略

这类风险的规避方法与政治风险类似，也可以通过保险的方法，将租赁飞机的不确定损失转化为固定的费用，向保险公司转嫁。我国民航在租赁飞机时，都要向保险公司投保，一旦发生自然灾害造成飞机的损坏或毁坏，民航可以获得赔偿并用赔偿金向出租人偿还尚未支付的租金及相关损失。对于融资租赁的飞机，有关法令规定还必须投保机身险、机身战争险和法定责任险。

（三）技术风险的防范策略

由于技术风险的存在，在租赁飞机前，应做好飞机选型的评估。根据实践经验，规避技术风险的有效方法是：在选择租赁物前，充分调查、了解租赁设备技术水平以及更新换代的速度，尽量选择技术先进的租赁设备或租赁物。同时，如果租赁物技术更新速度较快，租赁期限就要相对缩短。遵循以上原则，在供货合同签订前，采用进行市场调查、征询专家意见的办法对租赁设备先进性、技术寿命进行评价，对最大限度地预防技术风险发生，起到一定控制作用。如果在租期内仍然发生了这类风险，那么一般应根据租赁合同经协商以向出租人支付灭失值的方法来解决。

（四）税务风险的防范策略

对于税务风险，航空公司要视不同情况采取不同方法，应尽量通过双方友好协商，寻求解决办法，把损失降到最低限度。如协商无法解决，则应商定解约条件，终止租约。航空公司对此的一般原则是：

（1）由于出租人经营利润额达不到减税额度甚至出现亏损，因而丧失部分或全部减税利益时，租金不予调整。

（2）因为出租人所在国法律或税法变更包括税率的变动和有关规定解释的改变，使出租人丧失部分减税利益时，租金也不予调整。但是如果当税率或折旧率发生重大变动，租金中利息的增加超过贷款利息的50%时，出租人要求调高租金，承租人有权提出解约要求。

（3）至于出租人所在国法律或税法变更，使出租人丧失全部减税利益，可以做解约处理，由承租人支付未完成协议值和提前终止协议值两个数中的较小者。

（五）信用风险的防范策略

在融资租赁业务中，因其业务复杂，涉及面广，当事人多如包括出租方、承租方、供货方及其他关系人等，一旦有一方当事人或关系人发生问题或违约，则其各方均可能受到不同程度的损失，从而承担不同程度的风险。因此，承租方应加强违约风险防范，其主要防范策略有：（1）选择较有实力的银行或其他金融机构作为经济担保人，

担保出租方履行合同；（2）认真依法签订租赁合同及订货合同，保证条款齐全并明确违约条款和责任。

（六）金融风险的防范策略

1. 利率风险的防范策略。国际性贷款利率变化呈上升趋势，此时应尽可能采用固定利率，以便于按计划支付租金，并避免利率风险。当国际性贷款利率处于下降趋势时，可采用浮动利率。国际性贷款利率变化趋势不确定时，可采用浮动利率，同时争取在采用浮动利率时加上一定的保护性措施。主要方法如下。

（1）航空公司在规定的利率基础上，经与出租方协商同意后，设置一个上下浮动幅度，利率在幅度内波动时，原先利率不予调整，双方各自蒙受损益。超过规定的上限或下限时，则可以根据事先商定的调整方法，或是调整原定利率，或是由受益方将部分利息或租金收入返给对方，使风险得到分散化。

（2）采用利率保险的办法，航空公司与金融保险机构磋商，制定一个阈值，利率在阈值以下波动时的损失由承租人负责，而在该值以上波动时的损失则由保险公司承担，但须支付一定的保险费。

2. 外汇风险的防范策略

（1）重视合同中货币的选择。选择国际市场上的可自由兑换货币。选择这样的货币，在汇价发生变动时，可以及时兑换，以转移汇率风险。应争取选用汇率有下跌趋势的软货币。

（2）以一篮子货币计价。选择若干种货币，并确定各种货币所占数额，组成一篮子货币。在订立合同中，应确定支付货币与一篮子货币的汇率，并规定一篮子货币中各种货币与保值货币之间汇率变化的调整幅度。由于一篮子数种货币的汇率有升有降，可以有效地规避外汇风险，把风险限制在一定的幅度内，对飞机融资租赁这类长期合同十分有效。

（3）用远期外汇交易的方法。承租方与银行订立远期外汇合同，约定将来某一时间，按协定汇率买入或卖出一定数量的货币币种，以支付到期的租金或债务，这样就不必担心将来汇率的波动，也有利于确定投资成本。

（4）采用外汇期权交易的方法。在外汇期权交易中，交易双方在合同中不同于远期外汇交易那样规定一个明确的交割日期，而只是规定一个交割期限，在这段时间内的任何一天，合同持有人有权按一定汇率买进或出售一定数量的外汇，合同持有人同时也可以根据情况放弃买进或放弃出售外汇的权利。

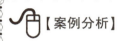【案例分析】

海航波音客机租赁项目案例分析

深圳金融租赁有限公司与海南航空股份有限公司（以下简称海南航空）于2013年1月签订了一架飞机的租赁合同，此举成功打破了国外公司长期以来对中国进口飞机租赁市场的垄断。海南航空通过租赁的形式引入新飞机不仅满足了航运能力不断增长的需要，而且还优化了资本结构。由于项目金额较大，本项目对海南航空公司而言，飞机引进中变化的是将银行贷款转成国内租赁由于采用租赁分期付款的形式，直接减轻了当期资金压力用人民币支付租金，不需要换汇支付，除消除外汇汇率风险之外，还节省了海南航空的许多工作，包括外汇指标申请、付汇等。深圳金融租赁有限公司需要通过外部融资来解决租赁项目的资金问题。

当时，开展过实质性飞机租赁业务的租赁公司有以下几家：深圳金融租赁公司、原德隆系下的上海新世纪金融租赁公司和新疆金融租赁公司以及远东国际金融租赁公司等。但是，多数租赁公司是进行飞机的尾款租赁。而深圳金融租赁有限公司的飞机租赁业务发展势头和前景是国内最好的。深圳金融租赁有限公司以飞机租赁在国内的租赁业中创出了自己的品牌，使得公司在金融界获得认可。一方面在飞机租赁业务领域大力拓展，另一方面也对航空公司的飞机发动机、航材、高价周转件等设备租赁进行开发，都取得了较好的发展势头。

深圳金融租赁有限公司借助国产支线飞机与西飞公司密切合作，垄断了飞机的租赁市场，在国内和东南亚地区造成了较大的影响。深圳金融租赁有限公司开展飞机租赁还具有良好的外部环境、资金优势。深圳金融租赁有限公司背后有中国银行深圳市分行提供雄厚的资金支持，在地理位置上该公司靠近香港，可以获得国际上先进的法律、财务等方面专家的有力支持，便于飞机租赁业务与国际接轨，公司较早开办国内飞机租赁业务，培养了优秀的飞机租赁业务骨干，为今后的进一步发展奠定了良好的基础。

资料来源：卜凡德．海航波音767客机租赁项目案例分析［D］．合肥工业大学硕士论文，2008.

思考题： 1. 通过对该案例的分析，你认为开展国内飞机租赁是否有必要？

2. 融资租赁公司该如何开展业务，降低业务风险？

第三节 工程机械融资租赁风险控制

一、租赁物选取风险的防控措施

（一）风险要素

（1）经营者往往无固定经营场所，工程机械随建筑工地变动而变动，部分经营者多有个人正常工作或从事工程承包业务。由于收入源与经营者在实际经营过程中相分离，进行机械设备租赁后，并不用参与实际的经营管理。

（2）由于客户是对所有设备进行租赁获得收入，因此对其工程设备所有权情况需确认，除部分资质较好购买新机械设备，大多数客户以购买二手设备和合伙经营居多，其实际所有性质难以把握，从而在对其从业真实性及收入形式的判断，会产生一定影响。

（二）防控措施

在实际作业过程中，对于设备日常施工、待工、修理等实际运行状态，承租方负责人均应在出租方的工作日志上签字认可，避免事后纠纷。其次，租赁双方应根据现代企业管理制度，明确出租、承租以及监理等各方的权责关系，各司其职、各尽其能，提高整体动作效率。租赁企业本身也应对设备的施工质量和运行情况进行实时监测，以做出适应性调整。

在设备维护方面，应密切人机关系，加强设备使用与维修的全程管理。租赁企业应完善设备随机工况、故障、修理等记录档案，实施故障动态检查；其次，现场负责人员可以利用设备表象和工作性能规律做出预判，及时排查故障隐患，相应延长大修期。此外，还应该充分利用工闲时期，按规定对设备进行批量定时维修。

二、经营性租赁风险的防控措施

（一）风险要素

（1）经营持续性与宏观政策、基建工程行业景气度密切相关。也就是说，工程机械与固定资产投资关系密切，属于投资带动型产品，市场需求在很大程度上受宏观经济政策、特别是投资政策的影响。

（2）租赁费拖欠现象普遍存在，造成租赁公司周转资金困难，使工程机械租赁公司常常因被拖欠的租金数额巨大而陷入经营困境，这种困难如果长期得不到解决，最终将导致租赁企业破产。

（二）防控措施

建立工程机械租赁网络。现阶段，企业间建立行业信息平台显得尤为重要，只有这样才能充分利用各自的资源和现代信息网络技术，做到优势互补，共同发展，共同抵御市场风险。其次，还可以建立工程机械租赁用户信用体系，加强工程机械租赁企业间横向联系，及时相互通报用户的信用状况。

工程机械租赁企业的大多数客户为施工单位，那么企业就应该针对不同客户的不同施工阶段提供不同的产品服务，包括提供技术支持，帮助客户搞好施工生产，争取与客户共赢。

此外，在项目选择时，严格控制合作对象，重点关注与国民经济及国家固定投资密切相关且近期受益的上市公司，以及出现实质性并购重组题材业绩大幅增长且后续有持续业绩支撑的上市公司，对规模较小、技术比较落后、产品产能过剩的企业，尽量减少额度，也是工程机械租赁防控风险的有效手段。

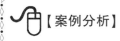 【案例分析】

盾构机出售回租

中国 TEJ 建设有限公司（即承租人）及其子公司主要从事各类型工业、能源、交通、民用等工程项目施工的承包，工程材料与设备采购（含铁路专用设备），工程技术开发与咨询，机械租赁，铁路临管运输与公路运输，铁路简支梁生产，仓储业务，房地产综合开发业务，是"上市公司投资者管理关系百强"企业之一，位居"中国国有上市企业社会责任榜"第52位，同时，被评为全国20家"最具影响力企业"之一。金控租赁公司（即出租人）于2001年在上海证券交易所挂牌交易，2010年实现营业收入546.88亿元，营业成本510.31亿元，是国有大型上市企业。由于承租人属于施工类企业，应收账款数额较大，为了补充企业流动资金，同时优化报表结构，配比多元化的融资模式，希望以出售回租的方式融资8500万元。

金控租赁公司通过对承租人的详细调研后认为：（1）承租人为国有大型上市公司，资产规模、现金流都较大，盈利能力较强，是公众监督、信息及时充分披露的主板上市公司，具有良好的信誉和口碑。（2）承租人具有铁路工程施工总承包特级、公路工程施工总承包一级、市政公用工程施工总承包一级、隧道工程专业承包一级、桥梁工程专业承包一级、公路路基工程专业承包一级、城市轨道交通工程专业承包资质等多个专业承包一级资质，取得了中国建设工程鲁班奖13项，国家优质工程奖13项，詹天佑土木工程大奖7项等多项荣誉。（3）承租人资产负债规模偏高，单从报表看长期还债能力不强，但是实际分析其资产及债务构成，承租人长期负债并不高，主要是施工应付账款及预收款项等流动负债较多，同时其应收款及预付款数量较大，是施工企业所具有的特点，属于正常现象。

根据以上对承租人综合情况的判断，金控租赁公司提出以下租赁方案：以其自有设备盾构机为租赁物做出售回租，融资8500万元，期限一年，每半年还租一次，无须任何抵质押条件。截至目前，承租人还款情况正常，并期待与金控租赁公司的后续合作。

资料来源：http：//blog. sina. com. cn/s/blog_ 5f3cc4e4010135ks. html。

思考题：思考在工程机械设备融资租赁业务中，对承租人的准入资质风险如何防范？

📖【本章小结】

我国融资租赁公司分类的依据是其不同的监管部门。目前我国纳入监管的融资租赁公司主要分为以下三类：由银保监会监管的金融租赁公司、由商务部监管的外资融资租赁公司和由商务部流通业发展司及国家税务总局共同监管的内资试点融资租赁公司。

根据股东背景的不同，融资租赁公司主要分为以下三类：银行系融资租赁公司、厂商系融资租赁公司和独立第三方融资租赁公司。

根据租赁业务内容的不同，我国融资租赁业务主要分为飞机租赁、工程设备租赁、医疗设备租赁等业务。

✎ **【复习思考题】**

一、名词解释

厂商系融资租赁公司　飞机融资租赁

二、选择题

1. 根据股东背景的不同，融资租赁公司主要分为以下三类（　　）。

A. 银行系　　　　　B. 厂商系　　　　　C. 独立第三方　　　　　D. 类信贷模式

2. 工程机械融资租赁业务的特点包括（　　）。

A. 工程机械融资租赁是资金运动也是物资运动

B. 工程机械行业承租人的收益受工程项目的收益影响

C. 工程机械代理商是融资租赁的重要组成部分

D. 工程机械融资租赁业务涉及供应商（租赁物制造商）、出租方（租赁公司）两方当事人

3. 飞机出租人面临的风险因素有（　　）。

A. 政治风险　　　B. 自然风险　　　C. 技术风险　　　　D. 税务风险

4. 飞机租赁中外汇风险的防范措施包括（　　）。

A. 选择可自由兑换的货币　　　　　B. 以一篮子货币计价

C. 利用远期外汇交易的方式　　　　D. 采用外汇期权交易的方法

三、问答题

1. 谈谈飞机租赁中的政治风险控制策略。

2. 谈谈融资租赁中汇率风险的控制策略。

选择题答案

1. ABC　2. ABC　3. ABCD　4. ABCD

第二十二章

融资租赁业监管

【教学目的和要求】

通过本章的学习，使学生掌握我国融资租赁业的监管目标，了解对融资租赁业进行监管的必要性和紧迫性，掌握对融资租赁业进行监管的具体内容、方式和要求。掌握对融资租赁机构和融资租赁业务进行监管的具体监管指标，熟悉针对不同监管对象和业务范围而采取的具体监管措施。

第一节　我国融资租赁业的监管目标

一、中国对融资租赁业监管的历史沿革

我国对融资租赁公司的监管法律制度有两种：商务部（2005 年）发布的《外商投资租赁业管理办法》、银监会修改（2007 年）的《金融租赁公司管理办法》，这两部规范性文件对我国的融资租赁监管起到了促进作用，较好地实现了我国当前融资租赁行业的有效监管。

2018 年 5 月 8 日，商务部办公厅发布关于融资租赁公司、商业保理公司和典当行管理职责调整有关事宜的通知，根据《中共中央关于深化党和国家机构改革的决定》等文件要求和全国金融工作会议精神，商务部已将制定融资租赁公司、商业保理公司、典当行业务经营和监管规则职责划给中国银行保险监督管理委员会，自 4 月 20 日起，将原由商务部监管的融资租赁公司有关职责由银保监会履行。此举毋庸置疑会产生积极的金融功效，意味着对准金融活动监管升级，监管统一只是监管升级的第一步，未来对融资租赁的监管必然会更加严格，对行业乱象的整顿必将加快步伐。这既是当前监管形势所迫，也是整顿金融市场不良之风、促进金融市场健康发展的必经之路。但由于有关细则截至目前尚未出台，本书所述融资租赁业监管专指金融租赁公司的监管。

二、中国的金融租赁业监管目标

中国的金融租赁业监管目标为：

1. 保证金融租赁公司的正常经营活动，鼓励其积极开拓市场、开发新产品，进一步提高租赁行业的市场渗透率，为中国经济发展增添新的活力。

2. 为金融租赁业创造一个公平竞争的良好环境，鼓励金融租赁公司积极参与市场竞争，提高经营效率。

3. 规范金融租赁公司的运行，防范金融租赁业的整体风险。

4. 促进中国金融租赁业健康、快速发展，鼓励国内金融租赁公司与国际金融租赁市场的竞争，逐步增强国内金融租赁行业在国际市场上的竞争力。

金融租赁是一种金融业务，也是一种特殊的金融工具。为了最大限度地减少系统性风险，除了企业内部加强对自身风险的控制以外，监管部门也要担起在宏观上控制风险的责任。

第二节　我国对融资租赁业的监管

2003 年中国银监会成立之后，负责对金融租赁机构进行监督与管理。根据 2007 年修订后的《金融租赁公司管理办法》（以下简称《办法》），对租赁业的监管主要有以下内容。

一、对金融租赁机构的监管

（一）金融租赁机构的设立

1. 申请设立金融租赁公司应具备的条件：

（1）具有符合本办法规定的出资人。

（2）具有符合本办法规定的最低限额注册资本，金融租赁公司的最低注册资本为 1 亿元人民币或等值的自由兑换货币，注册资本为实缴货币资本。中国银监会根据融资租赁业发展的需要，可以调整金融租赁公司的最低注册资本限额。

（3）具有符合《公司法》和本办法规定的章程。

（4）具有符合中国银监会规定的任职资格条件的董事、高级管理人员和熟悉融资租赁业务的合格从业人员。

（5）具有完善的公司治理、内部控制、业务操作、风险防范等制度。

（6）具有合格的营业场所、安全防范措施和与业务有关的其他设施。

（7）中国银监会规定的其他条件。

2. 金融租赁公司的设立需经过筹建和开业两个阶段

（1）申请筹建阶段。申请筹建时，需要向中国银监会提交的文件包括：①筹建申请书，内容包括拟设立金融租赁公司的名称、注册所在地、注册资本金、出资人及各自的出资额、业务范围等。②可行性研究报告，内容包括对拟设公司的市场前景分析、未来业务发展规划、组织管理架构和风险控制能力分析、公司开业后 3 年的资产负债规模和盈利预测等内容。③拟设立金融租赁公司的章程（草案）。④出资人基本情况，包括出资人名称、法定代表人、注册地址、营业执照复印件、营业情况以及出资协议。出资人为境外金融机构的，应提供注册地金融监管机构出具的意见函。⑤出资人最近 2 年经有资质的中介机构审计的年度审计报告。⑥中国银监会要求提交的其他文件。

（2）开业阶段。筹建工作完成之后，应向中国银监会提出开业申请，并提交以下文件：①筹建工作报告和开业申请书。②境内有资质的中介机构出具的验资证明、工商行政管理机关出具的对拟设金融租赁公司名称的预核准登记书。③股东名册及其出资额、出资比例。④金融租赁公司章程。金融租赁公司章程至少包括以下内容：机构名称、营业地址、机构性质、注册资本金、业务范围、组织形式、经营和中止、清算等事项。⑤拟任高级管理人员名单、详细履历及任职资格证明材料。⑥拟办业务规章制度和风险控制制度。⑦营业场所和其他与业务有关设施的资料。⑧中国银监会要求的其他文件。金融租赁公司的开业申请经批准后，领取金融机构法人许可证，并凭该许可证到工商行政管理机关办理注册登记，领取企业法人营业执照后方可开业。

（二）金融租赁机构的变更

金融租赁公司在变更名称、改变组织形式、调整业务范围、变更注册资本、变更股权、修改章程、变更注册地或营业地址、变更董事及高级管理人员、合并与分立及中国银监会规定的其他变更事项时，须报经中国银监会批准。

（三）金融租赁机构的整顿及接管

金融租赁公司违反有关规定的，中国银监会可责令限期整改；逾期未整改的，或者其行为严重危及该金融租赁公司的稳健运行、损害客户合法权益的，中国银监会可以区别情形，依照《中华人民共和国银行业监督管理法》等法律法规的规定，采取暂停业务、限制股东权利等监管措施。

（四）金融租赁机构的终止

金融租赁公司有以下情况之一的，经中国银监会批准后可以解散：（1）公司章程规定的营业期限届满或者公司章程规定的其他解散事由出现；（2）股东（大）会决议解散；（3）因公司合并或者分立需要解散；（4）依法被吊销营业执照、责令关闭或者被撤销；（5）其他法定事由。

金融租赁公司已经或者可能发生信用危机，严重影响客户合法权益的，中国银监会依法对其实行托管或者督促其重组，问题严重的，有权予以撤销。金融租赁公司因解散、依法被撤销或被宣告破产而终止的，其清算事宜，按照国家有关法律法规办理。清算组在清理财产时发现金融租赁公司的资产不足以清偿其债务时，应立即停止清算，并向中国银监会报告。经中国银监会核准，向人民法院申请该金融租赁公司破产。

二、对金融租赁业务的监管

（一）对金融租赁业务范围的监管

经银监会批准，金融租赁公司可经营的本外币业务包括：（1）融资租赁业务；

（2）转让和受让融资租赁资产；（3）固定收益类证券投资业务；（4）接受承租人的租赁保证金；（5）吸收非银行股东3个月（含）以上定期存款；（6）同业拆借；（7）向金融机构借款；（8）境外外汇借款；（9）租赁物品残值变卖及处理业务；（10）经济咨询；（11）银监会批准的其他业务。

此外，金融租赁公司不得吸收银行股东的存款，业务中涉及外汇管理事项的，需遵守国家外汇管理的有关规定。售后回租业务的标的物必须由承租人真实拥有并有权处分。金融租赁公司不得接受已设置任何抵押、权属存在争议或已被机关查封、扣押的财产或其所有权存在任何其他瑕疵的财产作为售后回租业务的标的物。售后回租业务中，金融租赁公司对标的物的买入价格应有合理的、不违反会计准则的定价依据作为参考，不得低值高买。

（二）对金融租赁业务指标的监管

金融租赁公司须遵循以下监管指标：

（1）资本充足率。金融租赁公司资本净额与风险加权资产的比重不得低于银监会的最低监管要求。

（2）单一客户融资集中度。金融租赁公司对单一承租人的融资余额不得超过资本净额的30%。

（3）单一集团客户融资集中度。金融租赁公司对单一集团的全部融资租赁业务余额不得超过资本净额的50%。

（4）单一客户关联度。金融租赁公司对一个关联方的融资余额不得超过金融租赁公司资本净额的30%。

（5）全部关联度。金融租赁公司对全部关联方的全部金融租赁业务余额不得超过资本净额的50%。

（6）单一股东关联度。对单一股东及其全部关联方的融资余额不得超过该股东在金融租赁公司的出资额，且应同时满足本办法对单一客户关联度的规定。

（7）同业拆借比例。金融租赁公司同业拆入资金余额不得超过金融租赁公司资本净额的100%。

（三）对金融租赁业务风险及财务的监管

金融租赁公司应实行风险资产五级分类制度（见表22－1）。金融租赁公司应当按照有关规定制定呆账准备制度，及时足额计提呆账准备，否则不得进行利润分配；金融租赁公司应在每个会计年度结束后4个月内向银监会或其派出机构报送前一会计年度的关联交易情况报告，内容包括关联方、交易类型、交易金额及标的、交易价格及定价方式、交易收益与损失、关联方在交易中所占权益的性质及比重等；金融租赁公司应建立定期外部审计制度，并在每个会计年度结束后的4个月内，将经法定代表人签名确认的年度审计报告报送银监会及其派出机构。

金融租赁公司应实行风险资产五级分类制度，金融租赁公司应当按照存款规定制定呆账准备制度，及时足额计提呆账准备。未提足呆账准备的，不得进行利润分配。

表 22-1   风险资产五级分类制度

级别	判断标准
正常	交易对手能够履行合同或协议，没有任何理由怀疑债务本金及利息不能按时足额偿还
关注	尽管交易对手目前有能力偿还，但存在一些可能对偿还产生不利影响的因素
次级	交易对手的偿还能力出现明显问题，完全依靠其正常经营收入无法足额偿还债务本金及利息，即使执行担保，也可能会造成一定损失
可疑	交易对手无法足额偿还债务本金及利息，即使执行担保，也肯定要造成较大损失
损失	在采取所有可能的措施或一切必要的法律程序之后，资产及收益仍然无法收回，或只能收回极少部分

注：后三类合称为不良资产。对于资产的五级分类，按照金融租赁资产、经营租赁资产、拆借资产、抵债资产、固定资产、在建工程、应收账款、长期投资、担保九个维度进行考察。

📖【本章小结】

中国的融资租赁业监管目标为：保证金融租赁公司的正常经营活动，鼓励其积极开拓市场、开发新产品，进一步提高租赁行业的市场渗透率，为中国经济发展增添新的活力；为金融租赁业创造一个公平竞争的良好环境；规范融资租赁公司的运行，防范融资租赁业的整体风险；促进中国融资租赁业健康、快速发展，增强国内融资租赁行业在国际市场上的竞争力。

我国对融资租赁业的监管内容主要包括对融资租赁机构的监管和对融资租赁业务的监管。

对融资租赁机构监管的内容主要包括对融资租赁机构的设立、融资租赁机构的变更、融资租赁机构的整顿及接管、融资租赁机构的终止等的监管。

对融资租赁业务的监管主要包括对融资租赁机构的设立、融资租赁机构的变更、融资租赁机构的整顿及接管、融资租赁机构的终止的监管。

✍【复习思考题】

一、选择题

1. 金融租赁公司有以下（   ）情况之一的，经中国银监会批准后可以解散。

A. 公司章程规定的营业期限届满或者公司章程规定的其他解散事由出现

B. 股东（大）会决议解散

C. 因公司合并或者分立需要解散

D. 依法被吊销营业执照、责令关闭或者被撤销

2. 金融租赁公司须遵循以下监管指标中单一客户融资集中度。金融租赁公司对单一承租人的融资余额不得超过资本净额的（   ）。

  A. 10%   B. 20%   C. 30%   D. 50%

3. 金融租赁公司对单一集团的全部融资租赁业务余额不得超过资本净额的（   ）。

A. 10%　　　　　B. 20%　　　　　C. 30%　　　　　D. 50%

4. 金融租赁公司对一个关联方的融资余额不得超过金融租赁公司资本净额的(　　)。

A. 10%　　　　　B. 20%　　　　　C. 30%　　　　　D. 50%

二、判断题

1. 金融租赁公司对全部关联方的全部金融租赁业务余额不得超过资本净额的30%。(　　)

2. 金融租赁公司同业拆入资金余额不得超过金融租赁公司资本净额的80%。(　　)

三、问答题

1. 请谈谈我国对金融租赁业进行监管的必要性。

2. 请简述对金融租赁行业进行监管的多重目标。

选择题答案

1. ABCD　2. C　3. D　4. C

参考文献

［1］王千红．商业银行经营管理［M］．北京：中国纺织出版社，2017：235-237；293.

［2］银行业专业人员职业资格考试办公室．风险管理·中级［M］．北京：中国金融出版社，2016：17-33；48-76；99-155；231-280.

［3］宋清华．商业银行经营管理［M］．北京：中国金融出版社，2017：6-7；32-33；71-73；120-127；216-240.

［4］刘毅．银行业风险与防范机制研究［M］．北京：中国金融出版社，2009：99.

［5］郭延安．风险管理［M］．北京：清华大学出版社，2010：8-14；248.

［6］庄毓敏．商业银行业务与经营［M］．北京：中国人民大学出版社，2014：3-5.

［7］王梅．商业银行业务与经营［M］．北京：中国金融出版社，2014：7-8；21-22.

［8］孙若宁．商业银行中间业务风险控制研究［J］．经济研究导刊，2013（20）：175-176.

［9］刘燕，王雅芳．我国商业银行中间业务风险管理研究［J］．金融理论与实践，2013（9）：117-118.

［10］吴琼瑶．我国商业银行中间业务风险管理研究［J］．吉林金融研究，2016（2）：42-43.

［11］李丽娟，吴兰平．中小企业融资问题探究［J］．老区建设，2008（8）．

［12］李俊霞，刘军．中国影子银行体系的风险评估与监管建议［J］．经济学动态，2014（5）．

［13］沈伟．中国的影子银行风险及规制工具选择［J］．中国法学，2014（4）．

［14］安若．对中国影子银行发展制度障碍的分析［J］．现代经济信息，2015（4）．

［15］吴奇勋．中国影子银行成因、特点及风险分析［J］．中国集体经济，2017（31）：79-80.

［16］严圣阳，王燕铭．新型影子银行的特征与影响分析［J］．现代商业，2014（5）：175.

［17］中国人民银行．中国金融稳定报告2014．中国人民银行网站．

［18］李扬．影子银行发展与金融创新［J］．中国金融，2011（12）．

［19］涂锐．商业银行理财产品的风险分析［J］．商场现代化，2017（7）186-187.

［20］方先明，余丁洋，杨波．商业银行理财产品：规模、结构及其收益的不确定性［J］．经济问题，2015（6）：69-74.

［21］吕乐千．我国商业银行理财产品发展趋势研究［J］．武汉金融，2013（1）：66-69.

［22］魏涛．中国商业银行理财产品研究［J］．改革与开放，2010（1）：67.

［23］董华．金融风险控制与防范［M］．北京：电子工业出版社，2010：70-154.

［24］郭延安．商业银行风险防范与案例分析［M］．北京：中国人民大学出版社，2014：72-86.

［25］任森春．商业银行业务与经营［M］．北京：中国金融出版社，2015：29-40.

［26］中国法制出版社．中国金融法律法规全书［M］．北京：中国法制出版社，2017：1-365.

［27］人力资源和社会保障部人事考试中心．金融专业知识与实务（中级）［M］．北京：中国人事出版社，2016：1-365.

［28］百度百科 . https：//baike. baidu. com/item/% E5% 95% 86% E4% B8% 9A% E9% 93% B6% E8% A1% 8C/365199？ fr = aladdin#4.

［29］百度百科 . https：//baike. baidu. com/item/% E9% 93% B6% E8% A1% 8C% E4% B8% AD% E9% 97% B4% E4% B8% 9A% E5% 8A% A1/171743？ fr = aladdin.

［30］MBA 智库百科 . http：//wiki. mbalib. com/wiki/% E5% B7% B4% E5% A1% 9E% E5% B0% 94% E5% 8D% 8F% E8% AE% AEIII.

［31］360 个人图书馆 . http：//www. 360doc. com/content/14/0805/02/18790444_ 399482276. html.

［32］百度百科 . https：//baike. baidu. com/item/% E5% A4% 96% E6% B1% 87% E6% 95% 9E% E5% 8F% A3% E5% 88% 86% E6% 9E% 90/8961363？ fr = aladdin.

［33］巴曙松 . 中国经济金融转型的新挑战 . http：//www. microbell. com/ecodetail_ 4536631. html.

［34］通道业务全解析 . 趋时适治、转型在即 . http：//www. 360doc. com/content/17/0522/12/36006814_ 656115290. html.

［35］央行 . 理财产品刚性兑付有悖市场原则 . http：//money. hexun. com/2014 – 04 – 30/164395967. html.

［36］央行陆磊 . 回归资产管理的本质打破刚性兑付 . http：//money. 163. com/17/0604/16/CM3MUUCG002580S6. html#from = keyscan.

［37］证券、期货投资咨询管理暂行办法 . http：//www. csrc. gov. cn/pub/newsite/flb/flfg/xzfg_ 8248/200802/t20080227_ 191570. html.

［38］中国证券业协会 . 中国证券业发展报告 2017 ［M］. 北京：中国财政经济出版社，2017.

［39］张幼芳 . 我国券商投资顾问业务发展存在的问题与对策 ［J］. 广东外语外贸大学学报，2013，24（5）：34 – 38，41.

［40］李莎 . 浅谈证券投资顾问业务 ［J］. 经济视角（中旬），2012，（5）：62 – 63 + 59.

［41］Robert Lawrence Kuhn. Investment Banking：the Art and Science of High—Stakes Dealmaking ［M］. New York：Harper&Row，Publishers，1990.

［42］中国证券业协会 . 中国证券业发展报告 2017 ［M］. 北京：中国财政经济出版社，2017：59.

［43］朱才斌 . 我国投资银行业务的现状与发展趋势 ［J］. 商场现代化，2010（35）：191 – 192.

［44］张婧雯 . 平安证券投行业务操作风险管理问题探析 ［D］. 江西财经大学，2016.

［45］李佳，周荣荣 . 投资银行监管的国际经验借鉴及启示 ［J］. 金融教育研究，2017，30（1）：18 – 22.

［46］于明霞，郑祎华 . 保险原理与实务 ［M］. 北京：化学工业出版社，2015：223 – 245.

［47］于明霞，刘静 . 保险学 ［M］. 北京：化学工业出版社，2013：147 – 156.

［48］赵锡军 . 开放条件下的保险安全和保险监管研究 ［M］. 北京：经济科学出版社，2011：35 – 42.

［49］李孟刚 . 中国保险产业安全报告 ［M］. 北京：社会科学文献出版社，2012：19 – 30.

［50］陈文辉 . 有效防控保险风险 维护国家金融安全 ［J］. 学习时报，2017（7）.

［51］李孟刚 . 产业安全蓝皮书：中国保险产业安全报告（2011）［M］. 北京：社会科学文献出版社，2012.

［52］项俊波 . 保险原理与实务 ［M］. 北京：中国财政经济出版社，2013.

［53］洪瑶 . 浅析保险公司的风险管理 ［J］. 金融研究，2012（9）：164 – 165.

［54］沈开涛 . 保险产品解读 ［M］. 北京：北京大学出版社，2017.

［55］王道旭 . 互联网保险产品设计的特殊风险及其防范 ［J］. 福建金融，2016（9）：55 – 57.

［56］刘绮涛．银行保险混业经营模式下的风险分析及对策［J］．中国商贸，2009（13）：35－36.

［57］中国保险监督管理委员会网站．http：//www.circ.gov.cn/web/site0/.

［58］刘长宏，朱晓涛．互联网保险风险及其防范［J］．保险研究，2015（8）：78－85.

［59］高志强．基于风险的保险公司偿付能力框架研究［J］．保险研究，2008（9）.

［60］王兴科．浅论我国保险公司偿付能力及其监管［J］．财经界，2007（1）.

［61］王新军．国外保险偿付能力监管模式对我国保险监管的启示［J］．保险研究，2007.

［62］程东跃．融资租赁风险管理［M］．北京：中国金融出版社，2006：7－14，20－29.

［63］郭田勇．金融监管学［M］．北京：中国金融出版社，2014：305－306.

［64］胡阳，孙宗丰．融资租赁风险控制［M］．北京：电子工业出版社，2006：7－10，189－196.

［65］陈稳．融资租赁实务操作指引：案例解析与风险防控［M］．北京：中国法制出版社，2017：319－325.

［66］程东跃．融资租赁风险管理［M］．北京：中国金融出版社，2006：69－75.

［67］苗壮．论融资租赁业务的风险及防范［D］．山东大学，2015：5－6.

［68］李成．金融监管学［M］．北京：高等教育出版社，2016：151－155.

［69］冯科．金融监管学［M］．北京：北京大学出版社，2015：224－231.

［70］吴世亮，黄冬萍．中国信托业与信托市场［M］．北京：首都经济贸易大学出版社，2013.

［71］钟卫东，张伟．信托的起源及其在我国的发展趋势［J］．连云港职业技术学院学报，2003（3）：16－1.

［72］张同庆．信托业务风险管理与案例分析［M］．北京：中国法制出版社，2016.